凯里学院"十四五"学科专业平台团队一体化建设规划"创新研究团队"（YTH-TD2024006）资助出版成果

守望苗寨侗乡

黔东南农村留守儿童家校合作教育研究

杨建忠 著

中国书籍出版社
China Book Press

图书在版编目（CIP）数据

守望苗寨侗乡：黔东南农村留守儿童家校合作教育研究/杨建忠著. -- 北京：中国书籍出版社，2024.12. -- ISBN 978-7-5241-0032-4

Ⅰ.G459

中国国家版本馆 CIP 数据核字第 2024BP7878 号

守望苗寨侗乡：黔东南农村留守儿童家校合作教育研究
杨建忠　著

图书策划	尹　浩
责任编辑	尹　浩
责任印制	孙马飞　　马　芝
装帧设计	闰江文化
出版发行	中国书籍出版社
地　　址	北京市丰台区三路居路 97 号（邮编：100073）
电　　话	（010）52257143（总编室）　（010）52257140（发行部）
电子邮箱	eo@chinabp.com.cn
经　　销	全国新华书店
印　　刷	长沙裕锦印务实业有限公司
开　　本	710 毫米 × 1000 毫米　1/16
字　　数	401 千字
印　　张	20.5
版　　次	2024 年 12 月第 1 版
印　　次	2024 年 12 月第 1 次印刷
书　　号	ISBN 978-7-5241-0032-4
定　　价	78.00 元

版权所有　翻印必究

前言
PREFACE

2012—2014年，为了进行本研究，我在黔东南苗族侗族自治州的十几所乡村中小学进行了长期调研、考察。

黔东南苗族侗族自治州位于贵州省东南部，成立于1956年7月23日。这里有壮丽的自然风光、多姿多彩的民族文化，是很多人心目中梦寐以求的诗意栖居地。但是，由于历史、社会、自然条件等多方面原因，这里长期属于经济不发达地区，大量农民进城打工，衍生出数量较为庞大的留守儿童群体。这些留守儿童在父母双方或一方外出务工后只能留在农村家里，长期不能与父母共同生活，无法得到父母双方的生活照顾、亲情关怀、家庭教育和安全监管，使留守儿童教育面临着更多的问题，健康发展也面临着更高的风险，农村留守儿童随之成为受到国家和社会高度关注的弱势群体。

我的研究以人口流动规模大、少数民族人口众多的黔东南农村的留守儿童的生活和学习现状为切入点，通过在苗寨侗乡间的实地调查，对父母外出打工后留守儿童的生活情形、教育状况、内心情感以及家庭与学校在关爱和教育留守儿童的沟通合作等方面进行了比较深入的考察，比较全面地呈现出了黔东南农村留守儿童的教育图景，探讨了不能与父母共同生活对留守儿童教育带来的影响和发展困境，对留守儿童教育中家庭和学校缺乏共同责任意识、合作不密切、不得力而难以形成家校合作的教育合力以使之得到更好的关爱和教育进行了分析和总结。在此基础上，构建了一个有一定特色的黔东南农村留守儿童家校合作教育模式，同时积极与基层学校合作开展了针对该模式的行动研究，通过强化学校和家庭的共同责任，学校帮助家庭教育，家庭参与学校教育，合力关爱和教育留守儿童，以减轻父母外出对留守儿童教育的不利影响，缓解他们的发展困难。

通过实地调研、考察，我撰写了《民族地区农村留守儿童家校合作教育研究》论文，并于2014年5月通过博士答辩，获得了博士学位。

本书就是在论文的基础上修改而成的。

值得高兴的是，国家"脱贫攻坚"战略的实施，使黔东南这片美丽的土地焕发了新的风采。"十三五"时期，黔东南苗族侗族自治州减少贫困人口96.67万人，15个贫困县全部摘帽，1853个贫困村全部出列，30.81万人搬迁进城，彻底撕掉千百年来的绝对贫困标签。[①]"留守儿童"问题也有了较大的改观。2013年全国农村留守儿童达6102.55万人[②]，得益于一系列积极有效的关爱保护措施的实施，截至2023年8月，我国义务教育阶段农村留守儿童的数量已锐减至1550.56万人[③]。

虽然书中的一些数据只是反映了当时的情况，但我觉得仍然有一定的资料价值。同时，"家校合作"在今天也依然是解决留守儿童困境的一个好的工作模式。这也是我出版此书的目的。

在本书出版之际，我对在调研、写作过程中给我鼓励指导，提供支持帮助，提出意见建议的各位师友表达诚挚的谢意，对所有参与本书研究、撰写、编辑和出版的人员表示衷心的感谢。同时，我也期待国家、社会特别是家庭和学校切实承担教育关爱责任，更好地顺应新时代儿童身心发展特征，进一步提高农村教育水平和留守儿童关爱服务质量，更加健全完善农村留守儿童教育和关爱服务体系，更好地促进农村留守儿童健康成长、全面发展。

---

① 罗强.2021年黔东南苗族侗族自治州人民政府工作报告[J].黔东南苗族侗族自治州人民政府公报，2021（2）.
② 全国妇联课题组.我国农村留守儿童、城乡流动儿童状况研究报告[J].中国妇运，2013（6）.
③ 刘婷.世界精神卫生日：看见1550万留守儿童[N].经济观察报，2023-10-10（3）.

目录

第一章 导论 / 001

第一节 问题提出 / 002
- 一 农村留守儿童问题是社会主义社会建设中的重大现实问题 / 002
- 二 缺乏良好的家校合作加剧了农村留守儿童的发展困境 / 003
- 三 黔东南农村留守儿童教育问题亟待给予特别关注 / 004

第二节 研究意义 / 005
- 一 理论意义 / 005
- 二 实践意义 / 006

第三节 核心概念界定 / 007
- 一 农村留守儿童 / 007
- 二 家庭教育 / 007
- 三 学校教育 / 008
- 四 家校合作 / 009

第四节　文献综述 / 010
一　国外关于流动人口子女问题的相关研究 / 011
二　国内关于农村留守儿童的相关研究 / 014
三　国内外对家校合作问题的相关研究 / 027

第五节　研究目的与研究思路 / 039
一　研究目的 / 039
二　研究思路 / 039

第六节　研究方法与研究过程 / 040
一　文献法 / 040
二　调查法 / 042
三　教育叙事 / 047
四　行动研究 / 048

第二章　农村留守儿童家校合作教育的基本原理 / 051

第一节　留守儿童家校合作教育的理论基础 / 052
一　教育合力理论 / 052
二　共同责任理论 / 053
三　发展生态系统理论 / 054

第二节　农村留守儿童家校合作教育的目的 / 056
一　共担责任以促进留守儿童健康成长是根本目的 / 056
二　改善教育条件以满足留守儿童需求是基本目标 / 064
三　携手提高留守儿童教育水平是重要目的 / 070
四　共同增强留守儿童生活幸福感是积极追求 / 076

第三节　黔东南农村留守儿童家校合作教育的内容 / 081
一　学习指导 / 081

二｜生活管护　/ 085

　　三｜心理关爱　/ 088

　　四｜亲情扶助　/ 090

第四节　**农村留守儿童家校合作教育的方式**　/ 092

　　一｜家访　/ 092

　　二｜食宿管护　/ 096

　　三｜家庭教育指导　/ 098

　　四｜家长会　/ 099

　　五｜代理家长　/ 101

　　六｜亲子交流　/ 104

　　七｜家庭汇报　/ 106

　　八｜家长经验交流　/ 108

　　九｜家庭互助会　/ 110

　　十｜教养改进　/ 112

第三章　黔东南农村留守儿童现状及问题研究　/ 117

第一节　**黔东南农村留守儿童的人口学特征**　/ 118

　　一｜留守儿童占相当大的比例且仍在上升　/ 119

　　二｜双亲长时间在省外务工占多数　/ 121

　　三｜监护类型多样　/ 123

第二节　**黔东南农村留守儿童的生活**　/ 126

　　一｜离子分离对留守儿童影响大　/ 127

　　二｜经济状况较好但生活照顾差　/ 130

　　三｜有一定独立生活能力且比较节俭　/ 133

　　四｜家务负担较重而双亲均外出的多在校寄宿　/ 137

　　五｜与父母共同生活的愿望强烈　/ 140

第三节 | 黔东南农村留守儿童的教育 / 143
  一 怀有通过教育走出农村的学习目的 / 143
  二 留守生活对学习态度有一定的影响 / 147
  三 亲子分离使学习成绩有所下降 / 150

第四节 | 黔东南农村留守儿童的心理状况 / 154
  一 对家庭变化敏感而渴望亲情关怀 / 155
  二 内心孤独而生活兴趣下降 / 160
  三 心理压力增加而性格变化明显 / 165
  四 部分人比较自信但感情冷漠 / 168

第五节 | 黔东南农村留守儿童家校合作 / 173
  一 双方对合作存在认识偏差而缺乏责任共担意识 / 173
  二 内容狭窄而难以满足留守儿童需求 / 176
  三 交流少且方式单一而相互支持程度低 / 179
  四 关系疏离且缺乏系统性合作而效果不尽如人意 / 182

第四章　黔东南农村留守儿童家校合作教育实践探索 / 185

第一节 | 教师家访是弥补留守儿童家庭教管缺失的有效方式 / 186
  一 "最牛家访老师"的生活 / 186
  二 家访使教师深入留守儿童家中体察实情 / 189
  三 留守儿童家访困难比较多仍须尽力而为 / 194
  四 与家长建立攻守同盟解决留守儿童问题 / 197
  五 在家访中需持续给予留守儿童关爱和帮助 / 201

第二节 | "留守儿童之家"寄宿管护 / 206
  一 学校供餐为农村留守儿童提供饮食保障 / 207
  二 学校寄宿解决了留守儿童的看护问题 / 209
  三 学习和心理问题及时得到学校指导 / 213

四　健康和交通安全得到保障 / 215

第三节　学校指导家庭教育 / 218
　　一　家长学校传授科学的家庭教育知识和方法 / 218
　　二　家庭教育讲座针对突出问题提供实效措施 / 222
　　三　个别咨询帮助解决家庭教育特殊困难 / 225

第四节　家长会共商管教方法 / 226

第五节　代理家长结对帮扶补缺家庭教育 / 234
　　一　建立留守儿童档案掌握基本情况 / 235
　　二　组织代理家长与留守儿童结对以提供帮助指导 / 237
　　三　动态管理代理家长以持续关爱留守儿童 / 240

第六节　密切亲子交流为留守儿童成长助力 / 241
　　一　家长经常回家看望孩子 / 242
　　二　亲子频繁沟通使留守儿童感受亲情关爱 / 245
　　三　让孩子到打工地团聚增进亲子理解 / 251

第七节　家庭汇报承担教育责任 / 254

第八节　家长间经验交流共享管护经验 / 260

第九节　留守儿童家庭在管护中彼此互助 / 267

第十节　改进教养为留守儿童营造良好成长环境 / 270

第五章　总结与展望 / 277

　　一　黔东南农村留守儿童数量更多且教育问题更加复杂 / 278
　　二　家校合作能够缓解留守儿童教育中的突出问题 / 278
　　三　黔东南农村留守儿童家校合作教育可减轻"留守"的影响 / 279
　　四　未来的后续研究 / 280

参考文献 / 283

附　录 / 301

　　附录 1 / 301

　　附录 2 / 307

后　记 / 315

第一章

导论

第一节 | 问题提出

一、农村留守儿童问题是社会主义社会建设中的重大现实问题

20世纪80年代以来，中国进入社会转型时期，国家实施改革开放，工业化、城市化速度加快，广大农民基于脱离贫困和追求更好发展的美好愿望，纷纷从农业转移出来，外出务工，形成了规模庞大的农民工群体。国家统计局发布的《2012年我国农民工调查监测报告》的数据显示，我国现有外出农民工16336万，每年还在以3.0%的速度继续增长。农民工的户籍身份是农民，家里有承包土地，但主要从事非农业生产，依靠工资收入生活。[1] 作为我国经济社会转型期的特殊群体，他们为城市繁荣、农村发展和国家现代化建设作出了巨大贡献。

由于受到偏低的收入水平和繁重的劳动负担等方面的限制，多数农民工外出后不得不将他们的子女留在家乡，因此，农村地区衍生出另一个数量庞大的特殊群体——留守儿童。农村留守儿童能接受到的农村教育质量普遍较差，又缺乏家长指导，在决定其未来发展的关键时刻处于不利地位。由于没有父母双方的监管，他们往往厌学、逃学、成绩较差、生活习惯差，有的甚至走上违法犯罪道路，处境不利，既严重影响其健康成长，又给社会发展带来隐患，影响到农村社会的稳定。

让留守儿童得到良好教育是实现教育公平，不断改善弱势群体生存状况，构建社会主义和谐社会的有效途径。目前，全国义务教育阶段的在校生中农村留守儿童共2271.07万人。[2] 农民外出打工的现象将会在中国社会发展进程

---

[1] 韩长赋.中国农民工的发展与终结[M].北京：中国人民大学出版社，2007：1.
[2] 教育部.2012年全国教育事业发展统计公报[N].中国教育报，2013-8-17（2）.

中长期存在，留守儿童留守家乡的现象也将在一段相当长的时间内继续存在。进入21世纪后，留守儿童作为一个社会的弱势群体，他们的生活和教育问题已经引起社会的广泛关注。从2010年起，教育部每年发布的《全国教育事业发展统计公报》都对农村进城务工人员的子女就学情况进行报告，并将义务教育阶段的农村留守儿童和进城务工人员随迁子女人数分别进行统计，体现出国家对留守儿童这一农村教育特殊群体的特别关注。与其他能与父母共同生活的农村儿童相比，由于缺乏父母双亲的监管，留守这一生活处境让他们出现了更多的学习问题、生活问题、心理问题，也存在着更多的安全隐患。对留守儿童问题的研究，既是涉及育人为本，关心每一个学生的发展，保障他们的受教育权利，促进教育公平的重大问题，也是涉及未来农村人口的健康发展，建设社会主义和谐社会和充满活力的新农村的重大问题。

二、缺乏良好的家校合作加剧了农村留守儿童的发展困境

父母不能很好地履行家长的教育职责，对子女的监护和教育存在严重缺失是导致留守儿童问题产生的最直接、最根本的原因。开展积极的家校合作，促进家校联动是使农村留守儿童更好地得到关爱和教育的有效方式，是解决黔东南农村留守儿童问题的重要途径。2013年1月4日，教育部等5部门印发的《关于加强义务教育阶段农村留守儿童关爱和教育工作的意见》指出，要"充分发挥学校和家庭在关爱留守儿童成长中的重要作用，共同关注留守儿童在校学习期间和家庭生活中的各方面需求，及时相互沟通，对单亲家庭、特殊困难家庭留守儿童给予更多关爱，形成学校与家庭亲情接力、密切配合、有机联动、合力推进的良好局面"，"根据地域环境特征、经济社会状况、留守儿童分布及工作开展情况"，"探索符合当地实际的留守儿童关爱服务新机制、新模式和新途径"。[①] 应该说，政府、媒体和研究者们对留守儿童问题给予了长时间的关注，各种研究也揭示了留守儿童存在的各种各样的问题，

[①] 教育部等5部门关于加强义务教育阶段农村留守儿童关爱和教育工作的意见(教基一〔2013〕1号)[J].基础教育改革动态，2013(3上).

使人们更加真切而深入地了解这一群体。同时,相关研究也提出了一些促进留守儿童健康成长的对策和措施。几乎每一个研究者在对留守儿童的研究过程中,都提到了应加强家庭和学校之间的沟通合作以减少留守状态对儿童的伤害。但是,大部分研究都处于浅层次地泛泛而谈提高家长监护意识和强化学校教育责任,而没有从更深的层次探讨针对留守儿童的家校合作的作用、影响因素,特别是合作的方式和方法,更缺乏对实现有效的家校合作教育的进一步的实践探索。毫无疑问,在促进儿童发展的诸多因素中,家庭和学校对儿童健康成长起到至关重要的作用,二者之间必须合作,也必须创造各种机会和条件进行良好的合作,从而形成教育合力。面对监护不力的留守儿童,深入探讨进一步充分发挥家庭教育的作用,增进学校教育效能,采取措施更好地促进家庭和学校密切合作无疑具有特别重要的意义。同时,长期以来对促进家庭和学校的合作仅局限于家长会、家访等传统方式,已不能适应社会发展的需要,探索更加有效的、真正能够促进留守儿童健康成长的家校合作新方式,具有特别重要的现实意义和理论价值。

三、黔东南农村留守儿童教育问题亟待给予特别关注

研究者出生在贵州省黔东南苗族侗族自治州黄平县谷陇镇滚水村——一个偏远的少数民族山寨,本人是苗族,父母都是老实巴交的农民,家中的兄弟姐妹都是外出讨生活的农民工,对农民工留在家中的留守儿童天然地有着一种亲密的感情。同时,黔东南农村由于经济、社会发展滞后,所以外出打工的农民工多,留守儿童的比例也大,笔者对身边的留守儿童所面临的艰苦处境感同身受。另外,笔者长期在黔东南农村地区工作,且长期从事中小学教师培训工作,经常到农村乡镇中小学调研或应邀去中小学讲课,有机会与许多基层学校校长、教师和学生接触和交流,对黔东南农村经济状况、农民工外出打工情形和学生的学习和生活有比较多的了解,对遍布民族山乡的留守儿童教育问题感触颇深。黔东南农村留守儿童问题如果不能得到很好的解决,这些地方的反贫困将无法彻底解决,也会影响到民族人才的培养,黔

东南农村的可持续发展和黔东南农村的稳定。这种认识和情感促进我选择对黔东南农村留守儿童问题进行实证研究,深入而全面地了解黔东南农村地区农村留守儿童教育的现状和问题,探寻他们的生活,分析造成他们的家庭教育原因和学校教育的不足之处,探索出解决黔东南农村留守儿童家校合作教育的比较理想的办法。从而在一定程度上降低由于家庭监护缺失和学校教育不力对留守儿童造成的伤害,更好地发挥家校合作的功能,促进黔东南农村留守儿童的平安健康成长,让每一个孩子都能成为有用之才。

第二节 | 研究意义

一、理论意义

社会各界对留守儿童的关注已经持续多年,但从学术研究的角度看,留守儿童研究还存在许多需要进一步深入研究的地方。本研究试图从学校和家庭的角度研究留守儿童教育问题,将研究的触角指向基层学校的家校合作视野下的留守儿童。通过对黔东南农村地区留守儿童家校合作的个案研究,探索黔东南农村留守儿童教育问题的特殊性,力争对"黔东南农村留守儿童"这一特殊弱势群体进行比较系统全面的研究和理论思考,拓宽留守儿童研究的视野和内容,深化学界对我国留守儿童教育问题的认识,进一步推动留守儿童问题研究的深化。

家庭与学校的关系是教育领域的一个老问题,也是一个有待深入研究的问题。不过在现有的著作中,我们很少看到专门阐述留守儿童家庭和学校关系的论著和文章,尤其是关于当今社会存在的迫切需要加强学校与留守儿童家庭之间密切沟通合作的论著和文章,在研究者目力所及尚未见到。本研究试图通过黔东南农村留守儿童教育问题的研究,针对留守儿童积极推动家庭教育与学校教育合作,从而总结和建构一些有助于黔东南农村学校解决留守儿童问题的家校合作教育方式方法。这一研究必将成为一项新的推动黔东南农村学校和留守儿童家庭之间更加密切地开展教育合作,以促进留守儿童更好发展的有效措施。同时，本研究还能为广大黔东南农村地区学校教师做好留守儿童教育工作提供理论借鉴和文献参考。

二、实践意义

留守儿童问题是黔东南农村农民工面临的最现实，也是对家庭影响最大的特殊困难和突出问题。导致留守儿童问题产生的根本原因是父母双方或一方外出打工，不能与孩子共同生活。其根本的解决办法是让儿童不再留守，但在目前城乡收入差距较大，不出外务工则无法解决家庭生活困难和不能为孩子学习提供经济支持的现实背景下，让父母双方一起和儿童长期生活在一起是不可能在全部农村家庭中实现的。针对这一现实问题，找到一条通过加强家庭和学校之间的合作以减轻或降低"留守"对儿童发展的不良影响的应对措施，无疑有着重要的社会价值。留守儿童更是一个弱势群体，通过本研究加强家校合作解决留守儿童问题，对保障黔东南农村留守儿童的受教育权利，提高黔东南农村义务教育普及水平，全面提高教育教学质量，提高民族文化素质，促进民族教育事业快速发展，促进黔东南农村繁荣发展具有重要的现实意义。

本研究秉承从实践中来，到实践中去，为解决实践中的问题服务的研究指向。本研究力求走出书斋，走向田野，直接到基层教育一线研究教师最为关心、最为头疼的焦点问题，研究关系到黔东南农村地区国计民生的现实问题，从而提高教育学研究的学术声誉和本人的工作业绩。本项研究将直接投身最真实的学校场景中，在黔东南农村研究留守儿童的家庭教育和学校教育问题，从当事人的立场和情境去获得研究材料，并探索性地提出一种适用于黔东南农村留守儿童教育的家校合作教育措施，帮助一线教师解决家校合作中的热点和难点问题，以促进黔东南农村学生家庭与学校的密切合作，为黔东南农村广大留守儿童的健康成长，为当地教育事业的均衡发展和社会和谐进步尽自己的绵薄之力。

第三节 | 核心概念界定

无论是在田野调查，还是在进行写作和研究，明确而清晰的概念界定是整个研究过程是否严密、是否符合研究逻辑的前提条件，对概念或范畴的正确理解直接关系到人的理性认识和实践研究过程。同样，根据本研究的实际情况，对研究所涉及的相关概念进行界定，厘清研究范围，将有助于人们探讨黔东南农村留守儿童家校合作的方式与方法问题。

一、农村留守儿童

按联合国《儿童权利公约》的定义，儿童指18岁以下的未成年人。但是，一般意义上，人们日常概念中的儿童主要指16岁以下、尚未完成义务教育的未成年人。目前，国内学者对留守儿童的界定也难以统一，但是将父母任何一方长期不在家的儿童称为留守儿童已基本达成共识。因为除了农民工外出务工形成一个农村留守儿童群体外，人们外出工作、留学、经商等也会使儿童处于留守的境地，留守儿童不是农村特有的，城市里也有留守儿童存在。但是，目前国内的留守儿童研究大都把关注的焦点集中在农村，因而"留守儿童"一词逐渐被习惯性地专指农村留守儿童。通过对一些有代表性的留守儿童概念进行综合分析并结合本研究的实际，本研究将之界定为，农村留守儿童指父母双方或一方外出务工6个月以上，本人不能随行和父母共同生活而留在家乡的农村义务教育阶段的儿童。

二、家庭教育

家庭教育是在家庭里，由父母或其他年长者自觉地、有意识地对儿童和青少年实施的教育和影响。家庭是由婚姻、血缘或收养关系所组成的社会生活的基本单位。一般来说，儿童从出生起，就直接置身于家庭的抚育之中，是他接受教育的第一环境，"家庭在引导未成年人进入社会、成为社会人方面具有核心地位"①,是儿童社会化的起点。在家庭教育中,通过父母或其他家庭成员的影响和指导,儿童经由家庭教育学习各种生活技能、社会知识和行为规范,形塑人格,体验情感,形成适应社会生活所必需的知识、技能、态度、情感和价值观。家庭对孩子来说,承担着两个主要职责:一是提供健康、营养和安全保障,保护孩子免受侵害和不良影响;二是传递社会经验,为孩子进入社会作准备。对儿童来说,家庭是他们由生物人转化为具有情感、智慧的社会人的重要变量,良好的家庭环境可以为孩子的成长提供积极支持,成为他起跑线上的助跑器;不良的家庭环境则会使孩子因缺乏看护和教育,不能得到物质和精神方面的支持而阻碍、延缓儿童的成长和发展。在当今社会,"尽管学校承担了更多的社会责任,但家庭仍然是孩子的第一任最重要的老师,因为正是通过家庭,孩子们才学会了如何在这个世界上生活"②。所以,家庭是关爱留守儿童,应对和解决留守儿童问题的关键所在。然而,对于留守儿童的父母而言,由于家庭面临生计困难或无法为子女提供较好的经济保障,打工创收和抚育子女难以兼顾,他们不得不暂时将教养职责搁置一边而选择了外出打工,以改善家庭经济状况。由于他们的远行,家庭中父母缺位、亲情缺失造成了家庭结构和家庭抚育方式的改变,使他们的子女陷入"留守"的困境,留守儿童在成长的关键时刻因缺乏亲子之间的互动而受到明显的影响。对于留守儿童而言,影响其成长和发展的家庭因素主要包括:家长的教育态度及教养方式、监护方式、家庭结构、家庭收入、家庭成员之间的关系及其沟通方式。

三、学校教育

学校教育是教育者根据一定的社会要求,有目的、有计划、有组织地对受教育者的身心施加影响而促进其发展的社会活动。对儿童来说,学校是儿童学习、生活的重要场所,也是儿童系统接受社会化影响最集中、最丰富的生活环境,更是儿童走向社会的最重要通道。学校是承担教育任务的、制度

---

① 郑杭生.民族社会学概论[M].北京:中国人民大学出版社,2005:238.
② [美]Mary Lou Fuller, Glenn Olsen 编著.家庭与学校的联系:如何成功地与家长合作[M].谭军华,等译.北京:中国轻工业出版社,2003:3.

化的社会机构，学校中的教师和学生是"当代社会的教育主体"，教育就是在学校中对主体的"人的价值的提升"，是"通过形成、发展和提高人的素质实现的"。[①] 在学校中，教师因为学生的存在而存在，教师是履行教育教学职责的专业人员，是学生在学校生活中所受影响的主要施加者，是教学活动的主体。留守儿童正面临着相当严峻的家庭教育缺失、不足或偏离的局面，学校教育被留守儿童的家长及其所处的社会寄予了特别多也特别高的期望。人们迫切希望学校能够进一步增强教育影响，督促留守儿童努力学习，并采取措施对留守儿童给予更多的理解和关怀，加强教育和管护，积极弥补留守儿童家庭教育的缺失，想方设法解决留守儿童学习和生活中存在的问题。学校作为专门的教育机构，它对留守儿童产生影响的条件主要体现在教师素质、学校设施设备、制度规范、校园文化等方面。

四、家校合作

家校合作，就是家庭和学校为促进学生发展而相互联系、相互支持、密切合作，家庭参与学校教育，学校帮助家庭教育，共同形成育人合力的双向互动活动。家庭和学校是对儿童的发展产生直接而深刻的影响的两种环境因素。家庭和学校都在积极地为儿童的教育提供条件，所有的儿童几乎都要经历家庭和学校两种成长环境间的交替转换。"尽管家庭和学校之间存在着差异，但也存在着共同关心的问题：如何保障儿童的最佳发展"，家庭和学校之间需要相互联系、相互支持，"教育事业的成功需要家庭和学校的更好合作"。[②] 家校合作包含两个活动主体：家长和学校（主要指教师）；包括两个方面的内容：家长参与学校教育和学校帮助家庭教育。家校合作表面上是学生家长与学校教师之间的沟通、互动、合作，实质上是打破家庭教育与学校教育的界限，避免这两种教育之间出现相互分离乃至相互抵触或相互消解的局面，追求家庭教育与学校教育之间的相互配合、密切沟通、协调一致，以充分发

---

① 郝文武.教育哲学[M].北京：人民教育出版社，2006：117，147.
② ［澳］萨哈.教育社会学[M].刘慧珍，等，译.重庆：西南师范大学出版社，2011：1-6.

挥和有效利用家庭和学校的教育资源，更好地发挥家庭教育和学校教育的优势和长处，从而形成有效的"教育合力"。

第四节 | 文献综述

在农民进城务工的身后，尚未成年的子女要么跟随父母进入城市，成为流动儿童（或称随迁子女），要么被留在农村家乡，成为留守儿童（或称留守子女）。从2004年以来，农村留守儿童的教育问题引起了政府和社会各方面的关注和重视，其研究逐渐成为我国社会学、教育学、心理学、经济学、管理学等学科研究的一大热点。应该说，研究者们几乎是在充满关爱和同情的目光中开展留守儿童相关研究的。他们关注留守儿童不利的生存环境，对留守儿童产生的背景、概念、数量规模、教育状况、心理状况，以及留守儿童遭遇的社会化困境特别是留守儿童所存在的主要问题进行了大量研究，也提出了解决留守儿童问题的若干对策。可以说，不同的学科领域的研究者均围绕留守儿童的问题进行了研究和讨论，都在某种程度上揭示了这个特殊群体的各个层面的问题。家庭和学校作为儿童发展的重要的社会化场所，儿童的健康成长和发展需要二者积极开展合作。但是在现实中，家庭和学校并非良好的合作者，而是出现了不同程度的矛盾、对立，甚至冲突的情况，比如"5+2=0"现象（学生在学校接受五天的德育教育，然后周末两天在家或社会中受到不良影响，导致学校的德育教育效果削弱或抵消的现象就是一个明显的例子。如今，开展积极的家校合作已经成为一种国际教育改革潮流，同时，为了创设良好的儿童成长环境，促进家庭和学校的良性互动，充分发挥学校教育和家庭教育的作用，寻求二者作用的相互促进和互补，已经开始引发我国教育界的关注和研究。本研究致力于发现、厘清黔东南农村留守儿童存在的真实问题，找出影响留守儿童发展的学校和家庭的制约因素，探索一种适合黔东南农村留守儿童的家校合作的有效方式与方法。本研究主要通过查阅中国知网"中国学术期刊网络出版总库"和相关研究书籍，文献检索遵循两条基本线索：一是以留守儿童为出发点，经过筛选，查阅期刊论文中的代表文献、有关留守儿童研究著作并作重点解读和梳理，从中提炼出已有研究中比较有价值的结论；二是以家校合作为核心概念，探讨家庭和学校在儿童发展中的作用及其角色，把握世界主要国家的家校合作现状，分析总结当前国内外对家校合作若干问题的研究进展。

一、国外关于流动人口子女问题的相关研究

世界各国在推进工业化和现代化的过程中，均存在人口流动的现象，但是没有出现像我国这样大规模的留守儿童问题。可以说，这些数量众多的留守儿童是我国的特有现象。但外国的人口流动会对其子女产生影响，也产生了一些对流动人口子女的研究。

（1）日本"单身赴任"问题的研究

"单身赴任"是日本的专用语，是指企业的雇佣劳动者，本来应当与家人生活在一起，但由于工作的需要而不得不离开家人，单独到较远的地方工作和生活。其肇因是由于产业化的发展而导致员工工作场所与家庭所在地出现分离。[①] 日本企业实行终身雇佣制，许多男性员工由于岗位变换，不得不离开家庭，单身到外地任职。"人数有几十万之多，在日本无论谁一生都有一次左右的单身赴任的经验。"[②] 由于身为父亲的员工单身赴任，造成亲子分离，不能经常与子女相处和施加教育影响，从而影响到"留守"儿童的成长与人格的形成。因为"父亲不在家"，不能亲自指导和教育孩子，不能与孩子一起玩，会导致孩子孤独感的产生和与父亲的关系疏远，进入青春期更是不能得到父亲的关怀，帮助解除他们的烦恼，从而造成孩子情绪不稳定、不善于

[①] ［日］望月嵩.家庭社会学入门：家庭关系学［M］.牛黎涛，译.北京：中国大百科全书出版社，2002.
[②] 张瑜.日本企业的单身赴任现象［J］.科技信息，2009（34）：386.

交流甚至于反叛的倾向。① 单身赴任必定造成儿童长期生活在母亲身边，本来"父亲们为了孩子的教育问题而毅然决然地选择了单身赴任，但具有讽刺意味的现实情况是，在单身赴任的留守家庭中，孩子们的教育和训导问题成了烦恼的根源"②。社会各界强烈要求取消单身赴任制度，企业也力图作出一些改变，比如允许员工带着家眷在异地定居，并答应给予家眷各种优惠待遇，但响应者很少，因为这些员工不愿意离开大都市，孩子更不能放弃优良的教育资源。于是，单身赴任的员工不得不继续忍受离家别子的痛苦，孩子不得不接受父亲离开的现实。

（2）关于亲属抚养儿童问题的研究

发达资本主义国家在由传统农业走向工业化和现代化的过程中，一般是自发地自由流动，并没有受到人为的障碍。而农民搬迁到城市，往往都是出卖了自己的土地和农场，并在城市中落脚，其身份、职业、地位已经发生改变，对农村里的事情早已是无牵无挂。他们与原本住城市里的人过着同样的生活，都是都市里的公民，享受着同等的待遇，因而没有长时间的亲子分离现象。国外也关注父母不能与孩子共同生活时，对孩子的成长和发展造成的影响，这些研究往往关注由于父母不能与孩子经常接触，孩子会出现心理方面的变化，变得烦躁、易怒、冲动、失落甚至于恐惧而没有安全感。也有的研究认为，由于父母离异、父亲或母亲一方早逝，造成单亲家庭，或者是孩子不得不与祖父母在一起生活，因为孩子现有生活空间中接受的教育影响与其父母所秉持的教育观念不同，会让孩子可能产生认识失调并会对儿童的个性发展产生负面影响。③ 在今天的西方社会，单亲家庭越来越多，儿童只能和父母中的一方生活（一般是母亲），当然他们的成长并不一定会处于劣势，但一部分儿

---

① ［日］望月嵩.家庭社会学入门：家庭关系学［M］.牛黎涛，译.北京：中国大百科全书出版，2002：72-73.
② 佘凌，罗国芬.日本"单身赴任"研究对我国留守子女研究的启示［J］.青年研究，2005（10）：38.
③ Barbara Martin Korpi. The Politics of Preschool-Intentions and Decisions Underlying the Emergence and Growth of the Swedish Pre-school. Swedish Mimisry of Education and Research［J］.1997，1：16-21.

童由于母亲的经济状况和教育水平较差,使得他们成绩不好或过早退学。据称,1/3 的学业失败的儿童往往是由于生活在贫困、缺乏成人保护和教养的家庭环境中所造成的。[1] 因为社会发展和父母经济条件不好,许多父母无法亲自担负教育子女的责任时,他们常会将自己的子女托付给他人(主要是祖父母)代管,采用隔代教育。[2] 有人经过实证研究后指出,由于父母外出,这种家庭环境会对孩子的情绪及行为产生影响,与其他孩子相比,他们会显得寂寞,并更加容易受到焦虑、失落、受挫、沮丧等不良情绪的影响,而这些问题却要由他独自去面对和处理,当然,教师可以对之进行指导,以帮助他排除这些困扰。[3] 因为父母外出,留守儿童的祖父母的角色不得不从完全可以袖手旁观者逐渐转变为教育者,祖父母和留守儿童之间的感情互动变得更加重要且持续影响孩子的心理发展。[4] 美国儿童福利联合会(CWLA)将亲属抚养定义为由亲属、种族部落成员、领养父母或者其他与儿童有血缘关系的成年人对儿童提供的照顾、抚养以及监管。一般来说,无论何种形式的抚养关系,抚养人都应承担保护被抚养儿童安全的责任。例如,有学者就指出,对儿童的行为发展和健康需要来说,虽然亲属抚养会遭遇经济上的困难和不如父母那样给予无微不至的关怀,但是亲属抚养和父母亲自抚养之间并无殊异。[5] 但有的研究者又认为,大部分被抚养儿童都经历过虐待、忽视以及与父母的分离,这些痛苦的经历往往会使被抚养儿童面临极大的心理和行为上的风险。[6]

(3)关于父母流动对儿童教育影响的研究

可以说,父母的社会流动是以其文化资本和社会资本作为基础的,由于

---

[1] Hodgkinson.H.Reform Versus reality.Phi Del.Kap.1991,73(1):8-16.
[2] Flowers.J.V. A Behavioral Method of Increasing Self-confidence. Elementary Research [J].1991,90.13~22.
[3] Elder,G.H. The Life Course and Human Development, in Handbook of Child Psychology [M].John Wiley&Sons,Inc,1998.
[4] McManus.S.M&Gettinger.M. Teacher and Student Evaluation of Cooperation Learning and Observed Interactive Behaviors [J].Journal of Educational Research,1996(90):13-22.
[5] Solomon,J.C., & Marx, J. To grandmother's House We Go:Health and School Adjustment of Children Raised Solely by Grandparent [J].The Ge-Rontologist,1995(35):386-394.
[6] 叶仁荪,曾国华.国外亲属抚养与我国农村留守儿童问题 [J].农业经济问题,2006(11):73-74.

父母的流动，完整的家庭结构遭到破坏，留守儿童可资利用的家庭文化资本必然减少，儿童无法从家庭中利用各种资源去提升自己的教育成就，因此会使他无论是在学校中还是在社会上都居于弱势地位。留守儿童的父母通常处于某种教育系统的胁迫之下，他们自己在其中就很失败，感到既没有能力去评价学校，也没有机会和能力指导孩子，于是他们与孩子、学校之间就被割裂开来。① 有研究者对因父母外出而不能与父母共同生活的孩子的教育问题进行深入研究后发现，留守儿童更容易出现情感和心理问题，他们出现心理问题的概率是其他儿童的 2 倍；他们往往缺乏责任心，也不善于与人交往；他们在学校的学习中经常会遇到困难并且缺乏学习兴趣；他们常常违反校纪校规，养成吸烟、酗酒、吸毒和逃学等不良行为。可以说，父母外出是他们学校生活不如意的重要影响因素。② 当然，也有很多关于国际移民对留守子女教育的研究表明，移民汇款能使得留守国内的儿童获得更多的受教育机会，能有效改善留守儿童的生活与身体健康状况，从而有利于他们学习、成长。

二、国内关于农村留守儿童的相关研究

（1）农村留守儿童的界定及其规模的研究

当前对农村留守儿童的界定并不统一，不同的研究者往往根据各自的研究内容作出内涵大致相同却又有明显区别的定义。研究者都将父母外出务工使其子女留守家乡，不能与之共同生活作为基本的群体特征，但是在留守儿童的年龄界限及留守持续时间方面则有争议。目前所见的研究，对留守儿童的年龄界限包括6—16岁、16岁以下、6—14岁、18岁以下等多种提法。比较有代表性的是，吴霓等在《农村留守儿童问题调研报告》中定义的"指由于父母双方或一方外出打工而被留在农村的家乡，并且需要其他亲人或委

---

① Lareau, A. Home Advantage: Social Class and Parental Intervention in Elementary Education [M]. London: Falmer Press, 1989: 8.
② O'Neill. Experiments in Living: the Fatherless Family [M]. The Institute for the Study of Civil Society.

托人照顾的、处于义务教育阶段的儿童（6—16岁）"①，范先佐②、江立华③、周宗奎④等多数学者的研究也基本沿用了这一界定。叶敬忠⑤、任运昌⑥、陈在余⑦等学者根据国际惯例认为，农村留守儿童指由于父母双方或一方外出务工而被留农村地区交由父母单方、祖辈、他人照顾或无人照顾的18岁以下农村儿童。对留守儿童的形成原因，绝大多数研究者都强调父母双方或一方出门务工，使儿童无法与双亲共同生活是留守儿童产生的原因，即留守儿童的基本特征是双亲或一方外出，本人留在家乡，造成亲子分离。但是有的研究者却认为只有父母双亲都外出打工的孩子才是留守儿童，如范方将留守儿童定义为"父母长年在外、留在家乡需要他人照顾的未成年孩子"⑧；吕绍清也认为，留守儿童是农村地区父母双方在外打工就业而被留在家乡就读于小学和初中阶段的儿童少年⑨；莫丽娟、袁桂林更是明确指出留守不应该包括父母一方外出务工，一方在家的情况⑩。关于留守持续时间的长短，多数学者认可半年是厘定"留守"的时间长度标准，也有的学者认为父母外出打工造成亲子分离的时间应该持续一年以上⑪，甚至有的学者认为三个月就可能使留守儿童面临亲情缺损和亲子联系断裂⑫。综合不同研究者的论点，笔者发现不同角度观照下的留守儿童逐渐形成一个边界清晰的社会群体，其概念几乎都是基于以下特征的：①留守儿童是农民工外出打工的衍生物；②父母单方或双方外出使亲子分离，不能与父母共同生活是形成留守儿童的原因；③未成年并陷入留守使他们面临更多的发展不利，并且常常酿成种种"问题"。

---

① 课题组.农村留守儿童问题调研报告［J］.教育研究，2004（10）：15.
② 范先佐.人口流动背景下的义务教育体制改革［M］.北京：中国社会科学出版社，2011：28.
③ 江立华.留守儿童问题的建构与研究反思［J］.人文杂志，2011（3）：178.
④ 周宗奎等.农村留守儿童心理发展与教育问题［J］.北京师范大学学报（社会科学版），2005（1）：72.
⑤ 叶敬忠，潘璐.别样童年：中国农村留守儿童［M］.北京：社会科学文献出版社，2008：22.
⑥ 任运昌.空巢乡村的守望：西部留守儿童教育问题的社会学研究［M］.北京：中国社会科学出版社，2009：引论.
⑦ 陈在余.中国农村留守儿童营养状况与健康状况分析［J］.中国人口科学，2009（5）：95.
⑧ 范方.留守儿童家庭教育策略［M］.长沙：中南大学出版社，2008：2.
⑨ 吕绍清.留守还是流动？"民工潮"中的儿童研究［M］.北京：中国农业出版社，2007：3.
⑩ 莫丽娟，袁桂林.农村留守儿童教育问题的几个基本判断［J］.上海教育科研，2010（1）：24.
⑪ 胡枫，李善同.父母外出务工对农村留守儿童教育的影响［J］.管理世界，2009（2）：68.
⑫ 莫丽娟，袁桂林.农村留守儿童教育问题的几个基本判断［J］.上海教育科研，2010（1）：25.

关于留守儿童的规模，2010 年，全国妇联儿童工作部发布的《农村留守流动儿童状况调查报告》显示，农村留守儿童（0—17 岁）人数为 5800 万。[1] 2013 年，全国妇联儿童工作部、中国人民大学人口与发展研究中心共同组成的课题组根据从 2010 年第六次全国人口普查数据中抽取 126 万人口样本量数据推算，全国有农村留守儿童（0—17 岁）6102.55 万，其中，义务教育阶段留守儿童规模为 2948 万。[2] 全国农村学校留守儿童的规模，从 2010 年起，教育部发布的年度全国教育事业，发展统计公报中专门对义务教育阶段的留守儿童人数进行了统计，2010 年全国义务教育阶段在校生中农村留守儿童共 2271.51 万人。其中，在小学就读的农村留守儿童 1461.79 万人，在初中就读的农村留守儿童 809.72 万人。[3]2011 年，全国义务教育阶段在校生中农村留守儿童共 2200.32 万人。其中，在小学就读 1436.81 万人，在初中就读 763.51 万人。[4]2012 年，全国义务教育阶段在校生中农村留守儿童共 2271.07 万人。其中，在小学就读 1517.88 万人，在初中就读 753.19 万人。[5] 从以上统计数据可以看出，全国农村留守儿童总量仍然庞大，但人数相比之前稍有减少，总体规模小幅收缩。

（2）农村留守儿童存在的问题及其归因的研究

农村留守儿童作为我国社会转型期产生的一个特殊社会群体受到关注，其起因是由于父母双方或其中一方不在身边而使他们出现了种种问题。"中国农村留守儿童问题研究"课题组 2004 年通过分析农村留守儿童的生活和学习情况发现，监护人对留守儿童学习介入过少导致学习问题，缺乏亲情抚慰导致生活问题，缺乏完整的家庭教育导致心理问题[6]；有研究者在四川省进行历时六年的留守儿童教育研究发现，留守儿童不仅会出现不守纪律、参与不

---

[1] 全国妇联儿童工作部.农村留守流动儿童状况调查报告[M].北京：社会科学文献出版社，2011：3.
[2] 高丽.留守流动儿童数量逼近一亿[N].中国妇女报，2013-5-11（1）.
[3] 教育部.2010 年全国教育事业发展统计公报[N].中国教育报，2011-7-6（2）.
[4] 教育部.2011 年全国教育事业发展统计公报[N].中国教育报，2012-8-31（2）.
[5] 教育部.2012 年全国教育事业发展统计公报[N].中国教育报，2013-8-17（2）.
[6] 课题组.农村留守儿童问题调研报告[J].教育研究，2004（10）：17.

良娱乐活动、交往行为失范、心理异常等问题，还是儿童拐卖、意外伤害、不法侵害等安全隐患的最经常的受害群体[①]；范先佐根据实地调研也发现，农村留守儿童在安全、学习、品行、心理等方面存在着比较突出的问题[②]；王凌等在云南边疆民族地区的调查也认为，农村留守儿童往往会因为辅导无力、管教方法单一、隔代教养而导致成绩较差，容易出现身体安全和心理安全问题，亲子关系淡漠而疏远，容易产生自卑、孤僻、固执、抑郁、焦虑等消极心理，不良行为较非留守儿童更为突出等问题[③]。基于本研究的侧重点在于发现并解决农村留守儿童出现的问题，对如上常见的问题进一步的深入研究很有必要。

①学习问题研究

"留守"状态对农村留守儿童学业的影响结论并不统一，存在很大的争议，甚至得出截然相反的论点。一种观点认为，留守的现实对留守儿童的学习成绩有负面影响：郭三玲发现，留守儿童的学习成绩明显低于其他儿童。[④]胡枫等对5个城市农民工的实证研究也发现，父母远距离务工会导致留守儿童成绩下降且当留守子女较多时留守女童所受到的影响更加明显。[⑤]马明生通过调查指出，多数留守儿童对学习新课程存在学习障碍并有畏难情绪。[⑥]曹春华指出，父母外出对留守儿童的学习动机、学习过程的监督和学习环境存在影响。[⑦]另一种观点认为，父母外出务工对留守儿童的学习态度、学习行为、学习结果没有显著影响：叶敬忠等认为，父母外出务工整体上对留守儿童学习成绩影响不大，但有少数人会因为缺乏学习辅导和监督而导致学习成绩下降、态度散漫，并出现迟到、逃课、不交作业等不良学习行为。[⑧]朱科蓉等也发现，

[①] 周林，青永红等．农村留守儿童教育问题研究［M］．成都：四川教育出版社，2007：7-8．
[②] 范先佐．农村"留守儿童"教育面临的问题及对策［J］．国家教育行政学院学报，2005（7）．
[③] 王凌，符明弘，等．冲突与变革：社会转型期云南边疆民族地区家庭教育研究［M］．北京：人民出版社，2010：235-244．
[④] 郭三玲．农村留守儿童教育存在的问题、成因及对策分析［J］．湖北教育学院学报，2005（6）：86-87．
[⑤] 胡枫，李善同．父母外出务工对农村留守儿童教育的影响［J］．管理世界，2009（2）：71．
[⑥] 马明生．"留守儿童"教育问题及对策分析［J］．中国教育学刊，2009（12）：22．
[⑦] 曹春华．农村留守子女学习状况分析研究［J］．当代教育论坛（校长教育研究），2007（5）：28．
[⑧] 叶敬忠等．父母外出务工对农村留守儿童学习的影响［J］．农村经济，2006（7）：119-123．

留守儿童的成绩不受父母是否外出和外出时间长短的影响。[1] 在综合分析各种研究结论的基础上，雷万鹏、杨帆认为，从总体看，留守儿童学习成绩在父母外出后有升有降。[2]

②监护问题研究

留守儿童的父母将孩子托付给在家的一方或其他人照管，或者由孩子本人自己生活，便产生了监护问题。段成荣、杨舸将留守儿童的家庭结构分为儿童单独留守、与父亲一起、与母亲一起、与父亲和祖父母一起、与母亲和祖父母一起以及与其他亲属一起等七种类型。[3] 李庆丰把留守儿童的监护类型划分为隔代监护、上代监护和自我监护三种。[4] 叶敬忠在对中西部10个农村社区中的监护状况进行研究后认为，存在着隔代（祖辈）监护、单亲（父亲或母亲）监护、上代（亲戚或邻居）监护和同辈（哥哥姐姐或自我）监护四种类型，其中，以单亲监护为主，其次是隔代监护，上代监护、同辈监护虽存在但数量不多，隔代监护下的留守儿童问题最多。[5] 郝振、崔丽娟等对七地的整群抽样进行的实地研究却认为，隔代监护最为普遍，与单亲监护之间在心理和社会适应方面没有显著差异。[6] 这似乎可从某些方面说明由于选择的调查地不同，留守儿童的监护状况会有明显的地区差异。隔代监护中的祖辈监护人往往会溺爱孩子，导致留守儿童的任性和放纵[7]；会出现由于家务增多而使留守儿童日常生活中体会更多的不愉快经历[8]；自我监护的留守儿童由于处在青春初始，易受外界影响，发生问题多[9]。可以说，众多研究者对不同监护模式的分析研究均包含着一种共识：不同监护类型下的留守儿童所得

---

[1] 朱科蓉等.农村留守子女学习状况分析与建议[J].教育科学，2002（8）.
[2] 雷万鹏，杨帆.对留守儿童的基本判断与政策选择[J].教育研究与实验，2009（2）：26.
[3] 段成荣，杨舸.我国农村留守儿童状况研究[J].人口研究，2008（3）：15-25.
[4] 李庆丰.农村劳动力外出务工对"留守子女"发展的影响：来自湖南、河南、江西三地的调查报告[J].上海教育科研，2002（9）：25-26.
[5] 叶敬忠，王伊欢.留守儿童的监护现状与特点[J].人口学刊，2006（3）：55-59.
[6] 郝振，崔丽娟.留守儿童界定标准探讨[J].中国青年研究，2007（10）：42.
[7] 朱俊芳.关注农村"留守儿"的思想道德教育[J].贵州教育，2005（10）.
[8] 赵景欣，张文新.农村留守儿童生活适应过程的质性研究[J].河南大学学报（社会科学版），2008（1）.
[9] 殷世东，朱明山.农村留守儿童社会支持体系的构建：基于皖北农村留守儿童教育问题的调查与思考[J].中国教育学刊，2006（2）.

到的生活和学习照料不同，但只要存在留守，无论什么样的监护都会对其心理发展和教育产生影响。在留守的监护模式中，"母亲单独外出，父亲留守对儿童来说是最不利的模式"[①]，"留守儿童的监护，最好的环境还是家庭，目前虽然有的儿童没有与双亲一起生活，毕竟还是生活在家庭和亲人之中。各种替代方式之所以有弊端，在于亲子关系是很难替代的，而且也不可能普遍推行"[②]。

③心理健康问题研究

目前的研究结果显示，留守儿童心理健康状况普遍较差，心理方面存在着不同程度的问题。由于父母进城，留守儿童成为形式上的"孤儿"，他们常常心态消极，情绪低落，行为敌对，更易形成认知偏差、行为障碍、人际关系障碍和社会适应障碍。周宗奎等人的研究认为，留守儿童在孤独感、社交焦虑方面与其他儿童存在显著差异[③]，且年龄越小，心理问题越突出，女生甚于男生；在人际关系处理和自信心方面，留守儿童明显地不如非留守儿童[④]。李坚认为，农村留守儿童的需求表现为只求温饱的低端化、亲情补偿中的物质化和价值迷失的功利化等[⑤]；留守儿童与非留守儿童相比性情冷淡，容易心烦意乱，自卑寡言，自制力差且又少年老成、敏感多疑[⑥]；幸福感较低，人际关系紧张，适应性和心理承受力差[⑦]；孤独感是留守儿童反馈最多的情绪体验[⑧]。但是，也有的研究认为，留守给留守儿童提供了独立生活的机会，使得他们自主生活能力得以提高，很多孩子能够理解父母外出打工的艰辛并以此作为督促自己努力上进的动力。王东宇、王丽芬认为，父母与孩子分离时间的长短、代养人的教养方式、是否与兄弟姐妹同住，以及性别、年级等是影响留守儿童心理健康的重要因素。[⑨]

---

① 谭深.中国留守儿童研究述评［J］.中国社会科学，2011（1）：145.
② 谭深.人口流动对农村贫困和不平等的影响［J］.开放时代，2009（10）：92.
③ 周宗奎等.农村留守儿童心理发展问题与对策［J］.华南师范大学学报（社会科学版），2007（12）.
④ 周宗奎等.农村留守儿童心理发展与教育问题［J］.北京师范大学学报（社会科学版），2005（1）.
⑤ 李坚.农村留守儿童看护问题探讨［J］.湖南社会科学，2011（6）.
⑥ 范方.亲子教育缺失与"留守儿童"人格、学绩及行为问题［J］.心理科学，2005（4）.
⑦ 赵峰.农村留守儿童心理健康状况及教育对策［J］.首都师范大学学报（社会科学版），2010（3）.
⑧ 王良锋，张顺.农村留守儿童孤独感现状研究［J］.中国行为医学科学，2006（15）：639-640.
⑨ 王东宇，王丽芬.影响中学生留守孩心理健康的家庭因素研究［J］.心理科学，2005（2）.

④思想品行问题研究

很多研究发现，留守儿童的思想道德教育形势严峻。殷世东、朱明山在皖北农村的调研中看到，不少留守儿童好逸恶劳、奢侈浪费、旷课逃学，甚至和社会上的有不良习气的人混在一起。①周宗奎等人通过调查发现，初中阶段留守儿童中的男生突出地表现出放任自流、不服管教、违反学校纪律等行为问题，有的甚至走上违法犯罪的道路。②刘霞等人通过调查发现，留守儿童表现出相对较多的违法和违纪现象。③有记者在广西、湖南等地经过调查后发现，一些留守儿童上学时出现逃学、好争斗、小偷小摸等行为，常常出入游戏厅、网吧、赌博场所等，多有好吃懒做、贪图享乐的恶习，在物质利益驱使下，往往为满足钱财欲望而盗窃、抢夺他人财物，一旦遇到反抗，就会诉诸暴力。留守儿童犯罪也处于上升阶段，低年龄、低文化、低法律意识"三低现象"突出，且暴力犯罪、激情犯罪等特点明显。④阮梅在对 17 个少管所进行调查时发现，农村留守儿童犯罪占到了当地少年犯罪的 78% 以上。⑤徐晨总结了留守儿童犯罪的特点：犯罪类型多；犯罪率居高不下；犯罪恶性日显严重；犯罪呈低龄化趋势。⑥

⑤安全问题研究

留守儿童面临着比与父母共同生活的儿童更高的安全风险，缺乏安全保证，容易产生安全问题，如易受到人身侵害已经成为学界的共识。朱蕴丽、潘克栋认为，留守儿童防范意识和安全知识缺乏，自救能力差，容易发生交通、水火等安全事故。⑦很多留守儿童有被遗弃的感觉，做事不管不顾，不少儿童在车祸、疾病突发、溺水、被不法分子侵害面前，因无人救助或救治不及时而死，

---

① 殷世东，朱明山.农村留守儿童社会支持体系的构建：基于皖北农村留守儿童教育问题的调查与思考[J].中国教育学刊，2006（2）.
② 周宗奎等.农村留守儿童心理发展与教育问题[J].北京师范大学学报（社会科学版），2005（1）：74.
③ 刘霞等.初中留守儿童社会支持与问题行为的关系[J].心理发展与教育，2007（3）：100.
④ 杜晓等.无奈留守多歧路[J].半月谈，2012（12）：26-28.
⑤ 阮梅.中国的"留守孩子"[J].报告文学，2007（10）：13.
⑥ 徐晨.留守儿童犯罪预防问题刍议[J].行政与法，2012（1）：115-119.
⑦ 朱蕴红，潘克栋.把"爱"洒向每一个孩子[J].江西教育科研，2005（7）.

个别甚至直接自杀轻生。[1] 周林、青永红等人在对南充市留守儿童的调研中发现，大多数留守儿童缺乏社会经验，生活中自我保护能力差，他们已经成为各类犯罪侵害的高危人群，如女孩容易成为被性侵的对象，男孩则容易被拐卖。[2] 针对留守儿童的安全问题的关注，一般都集中于上述问题，而对留守儿童的身体发育及食品安全等问题很少涉及。笔者在农村的实地调查中发现，学校周边及上学放学的路上，学生随手扔下的花花绿绿的各色食品包装袋遍地都是，经过辨认后发现，这些包装袋中装的绝大多数都是垃圾食品，很多还是三无食品，卫生及营养状况可想而知。另外，大多数留守儿童的食品来源没有健康保证，饮食常常是饱一顿饥一顿的，从而使他们的身体健康和发育受到影响。

⑥对留守儿童存在的问题的归因的研究

留守儿童的出现是父母亲无奈决策的结果，根本的原因就是经济困难，因为这一群体本身就是经济困难孕育出来的。但是，我们要追问出现留守儿童以上问题的具体原因还是有价值的，也有诸多研究者进行了有益的探索。赵富才认为留守儿童产生的根本原因是我国长期实行的城乡二元结构体制和户籍制度以及由此产生的"三农问题"、农民工问题，具体的原因是家庭问题、学校教育与管理问题、农村社区问题和政策问题。[3] 张玉林的研究指出，中国教育是一种二元分割的教育体制，农村与城市教育的区别使进城务工人员的子女被这种分割的教育体制所排斥，而不得不将之留在农村上学的留守儿童就进入了被边缘化的农村教育体系中。[4] 崔丽娟、郝振认为，学校教育的低效、家庭教育的变迁和社会教育的偏差造成了留守儿童严重的教育困境甚至失败。[5] 父母外出，家庭生活环境的改变被认为是首要原因。家庭的结构和环境的变化，使情感功能弱化，教育功能受损而消费功能被强化并以家庭

---

[1] 阮梅.中国的"留守孩子"[J].报告文学，2007（10）：10.
[2] 周林，青永红等.农村留守儿童教育问题研究[M].成都：四川教育出版社，2007：53.
[3] 赵富才.农村留守儿童问题产生原因探析[J].郑州大学学报（哲学社会科学版），2009（9）.
[4] 张玉林.中国教育：不平等的扩张及其动力[J].二十一世纪（香港），2005（5）.
[5] 崔丽娟，郝振.农村"留守儿童"教育困境的反思及对策研究[J].全球教育展望，2007（11）.

环境为中介，对留守儿童的发展和教育产生不利影响。① 家庭环境通过影响其心理健康而对学业成绩产生影响②，农村留守儿童"核心问题"是监护权利责任问题③，监护不到位、监护不力或者根本缺乏监护是造成留守儿童问题的重要原因。亲子分离是影响留守儿童发展的核心因素，日常亲情互动缺失，外出务工父母与留守子女之间正在形成"心理沟通的陌生化"倾向。④ 唐有财、符平在进一步对亲子分离的形式、时间、空间、亲子联系、父母回家频率和分离时机等维度进行具体分析研究后认为，"亲子分离对留守儿童影响最大的是厌学，其次是对儿童体力活的影响，对儿童的幸福感和自闭的解释力相对较小"，与母亲分离显著影响自闭和幸福感等主观感受，与父亲分离影响学业表现。⑤ 学校作为留守儿童社会化的重要机构，但学校无法增补亲情缺失。江立华则提出了一个新的论点，他认为，面对现代文化的冲击，现实中的乡村文化与原本的传统文化、乡村历史记忆出现了断裂，农村陷入了较为严重的文化危机、伦理及秩序危机，乡村文化的衰落，乡村社区缺乏生机与活力，乡村文化价值体系的解体，直接导致了乡村儿童精神世界的荒芜，加剧了留守儿童身上所表现出的问题的严重性。⑥

（3）关于民族地区留守儿童问题的研究

黔东南农村地区的留守儿童问题是因其留守儿童是否会具有某种特殊性而逐渐为学界所关注，此种研究大多都是以个案研究的形式进行。由于绝大多数民族地区的农民外出打工比例更高，农村留守儿童在总人口尤其在儿童中所占比重大，并且呈现扩大的趋势，分布广且不均匀，人力资本投资强度低，身心健康得不到保障，不利于黔东南农村高质量人力资本的形成。⑦ 收入低，

---

① 吕吉，刘亮.农村留守儿童家庭结构与功能的变化及其影响[J].中国特殊教育，2011（10）：59-62.
② 李松.农村"留守儿童"家庭环境、心理健康与学业成绩的分析[J].湖北社会科学，2009（9）.
③ 汪明."流动儿童"与"留守儿童"教育问题的新思考[J].人民教育，2007（9）：7.
④ 莫丽娟，袁桂林.农村留守儿童教育问题的几个基本判断[J].上海教育科研，2010（1）：25.
⑤ 唐有财，符平.亲子分离对留守儿童的影响：基于亲子分离具体化的实证研究[J].人口学刊，2011（5）：41-49.
⑥ 江立华.乡村文化的衰落与留守儿童的困境[J].江海学刊，2011（4）：108-114.
⑦ 黄勇.武陵山民族地区"留守儿童"的对策研究：基于人力资本的视角[J].湖北民族学院学报（哲学社会科学版），2012（4）：67-69.

交通不便，使父母回乡探亲的机会更少，少数民族留守儿童更感孤独，更难以得到亲人的关爱；学校条件和教学质量相对较差使黔东南农村留守儿童学业成绩普遍较差，厌学、辍学问题更加突出。① 韦明顶的个案也发现布依族留守儿童普遍存在学习态度不明确、学习功利化倾向严重和学习成绩呈现下降趋势。② 彭国胜、周茜通过实证调查发现，父母外出会影响留守儿童的自评成绩，但对实际成绩的影响不显著；女童的自评成绩低于男童。③ 李晓芸等对贵州省三个少数民族自治县的留守儿童进行研究后发现，黔东南农村地区留守儿童也同样存在柔弱内向，自责，自卑，缺乏安全感，缺乏学习兴趣、学习焦虑、自我控制与调节能力较差，价值观错位等心理问题。④ 许传静发现黔东南农村的留守儿童还面临着民族传统文化后继无人而难以得到传承的问题；⑤ 何彪、牛星丽通过实地调查发现，贵州民族地区留守儿童的祖父母中的文盲半文盲比其他地区多，加上交通信息、习俗等原因，隔代监护出现的问题比其他地区更为突出；恶劣的自然环境使留守儿童更易出现意外伤害。但由于地处偏远，民风淳朴，儿童无论是否留守都经常做家务和农活，所以其他地区常出现的留守儿童品行问题和劳动量增大问题并不明显。⑥ 陶斯文发现，民族地区的留守儿童由于父母外出打工改善了经济状况，所以可以买价格较高的民族服装。⑦ 还有的学者认为，黔东南农村的留守儿童有较强的民族认同感与民族团结意识，但封闭的生活环境也容易滋生狭隘民族主义。⑧ 曾雅琴在湖南省隆回县的调查中还发现，由于经济条件差，没有网络，所以

---

① 卢国良. 民族地区留守儿童关爱与服务体系的构建［J］. 中国民族教育，2011（1）：11-12.
② 韦明顶. 布依族地区农村留守儿童学业问题研究：以贵州省关岭县平寨小学为个案［D］. 南宁：广西民族大学硕士论文，2008.
③ 彭国胜，周茜. 父母外出务工对民族地区留守儿童学习成绩的影响［J］. 贵州师范大学学报（社会科学版），2011（4）.
④ 李晓芸等. 贵州省少数民族地区留守儿童心理问题及学校对策［J］. 学术探索，2012（8）：55-57.
⑤ 许传静. 黔东南农村留守儿童教育问题研究：以湖北省利川市钟鼓村为例［D］. 南宁：广西民族大学硕士论文，2007.
⑥ 何彪，牛星丽. 关于贵州民族地区留守儿童问题的几点思考［J］. 贵州民族学院学报（哲学社会科学版），2008（3）：121-125.
⑦ 陶斯文. 民族地区农民工外出务工对留守儿童生活的影响及对策探讨［J］. 农村经济，2009（12）：82-83.
⑧ 龙翠芳，聂建平. 贵州黔东南农村留守儿童德育问题调查研究：以黔东南6所中小学为个案［J］. 遵义师范学院学报，2011（2）：108-111.

当地的留守儿童没有迷恋网吧等现象发生；兄弟姐妹多，并不感觉到留守与非留守的区别，没有孤独感；但当地的"重男轻女"和早婚观念的存在致使留守女童的早恋和早结婚现象比较严重。[1]邓行认为，打工提高了留守儿童的入学率，家庭更加重视教育和增加教育投入；但是由于父母缺席导致的管护"空档"对留守儿童教育产生了一定的负面影响，"打工也能致富"的行为示范和观念会使不少留守儿童无心上学，对接受义务教育后更高层次的教育的欲望降低，给当地的可持续发展带来了隐忧。[2]

（4）解决农村留守儿童问题的对策及建议研究

留守儿童问题是一个直接关系亿万外出务工家庭的现实问题，为了促进问题的解决，几乎所有的研究者都试图探讨该问题的解决方案。目前，研究者对该问题的解决思路基本不外乎四种：第一，改变我国城乡二元分割的管理体制，积极进行户籍、住房、就业、教育等方面的改革，消除制度壁垒[3]；创新社会管理，建立全国性电子学籍管理系统以及时了解农民工子女入学情况[4]；大力发展农村经济，改变农村父母外出务工方式，实现亲子团聚，消除留守儿童产生的条件[5]。第二，学校要发挥积极作用，以留守儿童为中心，加强对留守儿童的监督指导，注意与家长的沟通[6]；建设寄宿制学校，增设心理辅导课程[7]；教师与留守儿童结对，代行家长职责[8]；利用信息化手段，搭建远程家庭教育平台[9]；尽量弥补留守对儿童的不利影响。第三，加强家庭教育，增强监护，提升家庭对留守儿童的保护和支持，促进亲子互动，增进社区融

---

[1] 曾雅琴.民族地区留守儿童状况调查研究：以湖南省隆回县虎形山瑶族乡为例[J].民族论坛，2009（1）：34-35.
[2] 邓行.打工生产方式对民族地区农村留守儿童教育的影响：以湖南隆回县山界回族乡民族村、浙江泰顺县司前镇左溪村为例[J].中南民族大学学报（人文社会科学版），2007（3）：42-46.
[3] 段成荣，周福林.我国留守儿童状况研究[J].人口研究，2005（1）：36.
[4] 雷万鹏.以体制改革推动农民工子女教育的发展[J].人民教育，2010（20）：8.
[5] 范先佐.人口流动背景下的义务教育体制改革[M].北京：中国社会科学出版社，2011.
[6] 叶敬忠，潘璐.别样童年：中国农村留守儿童[M].北京：社会科学文献出版社，2008：398.
[7] 课题组.农村留守儿童问题调研报告[J].教育研究，2004（10）：18.
[8] 张春玲.农村留守儿童的学校关怀[J].教育评论，2005（2）：39.
[9] 赵兴民.农村留守儿童教育问题的实质与解决路径[J].广西师范大学学报（哲学社会科学版），2011（6）：102.

入[①]；监护人要承担家长的教育职责，对留守儿童加以管束和引导，给他们以关爱和鼓励[②]。第四，优化社会环境，鼓励社会举办托管寄养机构[③]；做好社区管理与服务，建立留守儿童帮教机制[④]；组织志愿者建立良好的农村社区教育资源，帮助提高监护人素质[⑤]；建立生产和生活互助小组，帮助监护人减轻劳动负担[⑥]；重建乡村公共文化和乡村认同[⑦]；从而为留守儿童提供良好的成长环境。洪淑媛指出，终结这一群体是采取对策的终极目标，解决其产生的问题已超出教育所能的范畴，消除贫困才是更为根本的对策，只有从体制上、制度上以及在政治领域、文化领域等领域里消除贫困，才能终结农村留守儿童的不断衍生。[⑧]

（5）对现有留守儿童研究的整体评价

综观迄今国内有关留守儿童的研究，研究者已经进行了大量的研究和探索，并从不同的角度对这一问题进行了较为深入的分析和讨论，并得出不同的研究结论和提出了相应的问题解决对策和建议。但是，目前的研究尚存在如下问题和不足。

首先，描述现状多，系统深入研究少。现有的研究大多采取三段式，即先提出留守儿童存在的背景和问题，然后分析问题存在的成因，最后提出此问题的解决办法和建议。可以说，这种研究仍处于对研究的现状把握和成因分析阶段，所提出的问题解决办法比较宏观且泛泛而谈，多陷于理论和政策层面的思考，缺乏可操作性的行动干预措施，也难以进行实际效用的验证。对留守儿童的把握大多还是现象描述，没有深层次的对留守这个最重要的生

---

① 吴帆，杨伟.留守儿童问与流动儿童成长环境的缺失与重构[J].人口研究，2011（6）：96.
② 叶敬忠，潘璐.别样童年：中国农村留守儿童[M].北京：中国社会科学出版社，2008：379.
③ 贾勇宏.人口流动中的教育难题：中国农村留守儿童教育问题研究[M].北京：中国社会科学出版社，2013：280.
④ 李萍.农村留守儿童常见的心理问题及其教育对策[J].湖南社会科学，2011（6）：90.
⑤ 崔丽娟，郝振.农村"留守儿童"教育困境的反思及对策研究[J].全球教育展望，2007（11）：84.
⑥ 叶敬忠，王伊欢.留守儿童的监护现状及特点[J].人口学刊，2006（3）：59.
⑦ 江立华.乡村文化的衰落与留守儿童的困境[J].江海学刊，2011（4）：108-114.
⑧ 洪淑媛.农村留守儿童：补偿抑或终结[J].教育导刊，2011（4上半月）：卷首语.

存环境的探讨，因而不少研究还出现因为研究地域不同得到相互矛盾的结论。

其次，研究方向和内容的缺失。目前的许多研究文献中采用了量化方法，通常是利用问卷调查、心理量表开展工作然后进行统计分析，这种方法只能收集到一些表象的信息和数据，从宏观上掌握留守儿童基本情况。很多个案研究并没有真正深入而只希望引起社会和研究者的关注，不能真切分析微观层面中的留守儿童，没有深入留守儿童的生活现场，缺乏对留守儿童的"留守"生活的完整把握，难以真实地对留守儿童进行深入细致的观察和研究，更难以揭示这些问题背后的深层原因。在研究内容上往往是对留守儿童的生活和教育中的不利处境进行罗列，缺乏实地考察和参与观察的研究支持，对某些留守儿童问题如早恋、饮食、辍学及他们的教育观念也有忽视或根本就没有研究。

再次，区域研究视野狭窄，缺少民族地区农村研究的案例。研究者大多都将研究的焦点集中到河南、四川、湖南、安徽、江西等农民工大省，而对贵州、云南、甘肃、宁夏、青海等地区的留守儿童关注较少，对民族地区农村留守儿童的因地理、经济因素而更显艰难的"留守"极少涉足，对这些地方留守儿童的特殊性还没有开展系统研究。

最后，研究方法单一，理论反思需进一步加强。很多留守儿童研究是对同一内容的重复研究，且大都是描述性研究，同时，许多研究者并没有亲自介入农村和留守儿童的生活与教育现场，大多是从统计数据和新闻报道中选取信息，通过量表的传递来进行分析推论，也缺乏对研究结果进行更深入的理论探讨，没有进行理论分析和深层次的解释，没有形成理论框架。

综上所述，黔东南农村留守儿童教育问题是一个有待深入研究的新领域、新课题，是促进黔东南农村稳定发展和加强民族团结的重要研究论题，需要研究者进一步对之进行问题探讨和对策探索，力求取得新的突破以解决黔东南农村农民工的后顾之忧。

三、国内外对家校合作问题的相关研究

（1）关于合作与家校合作定义的研究

合作就是个人与个人、群体与群体之间为达到共同目的，彼此相互配合的一种联合行动、方式。弗雷德和库克在《互动：教师的合作技能》中认为，合作是两个以上的平等主体之间为了共同的目标而相互协商的直接互动方式。合作具有以下特征：出于自愿；关系平等；目标一致；彼此协商；为协商后的决策共同担责；资源共享。[1] 靳玉乐认为，合作是在强调合作群体中个体与群体目标一致的基础上，通过合作，个体间的相互配合和协调，从而完成某一目标或实现共同利益而工作的行为。[2]

对儿童的发展来说，家庭和学校各自有着独特的作用，具有直接而重要的影响。从儿童接受教育的角度来说，教育事业的成功需要家庭和学校更加密切的合作。所以，家庭和学校是儿童教育过程中的天然合作者[3]，于是形成了一种重要的社会关系——家庭和学校的合作，简称家校合作。家校合作是一个宽泛的概念，在英语中有多种表达方式："home-school cooperation""parent-teacher collaboration""educational intervention"，就连"parent involvement""parent participation"都有与家校合作近似的含义。在我国，也有一组表达家校合作意义的相近词汇：家校联系、家校沟通、家校配合、家校联络、家校协调等。尽管表达方式多种多样，但其基本内容都表达了将家庭和学校两者的教育影响结合起来，共同促进儿童发展的内涵。

我国目前对家校合作的定义，主要有六种观点：岳瑛认为，家校合作是以学生为中心，家庭和学校相互配合的一种双向活动。[4] 马忠虎认为，家校合作的实质是联合儿童教育过程中家庭和学校两种主要的教育力量，相互支持

---

[1] Friend, M.&L.Cook. Interactions: Collaboration Skills for School Professionals [M]. White Plains, NY: Longman, 1992.
[2] 靳玉乐.合作学习[M].成都：四川教育出版社，2005：3.
[3] 马忠虎.家校合作[M].北京：教育科学出版社，1999：33.
[4] 岳瑛.我国家校合作的现状及影响因素[J].天津教科院学报，2002（3）：50-53.

和配合，形成教育合力，强化教育作用。① 黄河清认为，家校合作是家庭与学校以促进青少年的全面发展为目标，家长参与学校教育，学校指导家庭教育，相互配合、互相支持的双向活动。② 我国台湾学者一般是用"家长参与教育"概念来对家校合作进行研究，郭明科认为，家长参与指在孩子的教育历程中，家长在家或在学校中参与学校教育的相关活动。③ 张明侃则更加详细地提出，家长参与学校教育是指家长基于为促进学童的学习发展与学习成效，在学习的历程中主动而乐意贡献自己的心力，并运用不同的方式与学校教师或行政人员进行合作，以达到目的。④ 吴壁如指出，家长参与学校教育泛指家长在子女的学习活动或教育历程中的参与情形。⑤

在西方，多数研究者认为家校合作就是吸引家长参与学校教育，与教师相互了解、相互支持、相互配合，倾向于家长在学生发展中承担责任，享有参与学校管理的任务，并对学校事务及其决策发挥影响。西方学者一般将家校合作的视野扩展到更加宽广的社会领域，强调学校、家庭和社区对孩子的教育和发展负有共同的责任。学校、家庭、社区三者对孩子的教育和发展的影响也是相互作用、相互促进的，为了促进学生的发展而谋求"学校—家庭—社区合作"。⑥ 同时，家长、教师、学校管理者以及与社会各方面要采取积极措施来加强家校合作。⑦

通过对以上的家校合作定义进行研究后发现，教育研究者都充分意识到促进和开展家校合作，对增进教育影响、形成教育合力具有重要作用，都认为家庭和学校之间的合作是围绕学生的成长和发展而进行的一种双向的互动。

---

① 马忠虎.家校合作[M].北京：教育科学出版社，1999：46.
② 黄河清.家校合作导论[M].上海：华东师范大学出版社，2008：37.
③ 郭明科.国民小学家长参与学校教育之研究[D].台南：台南师范学院国民教育研究所硕士论文，1997.
④ 张明侃.桃园县国民小学家长参与校务运作之分析研究[D].台北：台北师范学院教育研究所硕士论文，1998.
⑤ 吴壁如.家长参与学校教育之原理探究[J].中学教育学报（台北），1999（6）.
⑥ Epstein, J.L. School, Family, and Community Partnerships: Preparing Educators and Improving Schools[M].US: Westview Press, 2001.
⑦ Epstein, J.L.Parent Involvement: What Research Says to Administrators[J].Educaion Urban Society, 1987（2）：119-136.

（2）关于家校合作的价值与形式的研究

①家校合作的价值

在当代世界，无论是学校还是学生家长都意识到开展家校合作的重要性，都认识到教育需要学校和家庭之间进行更加广泛而密切的合作。凯拉汉认为，父母通常承担起为儿童提供满足身体发展需要的物质条件、教导基本的社会技能以及积累资金供他上学等基本职责，学校则要为学生发展提供恰当的合适的条件和人员，以及与学生的需要、兴趣、学习方式、学习困难相适应的课程，二者之间存在差异，需要互补，因此学校要促进家长参与，家长要与学校开展合作。[①] 爱泼斯坦提出，促进儿童在学校取得成功需要家庭和学校合作，这一过程是分享信息、互动合作的，这不仅对学校、儿童有利，而且对家庭、对家长的成长和发展都有利。[②] 哈德森等人做了一项76人的调查研究表明，当家长参与到孩子的学校教育，学生出现了如下变化：（1）成绩提高和等次上升；（2）出勤率高，作业积极完成；（3）因成绩不佳参加补课的学生减少；（4）在学校中积极表现；（5）学生毕业率上升；（6）升学率提高。[③] 格瑞伍德等认为，让家长参与学校教育，与学校进行合作，可以推动家长在学校中发挥潜能，是一个让家长、子女和学校都得到好处的过程。[④] 苏霍姆林斯基也非常重视家庭和学校的合作，他认为，"最完美的社会教育是学校教育与家庭教育的结合"，"教育的效果取决于学校和家庭的教育影响的一致性"，"施行学校—家庭教育不仅可以很好地培养年轻一代，而且还可以使家庭和父母的道德面貌完美。没有对子女的教育，没有对学校生活的积极参与，没有成人与孩子之间经常的精神上的接触和相互充实，就不可能有作为社会基层单位的家庭本身，不可能有学校这个最重要的教育教学机关，也不可能有

---

① Kellaghan, T. The Home Environment and School Learning [M].Jossey Bass, San Francisco, California, 1993.
② Epstein, J.L. School, Family, and Community Partnerships: Your Handbook for Action, Seeond Edition [M].Thousand Oaks, CA: Corwin Press, 2002.
③ Henderson, A, T., & Berla, N.A New Generation of Evidence: The Family is Critical to Student Achievement [M].Columbia, MD: National Committee for Citizen in Education, 1994.
④ Greenwood, G.C. & Hickman, C.W.Research and Practice on Parent Involvement: Implications forTeacher education [J]. The Elementary School Journal, 1991, 91（3）.

社会在精神上的进步","只有在这样的条件下才能实现和谐的全面的发展，就是两个'教育者'——学校和家庭，不仅要一致行动，要向儿童提出同样的要求，而且要志同道合，抱着一致的信念，始终从同样的原则出发，无论在教育的目的上、过程上还是手段上，都不要发生分歧"①。

国内的研究者对家校合作的价值的研究都是抽象意义上的叙述。马忠虎认为，家校合作，可以使培养目标一致，可以优化德育环境，促进学生健康成长；可以使家长和教师相互学习、相互教育，促进教育社会的诞生；可以帮助学校提高教育效率，强化自我管理。②黄河清进一步提出，家校合作对学生发展来说，可以提高学业成就，形成健全的人格，促进社会化教育，全面提高素质，预防青少年问题的出现；对家长发展来说，可以帮助转变教育观念，提高教育素质，形成良好的家庭氛围；对学校发展来说，可使教师建立良好的师生关系，能够针对个体差异因材施教，可以形成教育合力，能够应对变化，丰富教育资源，加强民主管理，提高教育质量。③从更深层次的意义上来说，"就学生而言，家校合作沟通了学生在家和在校的两个生活世界，实现的是在时空上的衔接和拓展"；"就家长与教师而言，亲师交往中的摩擦与磨合推动了教育观念和方法的更新，双方作为教育者的反思与自觉得以提升，为其在各自的社会角色上趋向自我完善创造条件"④。余清臣、周娟等对当代中国家校合作中的僭越现象进行研究后认为，家校合作的合理性基础在于家庭教育和学校教育在其功能和手段上的独特性和独立性，二者之间要相对独立、相互承认，开展深层沟通和进行目标整合。⑤钱扑、梁霞等认为，家校合作中发生了互动，因此这一活动具有社会化价值，具体呈现于教师社会化和学生社会化的过程中。⑥更有研究者认为，对于出现亲子教育缺失的留守儿童来说，提倡家长参与学校教育，促进家校合作不失为一种引导家长重视亲子教育、

---

① ［苏］B.A·苏霍姆林斯基.给教师的建议［M］.北京：教育科学出版社，1984：526，397.
② 马忠虎.家校合作［M］.北京：教育科学出版社，1999：45-53.
③ 黄河清.家校合作导论［M］.上海：华东师范大学出版社，2008：11-19.
④ 黄河清.家校合作价值新探［J］.华东师范大学学报（教育科学版），2011（12）：24.
⑤ 余清臣，周娟.论家校合作的真宗：当代中国家校合作的教育学反思［J］.少年儿童研究，2010（2）：4-8.
⑥ 钱扑，梁霞.论家校合作社会化价值［J］.全球教育展望，2006（12）：48-52.

增进亲子互动的有效手段。①

另外，还有研究者主要是我国台湾地区的研究者对家校合作的负面效应进行了探讨。吴清山发现，由于家长背景多元、社会经济地位差异甚大，虽可以给学校提供更多支援，但假使家长过度干预学校的行政或教学，将影响学校校务运作。②同时，由于家长参与各种学校里的自愿团体，参与人数不定，彼此沟通可能会出现障碍，交际能力不一，容易造成彼此之间的误会和对学校的怀疑。③另外，在处理学生出现的问题时，由于立场不同，冲突难免，而授权家长参与学校教育，会模糊了家长和教师各自的角色。④王丽云还发现，由于家长经济社会地位差距比较大，意见过多，且各都见仁见智，若过多考虑，会成为学校从事专业活动的阻力。⑤

②家校合作的主要形式及类型的研究

笔者根据目前所见到的家校合作的主要形式和分类体系，将之整理为下表，从中我们可以看到家长在其中所扮演的角色、活动方式和家校合作的层次。

表1-1 代表性的家校合作类型理论

代表人物	分类依据	类型划分	主要特征或活动形式举例
Epstein, J.L.⑥	家长参与程度	亲职指导	家访、物质或专业支援、帮助布置环境
		沟通渠道拓展	通报学生成绩、商议课程设置
		家长志愿服务	参访学校、为学校筹资、志愿活动
		家庭辅导	帮助学生完成作业、组织家长会
		参与学校决策	家长委员会、校务公开

---

① 桑标，刁静.家长参与学校教育：时代的教育呼声[M].丁钢主编.中国教育：研究与评论（第9辑）.北京：教育科学出版社，2005：169.
② 吴清山.有效能学校特征发展与研究方法[M].台北：师大书苑，1996.
③ 郭明科.国民小学家长参与学校教育之研究[D].台南：台南师范学院国民教育研究所硕士论文，1997.
④ 薛化元，周梦如.父母参与教育的权利与限制[J].国民教育（台北），1997（6）.
⑤ 转引自桑标，刁静.家长参与学校教育：时代的教育呼声[M].丁钢主编.中国教育：研究与评论（第9辑）.北京：教育科学出版社，2005：170.
⑥ Epstein, J.L. School, Family, and Community Partnerships: Your Handbook for Action, Seeond Edition [M].Thousand Oaks, CA: Corwin Press, 2002.

续表

代表人物	分类依据	类型划分	主要特征或活动形式举例
Ng，吴迅荣[1]	家长参与程度	双向沟通	家长会，与教师电话联系
		帮助子女学习	照顾子女，指导孩子学习
		参加家长组织和活动	组织家长会，参加学校研讨会
		帮助学校管理	义务劳动，组织班级郊游
		咨询校政	把家长意见反馈给学校，当学校咨询委员
		参与决策	校务决策，参与决定教师聘用或免职
刘力[2]	家长参与程度	形式上的参与	开放日、家长会、家校联系册
		人际的参与	家长听课、家访
		管理式的参与	家长委员会
D.Davies[3]	学校合作的目的	解决现存问题	约见家长
		使家长参与教育子女	家长学校、宣传栏
		利用资源丰富学校教育	参观博物馆、办教育展览
		吸收家长参与决策	家长委员会、家长——教师协会
马忠虎[4]	合作中的主体	以校为本的家校合作	家长访校、家校合作委员会、家长学校
		以家为本的家校合作	家庭辅导、家长咨询委员会、家庭学习

---

[1] Ng，S.W. Home-school relations in Hong Kong：Separation or partnership［J］.School Effectiveness and School Improvement，1999（10）：551-560；吴迅荣.香港家庭教育与学校的伙伴关系［J］.中小学管理，2001（7-8）．
[2] 刘力.家长参与学校教育的功能及方式［J］.教育研究与实验，1992（1）：62-66.
[3] Davies，D.Making Citizen Participation Work［J］.National Elementary Principal，1976（55）：20-29.
[4] 马忠虎.家校合作[M]．北京：教育科学出版社，2001：102-140.

续表

代表人物	分类依据	类型划分	主要特征或活动形式举例
黄河清①	家长参与	家长参与学校教育	家长会、开放日、开学（毕业）典礼
		家长参与学校教学	家长课程开发、家长科研小组
		家长参与学校管理	家长委员会、意见箱、领导接待日
		家长为学校服务	志愿者、集资募捐
		家庭教育指导	家长学校、家教讲座、家长指导手册
		家长间的相互交流	教子经验报告、家长沙龙
	学校参与	家校沟通	家访、学校网站
朱赛红②	家长与教师关系	相互疏离	家长不管学校的事，教师不知家长的事
		单向支配	教师指导，家长被动配合
		"战时联盟"	有了问题，双方共同解决，日常互不过问
		相互敌对	教师与家长有明显冲突

（3）世界主要国家家校合作现状的研究

①我国家校合作现状研究

对我国的家校合作，研究者普遍认为目前绝大多数的学校领导者和教师以及家长都充分意识到开展家校合作的必要性，但合作层次低，存在诸多问题，现状不容乐观。岳瑛认为，在理论上，学校和家庭对家校合作有共识，但在实践中家长热心自己子女的教育，缺乏参与学校教育的意识，当孩子发展出现问题则认为学校无能；教师则往往认为家长不懂教育工作，缺乏进行家校合作的时间和能力，当家长参与学校教育时，倾向于自我保护；在具体合作方式方法上存在随意性强，计划性差，单向灌输多，双向交流少，阶段性强，连续性差，相互挑剔多，彼此合作少等问题。③李亚军等对贵阳市的农民工子女学校的家校合作状况进行了调查，他发现农民工子女学校的家校合作特别重要，倾向采取传统的家访形式，且家长比较认可；家长在家校合作中居

---

① 黄河清.家校合作导论[M].上海：华东师范大学出版社，2008：147-155.
② 朱赛红.教师与家长关系的现状分析：从几则案例说起[J].当代教育科学，2015（06）.
③ 岳瑛.我国家校合作的现状及影响因素[J].天津教科院学报，2002（3）：50-53.

被动地位，但家访能够消除家长和教师间的误解，帮助教师了解学生的家境；农民工对教师指出的子女教育问题一般都会虚心接受并加以改进；农民工子女的成长只有家校合作还不够，需要社会认同和接纳。①王维平等通过对山西省11个市的调查研究发现，家庭和学校双方都有合作意愿，学校最为积极，学生反应强烈，但家长反映一般；家校合作有了一定的实质性进展，形式多样，但依旧存在认识错位、观念陈旧、活动无序、缺乏互动、家长被动、合作随意等问题。②在目前的中国，许多家长仍然认为家庭只是为孩子提供物质生活保证，而教育孩子则主要是学校的事情，家长缺乏参与意识；学校往往以教育权威的姿态出现，把自身的"主导作用"转换为"领导地位"，家庭在家校合作中处于被动地位；家校沟通的方式狭窄，活动低效；在教育孩子问题上，家长和教师容易从自己的立场出发，一旦出现问题则相互指责、推诿责任，将注意力放在谁该为孩子的问题负责的追究上而不一起探讨解决问题的途径。③还有研究者认为，目前中小学校的家校合作，学校并未真正实现由指导角色向服务角色的转变，家长作为一种教育资源并未得到应有的重视，家校合作的相关制度缺失，从而使家校合作中出现单向沟通、共育意识不强、无章可循等现象，家校合作还处于很低的层次。④徐德华发现，学校对家庭的教育指导行政监督缺失、评价机制不完善、专业教材匮乏、师资水平不高，因此家庭教育指导效果不显著，削弱了家校合作工作实效。⑤在家校合作进行儿童道德教育中，存在目标定位褊狭、组织动作不力和教育影响失调等弊端，弱化了共育成效。⑥梁红梅、李刚发现我国的家长参与学校管理已经形成了家长会和家长委员会等雏形，但参与学校的管理仍处于起步阶段。⑦

---

① 李亚军等.农民工子女家校合作状况的调查研究[J].青年研究，2011（4）：29-37.
② 王维平等.山西省中小学家校合作现状研究[J].教育理论与实践，2007（3）：23-26.
③ 张勇.从沟通走向合作：形成家校教育合力的必然途径[J].教育科学研究，2011（3）：61-64.
④ 周雪莲，阳德华.中小学家校合作的问题及对策[J].基础教育参考，2007（8）：60-62.
⑤ 徐德华.从家校合作的视角关注学校改进[J].教育科学研究，2010（2）：33-36.
⑥ 冯永刚.儿童道德教育中家校偏失及其匡正[J].中国教育学刊，2011（9）：83-86.
⑦ 梁红梅，李刚.当前家长参与学校管理的困境、归因与路径选择[J].当代教育科学，2010（22）：11-15.

香港地区的家校合作比较成功，当地1993年成立由专业人士和各界名人组成"家庭与学校合作事宜委员会"，2000年还成立家长教育督导委员会，专门推动家校联系。鼓励各校设立家长教师会，地区组织成立家长教师联会，出版"家长教师会手册"，促进家校沟通，教育家长，帮助子女成长和家长参与学校管理，为家校合作提供保障。香港的家长参与学校教育分为参与子女学习、支持学校活动、参与学校运作、参与学校决策等不同层次，在参与学校教育的过程中分别扮演有效沟通者、家庭督导者、学习者、义工、咨询者、管理者和合作伙伴等不同角色。[1]

台湾地区的家校合作，主要是从制度上保证家长参与教育的权利，制定相应的法规，确保家长的责任和权利；广泛开展家长参与教育的研究工作，认为必须改变学校将家长拒之门外的态度，培育和强化家长参与意识和技能，明确家长和教师的权限，让家长实质性参与学校教育；教育部门主动通过建立家长组织、开办家长学苑、确定"亲师活动年"和举办"家长日"等活动提高家长的教育水平和技能，更好地协助推动学校工作，建立家庭和学校间的信任和友谊，让家长积极参与教育。[2]

澳门地区的家校合作，特区制定的规定将家校合作列入为政府职能并资助学校的家校合作，大多数学校均成立了由家长会推举的家长教师会，听取家长意见；加强彼此之间的信息互通，对家长进行培训，举办家长教育读书课程和各类亲子活动等。但由于家长教师会发展过快，造成了互相批判责难的局面出现。[3]

②美国家校合作现状研究

美国是一个移民国家，移民、离婚、未婚生育等造成了家庭的多样性，但是国家教育目标要求每个学校都要鼓励家长与学校发展伙伴关系，促进家长参与。[4] 社会各界呼吁加强家校合作，联邦及部分州先后制定有关家校合作

---

[1] 黄河清.家校合作导论[M].上海：华东师范大学出版社，2008：96-106.
[2] 陈如平.台湾地区家长参与教育的发展趋向及其启示[J].河北师范大学学报（教育科学版），2006（4）：55-59.
[3] 蔡梓榆.澳门家校合作发展路向研究[D].西南大学博士学位论文，2005.
[4] [美]Mary Lou Fuller，Glenn Olsen编著.家庭与学校的联系：如何成功地与家长合作[M].谭军华，等译.北京：中国轻工业出版社，2003.

的政策、法规，为家长设置专门的网站，鼓励家长陪伴孩子学习。[1]民间组织如美国家长教师协会及其地方各级家长教师协会（Parent Teacher Association，简称 PTA）作为校外教育管理机构，旨在推动家长参与学校教育，通过参与研制家长参与的国家标准，成立保护儿童的专门委员会，制定家长参与的政策法规，组织开展文化艺术竞赛活动等来促进家长对学校教育的积极参与。[2]许多学校里设立了"评议会""理事会""家长委员会"等家长参与管理的组织，家长对学校管理的参与也由原来的业务活动逐步深入学校的决策层面，由"局外人"转变为"局内人"。[3]家长委员会通过辅导家长、家长交流、家长与教师联系、指导孩子学习对学生的学业产生积极的影响[4]。学校采用工作坊和研讨班形式培训家长，提高家长对孩子学习的辅导能力；制订了家庭支持计划，教师和家长一起训练教育孩子的技能，促进了他们的沟通；在传统的家长会、家访和成绩单的基础上，采用时事通讯、星期五文件夹、亲—师对话杂志等新方法加强家校联系；设立专门的家长活动中心接待家长访校，通过亲子换位日让家长体验学校生活，发放家长手册促进家长有效参与学校教育。[5]爱泼斯坦开展的"教师帮助家长参与学校作业"（Teachers Involve Parents Schoolwork，TIPS）研究项目取得一定成效，得到众多学校和家庭的认可，在这个项目中，教师通过设计交互式的家庭作业，这些作业是孩子正在学习的又是能够调动其家庭成员参与的问题，然后让孩子在家庭中与其他成员讨论[6]，从而强化家长对孩子学习的参与，加强了学校与家庭的联系。

③英国家校合作现状研究

英国政府在教育改革中，将家校合作作为学校改革的措施之一，苏格兰2006年通过了"家长参与学校教育法"，认定家长是子女教育的参与者，家

---

[1] Kevin. K. Kumashiro. Education Policy and Family Values: A Critical Analysis of Initiatives From the Right [J]. Multicultural Perspectives, 2009, 11（2）: 72-79.
[2] 杨天平. 美国：规范和引导家长参与学校教育 [J]. 当代教育科学，2004（9）: 25-28.
[3] 杨天平. 美国家长参与学校管理角色的嬗变 [J]. 教育研究，2007（6）: 78-82.
[4] 郑福明. 美国家长委员会在儿童教育中的作用 [J]. 基础教育改革动态，2013（3上）: 32-36.
[5] 周月朗. 近年来美国家校合作的研究与实践 [J]. 河北师范大学学报（教育科学版），2006（4）: 55-59.
[6] 杨启光，刘秀芳. 美国教师帮助家长参与学校作业项目（TIPS）述评 [J]. 上海教育科研，2011（10）: 32-34.

长有权选择学校，确定入学计划。英国学校里建立家长教师联合会、家长联合会或学校伙伴联合会等家长组织，从事为学校筹措经费、家长教育、表述家长诉求等活动。英国每所学校必须给每个家长发放《学校手册》，上面有学校各方面工作的重要信息，方便家长了解学校；给每位学生发放《家校联系本》，里面有学生和学校的主要信息，学校与家庭借此相互联系；家长在将孩子送到学校后要与学校签订《家校合同》，明确规定双方的责任和义务，是家长和学校彼此之间具有法律效力的承诺。① 在英国，家长担任课堂"教学助手"是重要的家校合作改革措施之一，教学助手从家长中招聘，经过培训后协助教师开展教学以照顾好每位学生的个别差异，从而提高教学质量。教学助手要参加学校每周的教学工作会议，并与其他教师讨论在各自工作中遇到的问题，及时把教师教学中的问题及学生的学习情况反馈给教师，对教师的教学提出进一步的建议，从而有效促进教师改进教学；教学助手还对学生的学习进行辅导，帮助他克服学习和生活中的困难。家长担任教学助手使教师和家长在课堂内外的合作更加紧密，有效地促进了教师的教学和学生的学习，被认为是一种高层次的家校合作方式。②

④日本家校合作现状研究

"二战"后的日本教育具有相当浓厚的美国色彩，其家校合作中的一个特色就是引进了美国的 PTA 组织和制度，这一制度致力于沟通学校与家庭的联系，创造有利的成长环境，是日本中小学教育中不可忽视的教育力量。这一组织的基本单位是班级，由家长自荐或推举产生，与班主任共同组成班级PTA，是学生家长和教师组成的会员间相互学习、开展活动的社会教育团体。③各个县市町村都设有社会教育主事，中小学的每个班级基本成立有 PTA。PTA 积极为国家教育改革提出建议，定期召开家长和教师之间的座谈会，要

---

① 华东师大教育学系《外国家长教育》课题组.英国家校合作探微[J].外国中小学教育，2008(10)：25-30.
② 王艳玲.英国家校合作的新形式：家长担任"教学助手"现象述评[J].比较教育研究，2004(7)：52-57.
③ 南丁.探索家校合作的有效途径：日本的 PTA 给我们的启示[J].内蒙古师范大学学报（教育科学版），2002(2)：12-14.

求家长参加学校教学开放日活动并担任班主任,给教师充任助手;组织家长参加学校的课堂教学和体育比赛、艺术节等活动,培养家庭和学校之间的亲密关系;开展亲子互动活动,增进亲子之间的情感交流;邀请大学教授、教育专家乃至大学生为家长讲课,为家庭特别是母亲提供家教指导;对学生进行学业、职业生涯和生活指导。在 PTA 的组织下,家长参与学校的管理、教学和各种日常活动及专题活动,招募家长志愿者(如图书整理义工)为学校服务,引导家长参与学校事务,这些活动不仅丰富了学校的教育内容,促进了家校合作。①

(4) 家校合作相关研究的整体评价

通过整理和分析检索到的国内外文献后可以看出,家校合作问题已经成为国内外教育研究者关注的热点之一。这些文献呈现出的主要特点有:①目前对家校合作的研究普遍将焦点放在如何促进家校互动上,并由此引发了不同视角下的研究,但是对其中的操作性问题挖掘不深;同时,研究的着眼点大都放在家→校上,而很少研究校→家。②对家校合作的重要性和意义研究得较为充分,国内外学者充分探讨了开展家校合作对于促进学生良好发展及提高学校教育教学质量的意义,大力倡导和建议在学校中加强家校合作。③理论研究水平低,对影响家校合作的因素的研究比较多,但对家校合作的基础理论缺乏系统研究,理论思辨型的研究不少,但没有看到有较大影响的理论研究成果。④实证研究少而且不严谨,对在家校合作中存在的问题及解决对策等一般都是描述性的,缺乏实际研究的支持。⑤对家校合作的研究开始引入个案研究方法,但是尚未见到比较完善且有说服力的研究成果,这可能与大多开展家校合作研究的人员研究能力欠缺或因时间关系没能对其中的问题开展长期追踪研究有关。

---

① 杨桂梅.日本 PTA 的经验及启示[J].日本问题研究,2004(2);黄河清.家校合作导论[M].上海:华东师范大学出版社,2008:76-82.

第五节 | 研究目的与研究思路

一、研究目的

本研究是一项个案研究，期望通过深入农村留守儿童生活的现场开展工作，对黔东南农村留守儿童及相关群体进行田野调查和访谈，比较全面地呈现留守儿童的学习和生活图景，力图勾勒黔东南农村留守儿童教育的全貌，揭示黔东南农村地区农民工外出务工对留守儿童发展带来的深层次影响，探讨当前留守儿童缺乏父母共同监护所面临的问题和困难。同时，分析和总结当前黔东南农村学校教育在留守儿童教育及家校合作方面存在的问题，探寻一个适合黔东南农村实际的加强留守儿童教育的家校合作方式，促进黔东南农村学校的学生家庭与学校形成共同的针对留守儿童的教育合力。研究的主要目的，就是要通过强化留守儿童家庭与学校的合作，减少"留守"这一生活现实对其身心发展、人格形成存在的消极性影响。通过个案研究，试图发现家庭与学校的合作对留守儿童的影响及其方式，并与当地教师密切合作，在学校中开展行动研究，讨论和检验此种家校合作教育的有效性及其推广价值，从而得出一个具有实践指导意义的结论，找到更好地解决黔东南农村留守儿童教育问题的家校合作的有效策略，为广大黔东南农村地区学校和家庭共同做好留守儿童教育工作提供参考和借鉴。

二、研究思路

本研究的主题是：黔东南农村留守儿童教育的现实状况如何，家校合作情况怎样？留守对于他们的发展有何影响？家庭与学校的良好合作能够对他们的发展和教育有所帮助吗？针对黔东南农村留守儿童教育出现的问题及发展困境，如何加强学校与学生家庭的合作以为他们的成长助力？能不能找到一个具有较强的推广应用价值的家校合作教育方式，以帮助更多的黔东南农村地区学校和家庭解决或者缓解留守儿童的教育问题和发展困境？

本研究以黔东南农村学校为依托，探讨如何促进学校与家庭有效合作和联动，以解决比较棘手的留守儿童教育问题；以解决黔东南农村留守儿童的教育问题为出发点，通过在学校里开展积极的家校合作实践，形成与完善针对黔东南农村留守儿童教育的家校合作的本土化、民族化的教育理论。

本研究在研究设计和实施过程中，试图克服黔东南农村学校解决留守儿童教育问题的迷茫和混乱局面，积极促进学校教育与家庭教育的有机衔接，加强家校联动，使留守儿童得到更好的关爱和教育，具体的研究思路与论文逻辑框架如图1-1。

第六节 | 研究方法与研究过程

一、文献法

文献研究是通过收集和分析现存的手稿、书籍、报刊、档案及其他非文字资料，来探讨和分析各种社会行为、社会关系及其他社会现象的研究方法。文献研究是进行课题研究的基础，它一方面可以帮助研究者全面正确地掌握所研究的课题的基本信息，跟踪和吸收与研究问题相关的国内外学术思想和最新研究成果，把握相关研究动态；另一方面可以为研究提供科学的论证依据和研究方法，提高研究效率。[1]

本研究对国内外关于家校合作、民族教育、"三农"问题、农民工子女教育、家庭与社会化等方面的研究资料进行了系统梳理，对各级政府的相关法律法规、政策、文件以及有关留守儿童问题的报刊文献进行了分析，获得了关于留守儿童教育问题的研究现状、研究进展以及研究中出现的问题和困难等比较充分的资料储备，为进一步开展研究做好了充分的资料准备。这些官方文献和报刊文献主要是国家和地方政府关于基础教育、黔东南农村经济与社会发展、民族教育、农村留守儿童、家校合作的政策文本，以及各种报刊有关留守儿童典型案例的报道、近几年的全国留守儿童及其教育的基本情况和大

---

[1] 裴娣娜.教育研究方法导论[M].合肥：安徽教育出版社，1995：88-97.

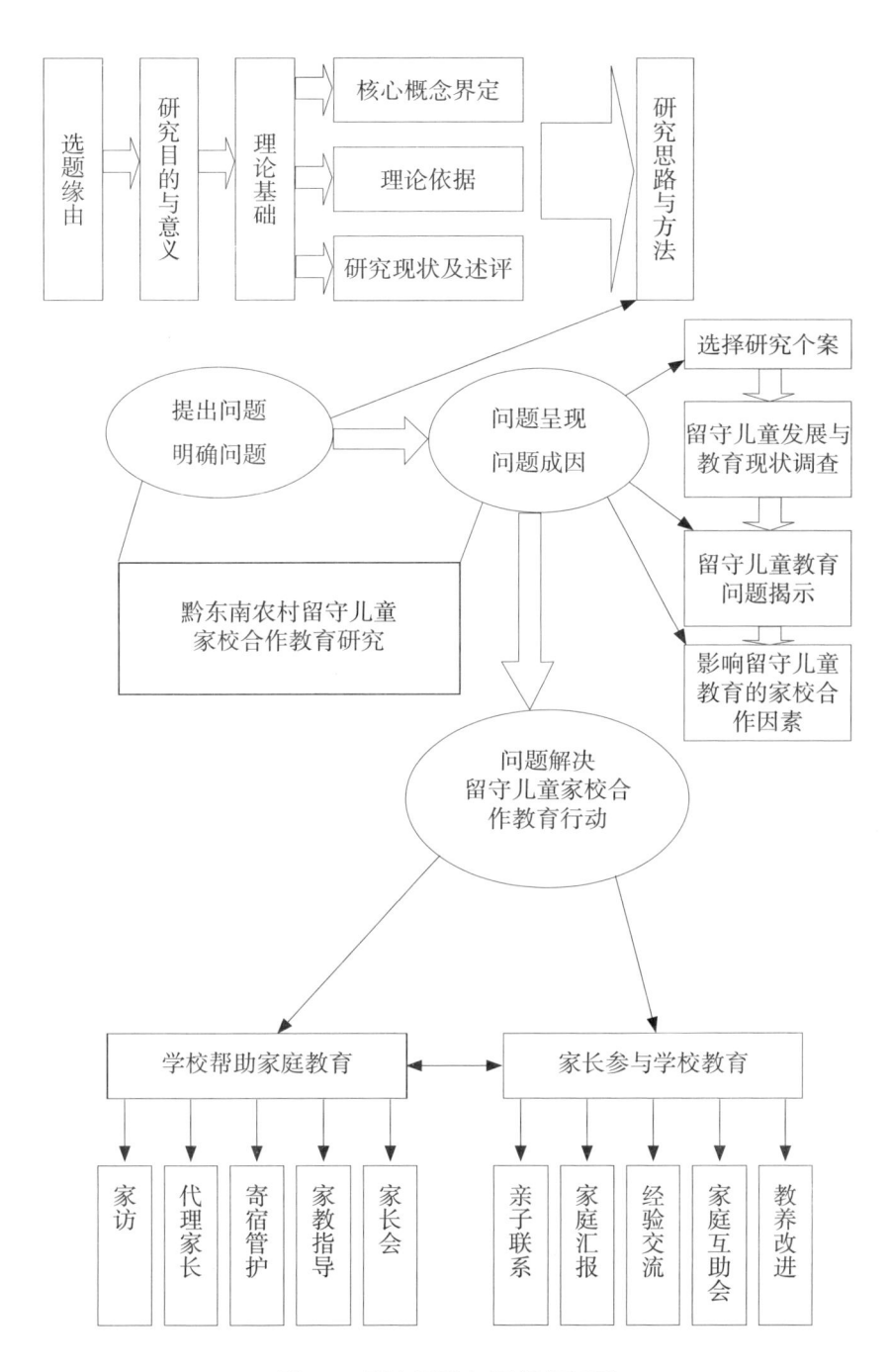

图 1-1 研究思路与逻辑框架图

量的农村留守儿童教育问题的研究成果等。除了公开发表的文献，研究者还收集和分析了大量的教师和学生博客、日志、访谈，以及学校留守儿童统计及声像资料或档案（包括留守儿童的信息表、素质报告册、作业、心得等）。这批文献的优势在于：首先，这些都是活生生的来自现实的学校生活场景中的"鲜活样本"，教师和学生们呈现出的基本都是真实的"内部视角"；其次，通过这些文献资料，我们可以看到家校合作中的价值观碰撞，教师与留守儿童及其家庭之间的期望、互动过程中的心路历程与具体的自我调适过程。本研究将文献研究贯穿于整个研究过程，在研究初期，查阅文献可以帮助了解已有的研究进展情况；在调查研究过程中的文献收集与分析可以加深对调查研究对象的了解；在论文撰写过程中的文献研究可以为本研究奠定更加深厚的理论基础，提高研究的理论深度，使研究更加理性化。

二、调查法

调查法是研究者通过亲身接触和广泛了解情况，以充分搜集和掌握调查对象的各种材料和信息，并进行分析综合以获得被调查对象的研究结论的方法。

本个案研究本质上是一项个案调查，进行调查研究的地点是贵州省黔东南苗族侗族自治州，它位于云贵高原东南边缘，是1956年7月23日经国务院批准成立的少数民族自治州，东接湖南与铜仁，南邻广西，西靠黔南，北与遵义接壤。全州辖1市15县及若干个省级经济开发区，国土面积3.03万平方公里，2012年户籍人口459.22万人，年末常住人口347.27万人，户籍在本地但在省外居住半年以上的农村人口有98.9万人。有苗、侗、汉、布依、水、瑶、壮、土家族等33个民族，全州常住人口中少数民族人口占78.27%，其中，苗族人口占41.57%，侗族人口占28.99%，是全国30个民族自治州中少数民族人口绝对数最多、苗侗民族人口最多的自治州，是全国苗族、侗族人口最集中的地区。据第六次全国人口普查数据显示，全州常住人口为3480626人，其中城镇人口为905659人，占26.02%；乡村人口为2574967人，占总人口的

73.98%。但常住人口中户籍在本地却在省外居住半年以上的人口有98.9万，其中多为长年离开家乡在外打工的农民。

　　黔东南地处高原，地势西高东低，境内沟壑纵横，山峦延绵，山中可耕种的土地少，有"九山半水半分田"之说，人均占有耕地面积低于全国平均水平。黔东南的原始生态保存完好，境内有数量可观的原始森林分布；河流纵横，境内有清水江、舞阳河和都柳江等多条风光旖旎的大河；自然资源富集，矿产资源种类繁多；黔东南旅游资源得天独厚，自然风光神奇秀丽，人文景观绚丽多彩，民族风情浓郁迷人，被联合国教科文组织列为世界十大"返璞归真、重返大自然"旅游景区之一，也曾被联合国保护世界乡土文化基金会列为"世界少数民族文化保护圈"，更被众多专家学者誉为"人类疲惫心灵栖息的家园""原生态民族文化博物馆"。黔东南素有"百节之乡"和"歌舞海洋"的美誉，一年中在黔东南各苗寨侗乡间举办的节日集会多达200个，各民族历来以能歌善舞著称，苗族的"飞歌""游方歌""古歌""酒歌""大歌"和多声部侗族"大歌"，以其古朴优美的曲调、独特的演唱方式享誉海内外。

　　黔东南社会发展总体水平不高，经济文化教育发展水平较低，属于欠发达、欠开发地区。全州十六个县（市）中有14个是国家级扶贫开发工作重点县，是国家扶贫开发规划中的集中连片特殊困难地区，贫困对象规模大，贫困程度深，贫困发生率高，贫困农户抵御自然风险能力较弱，广大少数民族群众急于改变贫穷落后面貌和发家致富的愿望特别迫切。2012年全州生产总值495.75亿元，人均生产总值首次突破2000美元，城镇居民人均可支配收入和农民人均纯收入分别达到18831元和4625元，外出打工的工资成为黔东南农村地区农民的主要收入来源，一旦由于某种原因不能外出打工，则家里的生活质量将受到明显的影响。黔东南教育发展较快，但发展水平与全国、全省平均水平有较大的差距，教育发展不均衡问题突出，特别是边远地区的教育发展相对滞后现象较为突出。2005年，全州实现了基本普及九年义务教育和基本扫除青壮年文盲的"两基"目标，2012年义务教育入学率达98%以上，所有学校均免除学杂费和提供免费教科书，发展水平逐年提高。全州有义务教育阶段学校（含教学点）2293所，其中，初中（含九年一贯制学校）229所，有专任教师 11713 人；小学 1231 所，教学点 833 个，有专任教师 20665 人。黔东南义务教育阶段在校学生 557833 人，生活在农村的有 548490 人。

本研究的调查主要包括：一是通过在个案研究地点进行问卷调查和访谈，了解黔东南农村留守儿童的基本家庭情况，包括家庭结构、父母职业、留守时间长短、家庭收入与生活状况、家长和教师对待留守儿童的教育态度等真实情况，从而获得相关数据和访谈资料，以便为本研究提供实证；二是通过参与观察来了解黔东南农村的留守儿童在家庭和学校的合作的开展情况，家校合作对留守儿童的影响及其作用，家庭和学校对留守儿童的生活和学习的关注状况、态度等方面。因为实地调查（问）、深度访谈（听）、参与观察（看）与直接经验（做）是获得调查研究资料的最重要的方法和手段，所以，研究者多次到黔东南各县市进行实地调查，调查采用实地考察、访谈、座谈、问卷等方式进行，深入调研地全面、真实地了解留守儿童的情况，从而获得有关留守儿童的受教育现状的直观感受，征询他们对家庭和学校的看法。本研究开展的调查工作，前后主要集中进行了五次调研活动。

2012 年 1—2 月份，我利用放寒假回农村老家过年的机会，对黄平县谷陇镇滚水苗寨、大坪苗寨、里长苗寨、下长苗寨、仰朵苗寨和黄猫侗寨的留守儿童生活和教育状况进行了前期摸底调查，与滚水小学、谷陇中学和谷陇中心小学的教师一起分析了开展研究工作的必要性、可行性和可能性。通过初步分析判断，认为研究黔东南农村留守儿童家校合作教育情况具有特别的价值，也有重要的现实意义。

2012 年 6 月底到 7 月初，我在麻江县景阳布依族乡的中小学开展了半个月的参与观察，主要进行了一些口述、访谈和进村调查，收集了部分音像资料和文字材料，与景阳中学的教师一起对部分留守儿童进行了家访，并利用各种机会与留守儿童家长进行了广泛交流。8 月份，与景阳中学的高华方老师一起到景阳布依族乡各村寨发放初一新生入学通知书，结识了更多的留守儿童及其家人，对教师的家访活动开展了更深入的观察，与留守儿童及其监护人或临时监护人、村干部、教师进行了大量访谈，积累了比较丰富的录音资料和信息。

2012年11月底，我陪同家人到台江县老屯乡报效村和黄平县重兴乡喝喜酒，走访了老屯乡和重兴乡若干民族村寨。对报效小学、重兴中学的家校合作现状进行了调查，对黔东南农村学校的学生营养餐工程和寄宿制进行了为期一周的实地考察，亲身体验了留守儿童在学校内的生活、学习，近距离地对留守儿童放学回家后的学习和生活进行了参与观察。

2012年12月初，用自制的《黔东南农村学生家校合作调查问卷》对黄平县谷陇镇滚水小学和麻江县景阳中学的部分学生发放300多份问卷进行试测。为检验问卷的信度和效度，试测后利用SPSS19.0进行了问卷信度检验，得到问卷的Cronbach α系数为0.713，表明问卷的内部一致性良好，信度比较高；为检验问卷的效度，测试后进行了KMO检验及Bartlett球形检验，得到问卷的KMO值为0.823，Bartlett球形检验结果的显著性概率值 $p<0.000$，达到显著水平，说明问卷的效度好，适合进行因素分析。同时，根据问卷调查的结果，重新对调查问卷进行了适当的增删，使之通过修订后更加完善。

2013年1—3月，对黔东南苗族侗族自治州的部分农村学校3—9年级的留守儿童进行了问卷调查和访谈，对十余位一、二年级留守儿童进行重点观察和访谈。《黔东南农村学生家校合作调查问卷》分个人基本信息、针对留守儿童的基本情况、家校合作的需求与实情等部分。针对留守儿童的基本情况调查问题计20道，涉及父母打工情形、留守情况及对留守处境的感受等方面；针对家校合作的需求与实情设计有39个封闭性问题，从学习目的、学校生活、对学校的态度、父母对学校教育的反映与要求、教师与家长的联系方式与实情及对家校合作的期待等维度进行调查。参加问卷调查的学校有：苗族聚居的黄平县谷陇镇中心小学、滚水小学、苗陇九年制学校，台江县老屯乡报效小学、岑邦教学点，雷山县永乐小学、永乐中学，丹寨县排调中学、排调小学、羊甲小学；侗族聚居的黎平县平寨九年制学校、尚重中学、肇兴小学、地坪九年制学校；各民族杂居（主要是布依族、畲族）的麻江县谷硐中学、景阳中学、景阳小学、坝芒中学、乐埠小学、隆昌小学。同时，在进行问卷调查的学校就留守儿童教育问题与学校领导、班主任、科任教师进行了访谈。调查期间，在平寨九年制学校、谷陇镇中心小学、滚水小学、尚重中学、谷硐中学等地组织了学生和教师座谈会,还到黔东南农村学校周边村寨走访了留守儿童家庭,对各民族村民进行了访谈。特别值得一提的是,在调查期间自愿任岑邦教学点教师,既给一年级的苗族小学生上课,又在课后给全校20位学生洗菜、做饭。春节期间,重回滚水苗寨及附近村寨对留守儿童家庭进行了二次调查,与返乡过年的留守儿童父母进行了深度访谈,也访问了一些随父母到打工地就学的随迁子女家庭,并对这两类家庭的子女学习和生活状况进行了对比研究。

问卷调查以班级为单位,分别在黔东南16个县(市)中的黄平、雷山、麻江、台江、丹寨、黎平六县选择随机选择初中和小学总计19所农村学校作为样本,考虑到一、二年级学生汉语理解能力有限,所以问卷调查对象是三至九年级学生。本调查共发放学生问卷7000份,回收6503份,回收率92.9%;剔除答案不完整问卷166份和不符合研究需要的非留守儿童问卷3280份,共获得有效的留守儿童问卷3057份,抽样样本占全州留守儿童总数的1.76%,所回收的调查问卷利用SPSS19.0进行分析处理。在3057名样本留守儿童中,男1553人、女1504人;苗族1285人、侗族1168人,其他少数民族(布依族、畲族、水族、土家族、仫佬族和瑶族)374人,少数民族占问卷总量的92.5%。同时,在田野调查中与学校教师就留守儿童教育及其家校合作问题进行了大量访谈,了解到许多生动而多样的留守儿童教育实例。在调查过程中,还与留守儿童、监护人、家长及村寨里的村民进行了访谈,积累了比较丰富的访谈资料和调查图片,也收集到了一些教育行政部门或学校的相关资料。

2013年6月份和7月初,又到黄平县重兴乡塘都小学(主要傣家人)、麻江县景阳中学、隆昌小学、龙山中学、马场小学等学校实地考察了学生营养改善计划和寄宿制实施情况,对留守儿童的在校与返家情况进行了参与观察,亲身体会在校食宿对留守儿童的生活和学习带来的若干便利以及存在的问题和困难;还继续与高华方老师一起对景阳布依族乡和谷硐镇的部分留守儿童进行了家访,了解促进家校合作的若干行动实施后引起的留守儿童的积极变化。7—8月,积极利用担任黔东南暑期农村学校教师和特岗教师素质提升培训班主任的机会,就留守儿童的家校合作问题9次召开教师座谈会,与教师交流留守儿童教育经验，分享他们的留守儿童的教育管护体会，倾听他们的留守儿童教育困惑和呼声，共同商讨更加主动而有效的留守儿童家校合作措施。9月初，在前段时间调查的基础上，我又重新到报效小学、滚水小学、隆昌小学和景阳中学、谷硐中学作了半个月的调查，还到麻江、黄平、台江等县教育局和黔东南教育局复制了大量有关留守儿童的档案材料，以弥补实地调查资料比较杂乱、零散的欠缺。

三、教育叙事

教育叙事研究是研究者通过描述个体教育生活，搜集和讲述个体教育故事，在解构和重构教育叙事材料过程中，对个体行为和经验建构获得解释性理解的一种活动。[1]"教育研究的一个困境，就是教育研究越来越严格、越来越科学化，那么它与人类经验的联系就越来越少"。[2] 为了体现实践取向，越来越多的教育研究将其触角直接指向了生动甚至于琐碎的教育生活，追求理论研究对事实的"有限表达"，出现了所谓的"教育研究的叙事转向"。

本研究从底层的视角去发现基层学校在开展家校合作中作为"沉默的大多数"的教师、家长和学生的生活，搜集那些在黔东南农村地区学校家校合作中真实的、有教育意义的、促进留守儿童产生行为和思想转变的故事，并建构现场文本。透过故事聆听教师、家长、留守儿童及家校合作资料的"声音"，追寻这些家校合作故事或事件背后的意义、思想和理念，并在真实的教育情境中提炼其教育意义，使本研究成为一项在鲜活的基层教育中所进行的、有生命力的教育研究。本研究就是要自下而上去寻找问题，去发现基层学校中教师与家长开展家校合作的经验，通过叙事来"描述人们的经验、行为以及作为群体和个体的生活方式"[3]。本研究的叙事研究部分的一个重要内容是对麻江县景阳中学被誉为"最牛家访教师"的高华方老师对留守儿童的家访活动的叙事，另一个内容是有关黔东南农村留守儿童的日常生活、教育与家校

---

[1] 傅敏，田慧生.教育叙事研究：本质、特征与方法[J].教育研究，2008（5）.
[2] ［加］F.M·康纳利，D.J·克兰迪宁.叙事研究[M].张园译.北京：北京大学出版社，2008（5）.
[3] 丁钢.声音与经验[M].北京：教育科学出版社，2008：9.

合作的叙事。在此过程中，对高老师所开展的留守儿童的家访活动的叙事研究是重点，分三步进行：首先是故事讲述，通过高老师本人、留守学生、教师、留守学生家长、家人采访，重新唤起他们对家访往事的回忆，让他们把家访活动的过程比较完整地叙述出来并作好录音，获得大量的有关高老师对留守儿童的家访活动的系统而尽可能丰富、完整的叙事资料。其次是对这些资料进行整理，将录音转化为文本资料并对之进行分析和梳理，以教师的个人家访叙事为基础对访谈文字做出汇整，编织活动的资料脉络，在整理时注意将不同访谈对象的内容进行互证。最后是对叙事资料进行分析和诠释，通过阅读文本资料，对之作文本分析、话语分析和内容分析，形成理论层面的解释和理解。

四、行动研究

行动研究是实践者为解决工作中的实际问题，与专业研究者合作，在现实情境中进行的反思研究。就学校中的教育行动研究来说，它具有为改进教育而研究、置身于教育情境中研究、由教师和研究者合作等特征。

本研究重在突破传统教育研究中往往将"理论"与"实践"分立，实践研究往往是为了理论建构而存在的观念，直接以改进黔东南农村留守儿童的家校合作实践为目的，按照教育行动研究分成"计划—实施—观察—反思"四环节的特点。2013年3月起，针对留守儿童教育家校合作问题，研究者选取两所学校（报效小学和景阳中学）并与该校教师一起进行为期一学期的家校合作行动研究，同时也对隆昌小学和谷硐中学的留守儿童关爱与教育活动进行了参与观察。首先，与基层学校的教师与家长合作，制定家校合作计划和行动策略，主要为围绕亲情关怀、生活照料、学习指导、交通保障等方面如何更好地促进家校合作以减轻"留守"这一不利局面对留守儿童的影响，降低留守儿童成长和发展中的风险制订家校合作计划。其次，与学校教师和家长进行协商，确定行动步骤和行动方法，明确合作双方的任务、职责，并将之付诸留守儿童的教育管护实践；家庭和学校积极联动，一方面通过家访、代理家长、餐饮与寄宿管护、家庭教育指导、家长会等形式促进学校帮助留守儿童家庭进行教育；另一方面通过家庭汇报、亲子联系、家长经验交流及家庭互助等形式推动家长参与留守儿童学校教育，家庭和学校两个教育主体积极沟通、彼此合作、家校联动，共同形成强有力的家校合作的教育与关爱的合力。再次，在开展教育行动的过程中认真观察以上形式的家校合作活动的影响和成效，及时注意分析总结和对之进行适当的调整和改进，经过开展一段时间的积极的家校合作实践措施后，总结、评价、反馈家校合作行动经验并商讨采取下一步行动的新改进计划。最后，对采取如上家校合作行动进行成果反思，分析总结家校合作实践经验，不断解决家校合作中持续出现的问题和困难，从而使本研究真正是在研究中行动，在行动中研究。每个研究环节都充满行动与研究的色彩，整个教育行动研究过程是在不断通过教师、家长与研究者的实践、反思、调整，直到使家校合作有了新的改进。以真正建立起一个更便捷、更实用且具有较高推广价值的黔东南农村留守儿童家校合作教育方式方法，体现本研究的实践应用价值。

第二章

农村留守儿童家校合作教育的基本原理

农村留守儿童家校合作教育，是为了减轻因父母双方或一方外出打工而不能与父母共同生活的农村留守儿童（以下简称"留守儿童"）的生活与教育困难，降低发展风险。通过强化学校与家庭在留守儿童教育的共同责任，学校帮助家庭教育，家庭参与学校教育，合力促进留守儿童健康成长的所有家校合作活动的总和。对于黔东南农村留守儿童的成长和发展来说，迫切需要家庭和学校建立起密切配合、相互沟通、有机联动、合力推进的合作关系。在紧密合作中充分发挥作用，以使留守儿童的各种需要得到满足，使他们得到更多的关爱和教育。

第一节 | 留守儿童家校合作教育的理论基础

除了遗传这一制约人的发展的物质前提以外，人的发展是各种环境因素和主体能动性综合作用的结果。但是，家庭与学校无疑是影响人的发展的两个极为重要的环境，家庭教育和学校教育是制约儿童发展的两种重要影响力量。教育学、心理学、社会学等诸多学科的学者对影响人的发展的各种社会行为、群体间的关系、人与人之间的关系进行了理论探讨，这些理论观点及视角在促进我们深化对家校合作关系的理解有很大的助益。

一、教育合力理论

家校合作教育是一个系统工程，需要家庭教育与学校教育这两个子系统的教育者（家长与教师）的共同努力。教育合力理论来源于我国教育界对儿童和青少年教育工作的一种共识：学校是有计划、有组织、有系统地对年轻一代进行教育的社会机构，在促进年轻一代的成长和发展中起主导作用；家庭是以婚姻、血缘关系为基础的社会基本单位，在年轻一代的教育中起到奠基性的并且是终身的影响；为了实现将儿童和青少年培养成德智体美诸方面全面发展的社会主义建设者和接班人的共同目标，家庭和学校之间必须加强相互之间的联系，协调一致，合力育人。

教育合力理论认为，为实现促进儿童和青少年的发展这一共同目标，形成教育合力，避免各种教育力量之间的相互消耗或抵消，各种教育力量在育人过程中需在教育要求、内容、方法和环境等方面协调一致，互为补充，共同作用，合力育人，以促进儿童和青少年的健康成长。

对于留守儿童来说，学校是专门培养人的教育机构，它有严密的组织系统、严格的规章制度、比较完备的教育设施，以及受过专业教育和训练的教师等，在其发展中起主导作用。同时，学校教育还会对家庭教育的目标、内容和方法等方面产生一定的影响和调节作用。家庭对留守儿童的发展具有重大影响，一方面，家庭对子女的教育可能是直接的，表现为家长根据一定社会生活的准则，有目的、有意识地对子女的行为和活动提出要求；另一方面，家庭教育影响可能是间接的，表现为子女在家庭里尤其是在父母的言谈举止中受到的潜移默化的影响并积极模仿。家庭教育在儿童社会化的过程中起教育奠基的作用，也是对儿童道德教育的启蒙与陶冶，同时还是学校教育的补充与调整，会直接影响学校教育的质量。所以，黔东南农村留守儿童家校合作教育，就是要紧紧围绕留守儿童健康成长这一共同目标，家长和教师要密切联系，主动积极地优化和整合家庭教育与学校教育两种教育资源。学校教师帮助家庭教育，留守儿童家长积极参与学校教育，主动沟通，互相配合，相互支持，使家庭教育和学校教育协调一致，合力推进留守儿童教育工作。

二、共同责任理论

就学校与家庭之间的合作，约翰·霍普金斯大学教授、长期担任美国著名的家校合作研究机构——"学校、家庭及社区伙伴合作研究中心和美国合作学校关系网"（Center on School, Family, and Community Partnerships and the National Network of Partnership Schools）主任的乔伊斯·爱泼斯坦（Joyce L.Epstein）提出了"共同责任"理论。她认为，家长与学校的关系不能继续使用"家长或家庭参与"这一概念，更确切地说，它们是一种伙伴合作关系[1]。儿童在其发展过程中接受学校教育，不断成长，家庭、学校都负有责任，应该共同承担教育的责任和投入，共同分享发展成果；在促进儿童成长成才的过程中，家庭与学校必须相互合作，相互支持。家庭和学校的合作就是教师和家长一致行动，分享信息，共同指导学生解决问题和取得学习成功。同时让合作的学校和家庭或教师及学生家长认识到家庭、学校对孩子的学习和

---

[1] Epstein, Joyce . L . Parent involvement: What the research says to administrators [J] . Education and Urban Society, 1987（2）：119-136 .

发展需要共担责任。学生是家校合作的中心，他共同存在于这两种交互的环境之中，同时将这两种环境的成员互相连接起来，共同在学校和家庭中通过密切合作来进行学习，且学生在学习过程中只能是主角和主动活动者，而不能是学习活动的看客和被动接受者[1]。她还强调，学生学业的成功是学校和家庭共同关注的，为了实现这一目标，只有通过家校合作才能最高水平地达成。[2]因此，学校和家庭的合作关系是一种共同责任关系，即"家长和教师在子女的教育问题上负起共同的责任，家庭与学校重视双向的沟通，保持紧密的联系，经常交换学生成长、学习和生活信息的资料，互相表达期望，彼此聆听和了解学生的情况，并愿意采取适当的行动"。[3]她还指出，家校合作的频度增强，学生就会觉得无论是学校的教师还是自己的双亲都非常关心自己的学习，学习成就对自己的发展特别重要，从而会强化家长和教师期望的行为，使学生提高自己学习的期望值，努力改善自己的学习行为，希望收获更高的学习成就。

共同责任理论的主旨是家庭和学校在孩子教育上负有共同的责任，作为促进学生发展的利益相关方，二者必须有一种责任意识，积极开展沟通、合作和相互影响，共同完成培养好、维护好、教育好学生的使命，兑现向对方的利益承诺。同时，为了更好地承担起共同教育儿童的责任，家长和教师要有一种合作意识，怀着积极的态度，保持紧密联系，分享彼此获得的信息，相互支持，从而各自扮演好自己的教育角色，采取适宜的行动策略，在密切合作中认真履行儿童的教育责任。

三、发展生态系统理论

发展是个体生命全程中在身体和心理方面的系统的连续性的变化。美国心理学家布朗芬布伦纳（Urie Bronfenbrenner）20世纪70年代根据自己的童

---

[1] Epstein, Joyce.L.School, Family, and Community Partnerships: Preparing Educators and Improving Schools [M].US: Westview Press, 2001: 2-5.
[2] Epstein, Joyce.L.School and family partnerships [M].Baltimore: the Johns Hopkins University: Center on Families, Communities, Schools, and Children's Learning, Report No.PS-020-459.
[3] 黄河清.家校合作导论 [M].上海：华东师范大学出版社，2010：54.

年发展经历，认识到儿童的社会环境和物理环境在儿童发展中的重要影响作用。他强调儿童发展要高度重视发展的情境性，一方面要高度关注自然环境和社会背景，但是更需要关注人生活于其中并不断发生发展变化的环境（行为系统）。他对人的发展的环境因素及其影响作了详细分析，提出了关于儿童青少年发展的发展生态系统理论。

他认为，人的发展处在一个生态环境之中，受所处环境的影响，发展是不断变化的人与环境互动的产物，即 $D=f(P \cdot E)$（发展是人与环境的复合函数）；影响儿童发展的生态环境是一系列的嵌套结构，由交互作用的四个层次的环境或系统组成：微观系统处于发展的生态系统的最里层，指个体实际参与（活动和交往）的直接环境，如家庭、学校和同伴群体是儿童发展的三种典型微观系统，儿童在其中参与活动，感知个体角色和人际关系，体现个体与其生活的直接环境间的关系；中间系统指的是微观系统之间的联系或相互关系；外层系统是指个体虽未参与其中，但却对他的发展产生影响的系统，如父母的工作环境、社会传媒、社区等；宏观系统是指微观系统、中间系统和外层系统嵌套于其中的文化、亚文化和社会阶层背景，是一个广泛的社会文化系统。换句话说，发展的个体处于从直接环境（如家庭、学校）到间接环境（如社区、传统文化）的几个环境系统的中心或嵌套于其中，每一个系统都与其他系统以及个体交互作用，影响着个体发展的各个方面。他还指出，如果微观系统之间有较强的支持性关系，发展可能达到最优化。[1] 相反，微观系统间的非积极的联系会产生消极的后果。[2]

布朗芬布伦纳的发展生态系统理论强调，发展来自于人与环境的相互作用，这一过程设定了人的发展路线；进一步扩大了"环境"的概念并将环境看作一个不断变化发展的动态过程，突破了以往研究中对环境的限定的局限性。[3] 根据这一理论，家庭属于微观系统，儿童的初级社会化就是在家庭中完

---

[1] Bronfenbrenner Urie.The Ecology of Human Development [M].Cambridge, MA: Harvard University Press，1979．
[2] [美]谢弗，等．发展心理学[M]．邹泓，等，译．北京：中国轻工业出版社．2009．
[3] 刘杰，孟会敏．关于布郎芬布伦纳发展心理学生态系统理论[J]．中国健康心理学杂志，2009(2)：252．

成的，是儿童社会化的第一场所，父母的养育观念和教养方式影响个体的社会能力和智力发展，对个体的情感和个性的形成发挥重要作用。除了家庭之外，学校也是一个微观系统，是儿童可直接接触并对其发展有直接影响和直接关系的环境，是对学生的发展影响最大的社会机构，是学生社会化的动因；学校不仅教授知识，帮助学生为日后的工作和经济独立做好准备，还会影响学生的社会性和情绪发展。布朗芬布伦纳的发展生态系统理论还认为，生态系统的各种体系间进行相互交流并力求达到适应，即人在对其环境形成的系统中，不断地产生人与环境间互换信息、沟通互动的交流，每一次交流不断得到积累会使人与环境得到相互模塑、互为改变或相互影响；同时，这种人与环境之间的交流会给人的发展提供支持，促进人的发展（即适应）。对人—环境互动的交流和适应提示我们采取促进最优发展的干预措施，家庭和学校都是影响学生发展的微观系统，它们之间的交互作用共同构成促进学生成长的中间系统。学生的发展不仅取决于父母对学习活动的重视程度或教师的教育教学质量，也取决于父母与教师之间的沟通合作水平。从这个意义上来说，加强家校合作有助于促进学校和家庭两个微观系统之间的沟通、互动和合作，降低因教师和家长沟通失灵造成双方屏障而带来的低效情况。只有加强教师与学生家庭之间的互动、合作，在父母和教师之间建立紧密联系、相互支持、协商合作的友好关系，才能形成推动学生全面的最优化发展的教育合力，从而更好地发挥由家庭教育和学校教育构成的教育生态系统的整体功能。

第二节 | 农村留守儿童家校合作教育的目的

一、共担责任以促进留守儿童健康成长是根本目的

共担责任，合力关爱，减轻"留守"苦境的影响，化解"留守"的发展困难，促进留守儿童健康成长是农村留守儿童家校合作教育的根本目的。

留守儿童家庭由于父母双方或一方外出打工导致家庭结构和家庭抚育方式的改变，使打工者的子女陷于"留守"的苦境。留守儿童在成长的关键时

刻因缺乏亲子之间的互动和关爱而受到明显的影响,父母在教育中责任缺失是留守儿童教育问题的直接成因。

父母缺位使留守儿童的生活照料出现养育上的真空——生而不养。家庭是最基本、最普遍的社会组织,是由婚姻、血缘或收养关系所组成的社会生活的基本单位。一般来说,儿童从出生起,就直接置身于家庭的抚育之中,应该在自己的家庭之中受到应有的保护和抚养,这是儿童成长和发展的基础。家庭应承担的首要职责就是提供健康、营养和安全的保障,保护孩子免受侵害和不良影响。对孩子的生活来说,"孩子所依赖于父母的,并不是生活的一部分,而是全部"[1],父母生育了子女的身体,子女必须依靠父母的养育才能得到更好的生长。1989年联合国通过的《儿童权利公约》明确指出,父母对儿童的养育和发展负有首要责任,儿童的最大利益将是他们主要关心的事。对儿童的成长来说,保障人身安全和获得卫生保健这两项最基本的人身权利是父母的主要职责。在摆脱家庭贫困的现实目标和进行子女养育的父母天职之间,留守儿童的父母们觉得"从事农业生产没有出路",往往被迫选择了暂时将天职搁置一边而义无反顾地外出打工。父母流向城市打工,本应承担的对子女的生活照料职责被搁置起来,父母的缺位使留守儿童出现养育上的真空——生而不养,家庭迫于生计问题而弱化父母对子女的养育职责使留守儿童基本人身权利受到损害。

家庭结构的不完整导致留守儿童的家庭教育功能失调。对儿童来说,家庭是他接受教育的第一环境,"家庭在引导未成年人进入社会、成为社会人方面具有核心地位"[2],是儿童社会化的起点。社会化是个体掌握和积极再现社会经验、社会联系和社会关系的过程,通过社会化,个体获得在社会中进行正常活动所必需的品质、价值、信念以及社会所赞许的行为方式。[3]在家庭中,通过父母或其他家庭成员的影响和指导,儿童经由家庭抚育学习各种生活技能、社会知识和行为规范,形塑人格,体验情感,形成适应社会生活

---

[1] 费孝通.乡土中国[M].上海:上海世纪出版集团,2007:443.
[2] 郑杭生.民族社会学概论[M].北京:中国人民大学出版社,2005:238.
[3] 林崇德.发展心理学[M].杭州:浙江教育出版社,2002:11.

所必需的知识、技能、态度、情感和价值观。家庭是子女的生活条件和环境，家庭教育是在日常生活中进行的，由家庭成员的不同层次和序列所形成的家庭结构，对家庭教育的实施及其效果具有直接影响。①留守儿童的父母双方或一方外出，使得稳定的由父母子组成的家庭三角结构出现解体，家庭教育中是最主要的父母—子女教育关系出现断裂，从而造成家庭教育功能因父母或者父（母）亲的远行，难以继续发挥其完整的教化功能，父（母）亲的缺席使得最亲密的基于血缘之上所形成的最真挚、最直接、最深厚的教育联系被迫中断。同时，对孩子来说，"抚育作用不能由一女一男单独负担，有了个母亲还得有个父亲"，"全盘的生活教育只能得之于包含全盘生活的社会单位"，"抚育作用必须是双系的"②，但是打工的生存方式使原本由夫妻双方永久共处，共同担负孩子抚育责任的双系抚育难以建立。留守儿童在最需要父母一起关爱，共同发挥父母的家庭教育功能的发展关键期能够接受到的却是残缺的抑或是有缺憾的教育，从而导致家庭的教育功能失调。在黔东南农村，贫困这一生活现实使得外出打工人员的比例比其他地区还高，收入水平普遍偏低使他们回家的机会也更少。对留守儿童所接受的教育来说，家庭中父母亲同时缺位使得他的家庭教育出现空白；即使是单方缺位也使留守儿童得到的是不完整的教育，更何况单方留守时，父亲或母亲还要做农活或家务，有心无力。为什么在黔东南农村地区留守儿童的父母双双外出的比例如此之高？孩子的爷爷奶奶给出的答案是夫妻中的任何一方都害怕在家里受更多的苦，在外面打工反而要轻松快活一些，双方相持不下，于是只有大家一起出门，丢下孩子留守在家；同时，部分留守儿童的父母亲在外出打工的过程中出现婚姻破裂的情况，使这些家庭的孩子和他们的父亲陷入尴尬的境地，所以通常父母亲会选择一起外出打工。父母亲同时外出加剧了留守儿童问题的严重性，村里的人大都将他们列入偷鸡摸鱼的潜在的、有偷盗行为嫌疑的"黑名单"，称这些孩子"就像孤儿一样，有人生，无人教"。

---

① 赵忠心.家庭教育学［M］.北京：人民教育出版社，2001：147.
② 费孝通.乡土中国［M］.上海：上海世纪出版集团，2007：443-444.

亲子分离导致留守儿童的家庭互动关系解组。亲子关系是家庭中父母双亲与子女之间形成的人际关系，在家庭的诸多关系中居于核心地位。儿童在家庭中与父母生活，形成亲子关系，这种关系的建立要通过家长与孩子之间的双向互动，并且经由这种互动相互影响，形成亲子间良好的关系。当家庭中的一方由于时空的限制不能与其他家庭成员发生直接互动，必然会引起亲子互动关系的解组即家庭的存在形式发生变化，正常的家庭生活出现中断，生活已经不能正常进行、健康发展。由于家庭中的父母亲或双亲单方外出打工，亲子分离会引起家庭互动关系发生四个方面的改变：一是亲子互动的形式再不能直接开展面对面的交流，因为距离远从而使亲子间的互动产生了距离感，难以频繁地交流，沟通也有了一定的障碍；二是不能共同生活而产生生活体验上的差异，于是产生了彼此之间不同程度的陌生感，不再有"共同语言"，造成亲子间在理解对方行为和心理特征上的意义障碍；三是父母亲与孩子不能朝夕相处，进行密切的情感交流，孩子对父母亲的依恋感也会随着父母亲外出时间的增长而不断弱化，基于最紧密的骨肉联系之上的心心相印，牵肠挂肚的感情变浅；四是留守儿童不能同时与双亲在一起，父母亲不能直接言传身教，从而使父母亲的权威的教育地位在留守儿童的心中有所削弱。可以说，健全的家庭所具有的积极方面，如自豪感、凝聚力、共同价值观、欢乐、家庭支持及交流等[①]对留守儿童来说是非常难得的，家庭给留守的他们带来的痛处更多。学龄期正是儿童特别需要与父母共享天伦之乐，建立亲密关系的重要时期，对儿童的社会化具有特别重要的意义。因父母外出打工而造成的黔东南农村地区留守儿童与其家长的分离，无疑对亲子关系产生了影响。亲子分离的重要表现是留守儿童不能与父母亲共同生活在一起且与父母亲分离时间比较长，留守儿童的父母亲大都没有在半年内回家的经历，往往是在过年期间才回家。虽然手机逐渐普及，但少数民族农民工收入不高，工作繁忙，留守儿童平时难得有机会与家长说上一通话，有的父母外出后经常长期杳无音信，根本就说不上什么联系了，多年未曾谋面，有的甚至连父母亲的

---

① Olson, H. Families: What Makes Them Work [M]. Thousand Oaks: Sage Publishing, 1983.

模样都不认识了。

监护不力引发留守儿童的学业和心理问题。对于留守儿童父母亲外出后对其生活和学习的监护，一般存在祖辈监护、亲戚监护、单亲监护和自我监护等类型，处于不同监护状态中的留守儿童的待遇也许有所差别，但不管何种监护类型，留守这一生活处境对儿童的身心健康和教育都产生了不同程度的影响。在黔东南农村，当父母双双外出打工时，大多数人都将子女托付给祖辈，这种监护类型的好处是让孩子与自己的祖辈生活比较让父母感到放心，但也看出留守儿童的父母对孩子的期望值并不高。因为在很多黔东南农村地区老年人在生活中的努力不过是局限于温饱，只要祖辈有吃的，孩子就不可能饿着。少数留守儿童是自己一人独自生活，或者与自己兄弟姐妹一起生活，但是承担照顾弟妹任务的留守儿童本人的生活能力和经验都比较缺乏，往往压力过大而宁愿自己辍学去打工也不再愿意在家里守着这些嗷嗷待哺的年幼弟妹；在村里，几个独自在家生活的留守儿童是最让人揪心的一群人，他们往往煮一锅饭就吃若干天，白天还好，晚上则是孤灯只影，村里人也往往对他们特别警惕——不少人说防着他们来盗窃。留守儿童的学习成绩和学习行为受到了父母外出打工的影响且是比较消极的影响。仅有极少数留守儿童认为父母外出对自己的学习成绩没有影响。绝大多数教师都反映留守儿童是他们教学中最为头痛的学生，缺乏父母直接管教是他们一致给出的原因。留守儿童的迟到、早退、上课闹事的比例也远较其他学生高；从学生上交的作业或考试中的考卷也发现书写不认真，乱写乱画，不交作业的学生中大部分都是留守儿童。有的教师在催交作业时，他们常常是一副满不在乎的神情，或者加上一句"你有什么了不起，我不学又不少你的工资，你管我做什么"，让老师哭笑不得。学校里经常发生的打架斗殴相当数量都是留守儿童，村里发生的小偷小摸也都能看到他们的身影。承担留守儿童监护职责的多半是孩子的爷爷奶奶或外公外婆，他们精力有限，文化水平普遍不高，对孩子的学习也只能是看而不能辅导，孩子学习成绩不好也是自然的事情。在对留守儿童的参与观察中，随时随地都能感受到他们身上的孤独感和无助感，因不能时时感受到父母的关爱，觉得自己是被父母遗弃在家乡的人，于是他们对周围各种事物及人群也缺乏热情，表情淡漠，对学校和村里的许多事项都采取冷眼旁观的态度，基本没有参与的意愿，即使参与了，求胜欲望也极不强烈。另外，村寨里弥漫着的"读书不如打工挣钱""某某读完大学，现在还不是一样打工"等"读书无用论"的阴影也时时浸染着他们，加上父母们的现身不时在他们幼小的心灵中激起阵阵涟漪。

家庭对留守儿童各种需要的满足，除了经济支持外，学习辅导、行为习惯培养、生活照料、情感交流、人际互动及安全保护等都处于一种缺位状态，难以发挥家庭功能，使留守儿童的成长和发展处于极端不利的"苦境"之中。生活上缺少照料，学习上无人指导，心理上孤独苦闷，安全上缺乏保障。从家庭的功能来说，家庭对孩子的生存和发展应该承担抚育、社会化、满足情感需要等职能。家庭是人类社会生活的基本单位，父母通过婚姻建立起家庭，共同生育子女并将孩子置于家庭之中，使他们生活于其间而获得亲密无间的情感体验和社会支援。人从婴幼儿直至长大成人，生活还不能独立，必须由父母承担起抚育的责任，因为这不仅是儿童生理的需要，而且是社会需要。父母对子女的抚育，是其天职，是家庭的基本职能。对每个人的发展来说，家庭还是个体出生后接受社会化的第一个社会环境，家庭教育和家庭环境的影响是一个人社会化的开端，家庭传授儿童基本的生活技能，帮助儿童习得必需的社会道德行为规范和价值观念。不仅如此，家庭也是进行思想交流，感受亲人间的情感和爱最充分的场所，给予人一种天然的安全感和归属感，人们在家庭里享受欢聚和共同生活的天伦之乐，得到家庭成员之间的感情支持是重要的。而这些家庭理应履行的职能，对留守儿童来说，大都不能从家庭里获得，他们出现了更多的发展中的问题，面临着比其他孩子更多的发展困难。黔东南农村地区贫困人口多、贫困面大、贫困程度深，只依靠贫瘠的土地上的生产和收入将难以维持一家人的生活，"离开务工收入，仅仅依靠农业收入，农民家庭就会陷入贫困"[1]，趁年轻外出务工成了农民们的首要选择，通过打工反贫困并赚取子女以后的学费自然成为这些农民的首要任务。

---

[1] 贺雪峰.乡村社会关键词：进入21世纪的中国乡村素描[M].济南：山东人民出版社，2010：3.

随着农民工离土又离乡外出务工,家庭与打工地分离使留守儿童的产生成为一种必然。"家庭既是深刻社会变迁的焦点,又濡染着由既定家庭组织模式所传承下来的价值"①,农民工的"被撕裂的家庭"以一种特别尖锐的方式造成了留守儿童的发展困境。

留守儿童的家庭无法为他们提供完整的家庭环境和家庭教育,父母不能很好地履行教育职责,需要学校对家庭教育进行补位。对留守儿童教育来说,父母们自知让孩子留守家乡,不能给孩子正常的家庭生活与教育,无法对孩子的学习进行督促指导,无疑会直接影响到他们的成长和发展,因而对学校教育提出了更高的期待,他们迫切希望教师们能够及时弥补家庭教育的不足。学校教育是教育发展到一定历史阶段的产物,是家庭教育功能被逐步削弱而进一步走向社会化的结果。在自然经济条件下,养育和教育后代主要在家庭内进行,家庭是子女社会化的重要场所,孩子的基本教育是由家庭教育来承担的。当社会经验积累到相当丰富的程度,社会经济的发展要求年轻人走出家门到专门的场所由专业人员传授知识和技能,这就是学校教育。制度化的学校教育削弱了家庭的社会化职能,却并没有使家庭放弃全部教育职能,家庭只是将部分社会化职能交给了社区或国家教育机构②。也就是说,学生在接受学校教育的同时,家庭对他的教育仍然在进行着,他受到的是来自学校和家庭的双重教育。

当留守儿童的父母外出打工后,家长的缺位客观上对学校教育提出了两方面的要求:一是要求学校强化教育的主导作用,把原来属于家长职责的生活管护及教育督促转移到学校身上;二是通过密切的家校合作来积极干预留守儿童的教育问题,降低"留守"这一不利生活处境对孩子的伤害和影响。但从目前黔东南农村地区学校的实际看,要在这两方面做到与家庭的无缝对接并不现实。农村小学校地处偏远,学校基础设施条件差,除了教室基本能

---

① [英]安东尼·吉登斯.批判的社会学导论[M].郭忠华,译.上海:上海世纪出版集团,2007:103.
② [奥]迈克尔·米特罗尔,雷因哈德·西德尔.欧洲家庭史[M].赵世玲,等,译.北京:华夏出版社,1987:73.

够满足教学需要外，一般都没有食堂、宿舍等教学辅助设施，学生大都走读，教师多是走教，除了上课时间彼此见面外，下课后很少接触。学校里教师数量少，教学负担重，学校领导几乎都承担有教学任务，也没有足够的资金为学生配备生活指导教师和食宿管理人员，无法满足留守儿童在校受到较好生活照料的要求。农村中学都在城镇，但学校的住宿和饮食条件都比较差，多数没有教师宿舍，乡镇中学的教师大都在县城购有住房，上班时间在学校，工作负担比较重。而课余时间和周末则返回城里与家人团聚，基本没有时间和精力与留守儿童家长频繁联系，也没有机会关注留守儿童的学习和生活。况且学校资金不充裕，教师与家长的家校合作工作也没有列入绩效考核项目作为工作指标，教师的积极性不高，多是他们自愿或者出于同情的额外工作。因此，对绝大多数学校来说，家校合作的内容和频度十分有限，沟通并不密切，对留守儿童的需要也很难给予积极的回应。

家庭中父母对子女的家庭教育是自然形成的，以亲子互动为主要方式，它建立在亲缘基础上，对人的发展起着潜移默化的影响，从家庭教育的延续性看，"家庭群体关系在时间上最为持久"[1]，是对人的终身教育。学校教育是人为的，是国家意志的体现，以课堂教学为基本形式，师生关系更多的是一种暂时性的工作关系，对人的发展起主导作用，对某一学段的学生来说，学校教育是一种阶段教育。对儿童的成长和发展来说，家庭教育和学校教育都是必需的，二者不可偏废，不可能相互替代；父母与教师是影响儿童发展的关键因素，要在教育工作中成为搭档，共同补救双方教育中存不足和缺憾。留守儿童教育问题固然与父母外出打工有关，但也与学校教育不能及时而完善地弥补和干预家庭教育的缺失有一定的联系。正如奥地利著名心理学家阿德勒所说的，"孩子在家庭中造成的错误是持续下去，还是被纠正过来，这种主动权完全掌握在教师的手上。注重儿童的困难，纠正父母的错误，是学校教师的重要工作任务"[2]。学校作为专门的育人机构，学校教育在人的发

---

[1] 鲁洁.教育社会学[M].北京：人民教育出版社，1990：478
[2] 转引自曾天雄，何绍华."留守儿童"权益维护的"三维一体"模式研究[J].湖南科技大学学报（社会科学版），2007（4）

展中起主导作用,学校应该而且必须关心留守儿童的生活和学习,及时缓解父母外出对留守儿童造成的不利影响。家庭是孩子成长和发展的第一所学校,父母肩负重要的抚育和教育重任,家庭教育对未成年人社会化具有深刻影响,是人接受更高层次教育的基础,"学生在学期间,家庭环境与教育仍是学校教育的背景"①。对留守儿童教育来说,家庭和学校都必须高度重视留守儿童教育问题,切实担负起留守儿童的教育与管理责任,树立"共同责任"意识。双方基于促进留守儿童健康成长的共同利益和一致的目标,紧密联系,相互支持,沟通互动,共同关爱留守儿童,形成相互衔接、相互弥补、协调一致的教育合力。

二、改善教育条件以满足留守儿童需求是基本目标

合作联动,满足需求,切实改善留守儿童教育条件是黔东南农村留守儿童家校合作教育的基本目标。

对留守儿童来说,父母双方或一方外出打工,在一定程度上改善了家庭的生活状况和自己的在校经济条件,但家庭变动也给处于人生发展关键期的他们的生活照料、亲子关系、学习表现、心理健康和安全保障等方面带来了负面影响。家庭生活模式变化使留守儿童不能得到良好的生活照料而产生一定的食宿上的问题和困难,亲子分离使留守儿童与父母的亲情关系发生了弱化,学习上不能得到父母的指导和督促而使学习成绩、学习习惯和学习态度受到影响,亲子之间缺乏面对面的交流和教育使留守儿童面临更多的心理困扰,甚至出现了不同程度的心理健康问题。缺少了父母的直接约束和规范使少数留守儿童的品行发生了消极变化,缺乏有效监护的留守儿童的人身安全也得不到应有的保障。

人在世界中生存,在社会生活中由对某种客观事物的需求而产生了各种各样的需要。需要是有机体生理或心理上感到某种缺乏而力求获得满足的心理倾向,它是人自身和外部生活条件的需求在头脑中的反映。"人的需要

---

① 陈桂生.教育原理[M].上海:华东师范大学出版社,2000:260.

是人对其生存、享受和发展的客观条件的依赖和需求。它反映的是人在现实生活中的贫乏状态，可以理解为人反映现实的一种形式、积极行动的内在动因。①"需要是人由于对某种事物的缺乏而在个体内部产生不平衡或紧张状态，是个体活动积极性的源泉，是进行活动、引发动机的内部驱动力。需要是人生存和发展的基础，需要反映出人生存对外部客观事物的依赖性，总是指向满足需要的对象或条件并力求获得。需要又是人生存和发展的动力，人开展各种活动是为了获得某种物质和精神需要的满足，这些活动都是在需要的推动下进行的。人的需要多种多样，是一个多维度、多层次的系统。对人的存在来说，人首先是一个自然性的存在，是有"生命的个人的肉体组织"②，"为了生活，首先就需要衣、食、住以及其他东西"③；其次，现实的人是社会性的存在，社会是人的存在形式，"人的本质并不是单个人所固有的抽象物。在其现实性上，它是一切社会关系的总和"，人"实际上是属于一定的社会形式的"。④ 人作为自然的存在，为了生存就产生了保存、维持人类生存和延续种族的生理性需要，如饮食、空气、休息、睡眠、排泄和性等的需要，物质世界就成为人类生存和发展的根据。社会性是人的根本属性，人要适应社会生活就要认识并达到社会对他提出的各种要求，满足各种社会性需要，如劳动需要、交往需要、成就需要等，人的世界成为人自己生存和发展的根据。心理学家马斯洛提出的"需要层次论"被认为是最著名的关于基本需要的分析理论⑤，他根据个体接受自身与外部信息的影响而产生的各种基本需要按先后顺序划分为生理需要、安全需要、归属与爱的需要、尊重的需要和自我实现需要五个层次的阶梯式结构。他认为，这五种基本需要近似人的本能需要，是人持续一生的动力，而且只有在低层次的需要得到满足或部分得到满足时，高一级的需要才会产生。这些基本需要长期不能得到满足会引起心理

---

① 袁贵仁.马克思人学原理[M].北京：北京师范大学出版社，1996：146.
② 马克思，恩格斯.马克思恩格斯选集[M].北京：人民出版社，1995：73.
③ 马克思，恩格斯.马克思恩格斯选集[M].北京：人民出版社，1995：79.
④ 马克思，恩格斯.马克思恩格斯选集[M].北京：人民出版社，1995：60.
⑤ [英]莱恩·多亚尔，伊恩·高夫.人的需要理论[M].汪淳波，等，译.北京：商务印书馆，2008：47.

疾病，特别是低层次的需要（生理需要和安全需要）在早年生活中缺乏满足会导致疾病或危机。在马斯洛看来，生理需要与个体生存有关，是最基本的，也是最强有力的，生理需要得不到满足会使人疲劳无力。安全需要是人希望避免危险和生活有保障，缺乏安全感会使人产生恐惧和焦虑。处于归属与爱的需要层次的人渴望友爱，希望拥有家庭，得到社会认可和与他人建立和谐的人际关系，如需要得不到满足则会产生孤独感、攻击性或羞耻感。尊重的需要包括自尊、自重和为他人所敬重，尊重的需要一旦受挫，人会怀疑自己的价值和能力，产生自卑、弱小及无能的感觉。当上述需要都获得满足之后，人的需要的发展将进入最高峰——自我实现需要，它是人的自我价值的充分体现，是人的创造力和潜能的极大发挥，但仅有极少数人能够达到自我实现的高度且个体间差异巨大。[①] 马斯洛的需要理论对分析农村留守儿童的需要，以及需要得不到满足将带来的可能影响具有重要的借鉴价值，可以帮助解析留守儿童的发展问题及现有的教育条件的缺失。

在生理需要的满足上，留守儿童会不时受到饥饿和疾病的威胁，睡不安稳，衣着卫生条件较差。留守儿童中的多数人与年迈体弱的祖辈生活，日常生活中的穿衣、吃饭、睡觉和交通受到一定程度的影响，不少留守儿童的生活照料特别是饭菜和衣着的数量和质量急剧下降。黔东南农村绝大多数农户都没有吃早餐的习惯，孩子们常与监护人一起一天吃两顿饭，少数留守儿童的饮食在农忙季节不能得到保证，有的经常以方便面充饥或者饿着肚子上学。有的监护人为了方便和过度节约，常叫孩子在学校附近将就吃点方便食品或包晚上剩下的饭菜到学校里吃，饭菜种类也极少变化。特别单独留守的孩子还经常煮一锅饭吃上几天，使身体发育和营养状况受到影响。由祖辈监护的儿童衣服比较肮脏，穿着也随意且往往不按季节更换，容易患上各种疾病。留守儿童生病时因苗侗村寨山高路远，缺医少药，往往自己默默忍受而不是想方设法及时救治，更是无人陪护。可以说，留守儿童的生活照料时常会受到家庭里农作繁忙、生活条件有限、饮食习惯等因素影响而不能得到很好的满足。

---

① 彭运石.走向生命的巅峰：马斯洛心理学述评［M］.武汉：湖北教育出版社，1999：101-121.

每个人都希望得到一个相对安全、稳定的生存条件。在安全需要的满足上，留守儿童对自己的生活在某种程度上缺乏安全感。儿童应该生活在一个安全、有序、稳定、得到保护、可以预料的世界里。"儿童的成长必须经由安全需要的满足来实现，只有感到安全的儿童才敢于健康地成长"[①]，如果不能在安定的世界里生活，儿童会产生焦虑感，进而导致安全感缺失，总是想得到他人的庇护，则儿童的发展空间及机会也不大。肩负监护任务的祖辈文化水平低，也缺乏科学有效的卫生保健知识和方法，根本不能在孙辈发生溺水、触电、食物中毒、被疯狗咬、打架斗殴等紧急情况时提供有效治疗、指导和保护，只能在口头上给予"要注意安全""不准打架""不能下河游泳"等提示，对安全事故的应急处理知识与技能也是老人们不可能具备的。父母的远离使留守儿童因为缺乏有效的监护，自身安全意识欠缺或自我保护能力柔弱而被不法分子进行人身侵害的可能性上升，成为受各类针对未成年人犯罪的高危人群。其中，留守女童容易遭受性侵犯，留守男童则常被拐卖儿童的人盯上。黔东南农村都地处边远的深山峡谷，远离城镇和交通沿线，山区路陡，留守儿童上学放学的交通条件差，又无人接送，路途中发生交通事故的可能性比较大，存在很大的安全隐患。留守儿童因为没有家庭的管教，出现违纪行为和不良行为的比例远远高于其他学生，个别人还走上违法犯罪道路。与非留守儿童相比，留守儿童缺乏父母给予的有效的家庭保护，承受更多的人身安全、行为偏差和不良社会风气的考验，留守儿童面临着比非留守儿童更多的安全风险。

在归属与爱的需要上，留守儿童缺乏家庭温暖，缺少感情支持。父母亲常年在外，留守儿童难以与父母相处和进行情感交流，没有父母的关心与呵护，有需求或遇到问题也得不到父母的直接回应与指导，引发强烈的疏离感、孤独感、无助感甚至焦虑。儿童时期是人的情感发展的关键时期，他们特别需要得到父母的抚养教育，渴望拥有给予关爱、鼓励和支持的温暖的家庭。儿童对家庭有天然的依赖性，对父母有强烈的情感依恋，需要来自母亲的抚育、安慰和教育和来自父亲的对活动能力、探索精神、竞争意识强有力的支持，

[①] 彭运石.走向生命的巅峰：马斯洛心理学述评[M].武汉：湖北教育出版社，1999：153.

特别是渴望获得家庭的亲情关怀。"当儿童在爱的需要、归属需要方面受到根本阻碍和威胁的时候,他就是更多地表现出自私、仇恨、进攻性和破坏性来,而在那些基本上受到父母的爱和尊重的儿童身上,破坏性则要少一些"①。留守儿童不能与其他孩子一样拥有幸福美满的家庭生活,人变得冷漠,兴趣下降,觉得自己受歧视。与亲戚或邻里一起生活的留守儿童常有寄人篱下的感觉,觉得父母无能,感到自己是被遗弃,心情抑郁。父母常年来往于打工地和家乡之间,留守儿童的生活在悲苦的"留守"和欢乐的"团聚"间轮回,使他们的心情也随着父母的来去而起伏,生活充满了不确定感,觉得人生把握不住。留守儿童对享受家庭的爱,得到父母的关注,希望拥有亲情的愿望十分强烈。

留守儿童被尊重的需要难以满足。尊重的需要主要指一个人对自我的肯定和得到他人的尊重,"最稳定和最健康的自尊是建立在当之无愧的来自他人的尊敬之上,而不是在外在的名声、声望以及虚夸的奉承之上"②。农村青壮年外出打工是在巨大的经济压力下,不得不忍受亲人分离之痛,牺牲家庭幸福的被迫选择,留守儿童则是被撂荒在苗圃的"花朵"③。分离是家庭之痛,父母忍痛丢下可爱的家园和孩子,让留守儿童觉得自己是有人生没人疼的野孩子,被遗弃感和自卑感油然而生。对比非留守儿童的生活,留守儿童感觉自己没有得到父母的疼爱,不受家庭的重视,难以得到父母的关心和鼓励,自信心也受到了沉重打击。部分留守儿童觉得是因为自己家里穷,父母才去打工,感觉到自己在班级里也不怎么被重视,还经常受到同伴的奚落和冷嘲热讽,尊重需要不仅得不到满足,其自尊还受到同伴的践踏。留守常使他们在生活中无法与他人进行经常性的感情交流,不能从家庭中获得感情的慰藉和精神的寄托而抑郁寡欢,"抑郁的行为和认知症状可能使学生在学校的学业成绩和人际交往屡遭失败","抑郁的心境可能使儿童的认知过程产生偏差,因而更趋于对事件做出消极的而不是积极的解释"④,这种悲观主义的解释风

---

① 彭运石.走向生命的巅峰:马斯洛心理学述评[M].武汉:湖北教育出版社,1999:208.
② [美]A·H.马斯洛.动机与人格[M].许金声,译.北京:华夏出版社,1987:65.
③ 刘旦,等.留守中国:中国农村留守儿童妇女老人调查[M].广州:广东人民出版社,2013:5-9.
④ Nolen-Hoeksema S, Girgus J S, Seligman. Consequences of Depressive Symptoms in Childhood: the Possible Origins of Dysthymia.[M]. Unpublished Manuscript M E P, 1992.

格很容易使留守儿童形成习得性无助和感到悲观失望。

自我实现需要要积极给予重视。马斯洛认为，自我实现"可以归入人对自我发挥和完成的欲望，也就是一种使它的潜能得以实现的倾向。这种倾向可以说成是一个人越来越成为独特的那个人，成为他所能够成为的一切"。[①] 自我实现是最高层次的需要，只有极少数人能够达到，但它是人生价值的一种导引，对儿童的发展来说是一种长远的目标，更何况不同的人对自我实现的要求也并不相同。对绝大多数人来说，自我实现意味着自主选择，积极创造，获得成长、成才的快乐，实现自我价值。留守儿童同其他一般儿童一样，有发展的渴望、表现的欲望和创造的愿望，他们也希望有效地运用自己的聪明才智来发挥自己的潜能，获得属于自己的高峰体验。留守儿童的监护人特别是祖辈监护人和学校，不能因为留守儿童缺少父母的关爱而只想给他们过分的同情和怜悯，因而生活中溺爱，学习中放任，总是担心他们出事而自己害怕承担不了责任。相反，要适当地分配些工作任务给留守儿童，让他们施展自己的才能，给予他们乐观的支持和帮助，让他们在完成任务中体验自己的价值。

需求是在需要的基础上产生的要求，它是需要在特定的时间、条件、环境下的具体体现，特别是指那些实际能够得到满足的需要。[②] 留守儿童的生理需要得不到很好的满足，产生了日常生活照料需得到进一步改善，食宿要得到保障，减少生活烦恼，提高医疗保障水平，提高家庭监护责任感和能力的需求。留守儿童存在较多安全隐患，安全得不到保证的需要，为家庭和学校提出了关心其人身安全，就近入学，加强安全教育，提高自我保护能力，净化学生成长环境的需求。留守儿童的典型特征是亲子分离，缺少亲情关怀，最缺乏的是父母的爱，情感需求得不到有效满足，这对家庭提出了密切亲子沟通和积极给予留守儿童亲情安慰的需求，对学校提出了关心留守儿童健康成长，提供积极的心理教育和疏导的需求。留守儿童要得到他人的肯定和尊重的需要，对监护人、父母、学校提出了要积极关心、多多给予孩子充分的关爱，培养自信心、自尊心，提供各种机会展现他们的能力和价值。

---

① ［美］A·H.马斯洛.动机与人格［M］.许金声，译.北京：华夏出版社，1987：53.
② 伊文斌，邓志娟.需求与需要辨析［J］.管理科学文摘，2005（10）.

合作是重要的社会互动方式，合作是指个人或群体为了达到共同的目的而互相配合的互动方式。人们之所以合作，主要是为了实现那些仅靠一方行动不能实现的目标。家校合作是一种间接合作，学校和家庭以学生为中介，为了学生的健康发展而互相配合。为了更好地满足留守儿童的各种需求，家庭和学校要把彼此看作是相互依赖的合作者，围绕留守儿童的需求形成同伴关系，采取积极的合作行动，紧密联系，协调一致，频繁互动，共同努力。为了促进留守儿童的健康发展，学校和留守儿童家庭必须在全面了解和深入分析留守儿童的需要的基础上，充分发挥家庭和学校在留守儿童教育中的重要作用。通过家校合作，有效联动，切实改善留守教育条件，积极优先满足留守儿童在校学习期间与家庭生活中的各种需求，合力缓解留守这一不利的生活处境对留守儿童教育的影响。

三、携手提高留守儿童教育水平是重要目的

支持参与，教管结合，携手提高留守儿童教育水平也是黔东南农村留守儿童家校合作教育目的的重要方面。

留守儿童面临的最突出问题是缺少关爱，生活照料不尽如人意，情感需求难以满足；学习缺乏指导，学业表现受到影响，难以获得有效的督促辅导。家庭对留守儿童的成长发展所提供的亲情关爱和物质支持具有不可替代性，关注孩子的学习成长、指导孩子取得更好的学业表现直接关系着家庭的切身利益。学校是专门培养人、形成人的社会机构，教师是职业教育者，学校教育是"有意识的、以影响人的身心发展为直接目标的社会活动"[1]，也是"教育者受教育者的学习活动和认识自然、社会和人自身的认识活动"[2]。这种对人身心发展有意识的影响介入留守儿童学习和生活，是系统地指导学习，对促进个体发展的社会化和个性化起主导作用。父母是子女自然的监护人和教育者，父母给予未成年子女抚育与教养是责任和义务，学校里的教师是接

---

[1] 叶澜.教育概论［M］.北京：人民教育出版社，2006：10.
[2] 郝文武.教育哲学［M］.北京：人民教育出版社，2006：172.

受社会委托履行教育教学职责的专业人员，教书育人是教师永恒的职业角色。家长与教师的关系是以学生为纽带而产生的，他们之间的关系是否密切，是否合理，这主要看家长与教师之间相互支持的力度的大小和相互参与程度的深浅，要看这种支持参与关系是否促进了学生的发展，在多大程度上促进了学生的发展。

教育与管护结合，降低"留守"困境对留守儿童的影响。父母对子女的抚养与教育是从孩子出生开始的，他们是孩子走向社会最初的引路人和指导者，也是与孩子关系最密切、互动最频繁的人，孩子一直就是在他们的关心和爱护下成长的。父母双方或一方出去打工的决策和行为，无疑是孩子生活中的重要事件，这一事件的发生不仅使家庭结构发生了改变，也反映出父母在寻求生计和养育孩子之间作出权衡，使孩子的处境产生了变化。它改变了孩子的生活进程，而且可能成为孩子生活的转折点——无疑，这一重要事件对孩子的成长与发展产生了直接影响。当然，这也是一个迫不得已的痛苦的过程，是父母在实现个人价值与履行家长职责之间的两难选择。但他们的子女教育价值观发生了改变，受社会变迁和家庭现实影响，可以有选择地规避养育子女的责任，追求自我发展而不打算为子女牺牲的新的教育价值观，已经战胜了应该以子女为中心，养育子女是父母天职的传统教育价值观。也可以说，在更好的居家养育子女还是为改善家庭生活而必须去打工的痛苦抉择中，父母的工具理性战胜了价值理性。父母双方或一方出去打工了，孩子的日常生活照料责任不得不由父母亲独自承担或转嫁给孩子的祖辈，以父母亲中的一个人的力量或年迈的祖辈的能力，想要给孩子提供一个像样的生活，难度实在太大了。所有的农村家庭都对孩子的教育寄予厚望，这也是农民工外出打工的共同理由，但家里出去打工的往往都是学历比较高或能力比较强的人，他们走了，孩子的教育指导和学习监督的漏洞也立刻显现出来。试图让留在家里照看孩子的人或者祖辈们辅导留守儿童的学习必定是他们不能胜任的任务，他们可以给孩子的只有"看"，"管"的成分很少。对留守儿童来说，家里的人出去打工了，他们的生活和学习都受到了明显的影响，衣食住行不能很好地得到保证，生活照料很难尽如人意，可能会直接影响到他们的生长发育。与他们一起生活的人对孩子的学习是心有余而力不足的,每天只管看他们是否去上了学,却对学上得怎么样,每天学了什么,老师有什么要求却极少过问,学习上缺乏监督和有效的指导,学习质量和学业表现受到了一定的影响。"养不教,父之过",这句话指出了家庭教育对儿童发展的重要性;"父兮生我,母兮鞠我。拊我畜我,长我育我。顾我复我,出入腹我","出则衔恤,入则靡至","无父何怙,无母何恃?"①儿女的成长特别需要父母的养育和保护,父母不仅是生育儿女的身体,而且还负有供养子女生活和教育子女成才的责任和义务。父母不能与留守儿童共同生活,得不到父母的精心照顾和养育,一系列问题先后出现并被凸显出来:生活缺乏照料导致健康隐患产生,安全没有监管面临更多风险,学习无人辅导使学业受到较大影响,缺乏家庭管教的道德修养的养成必然出现了真空,年幼的心灵因得不到亲情的抚慰而出现了心理健康问题。留守儿童生活和学习上面临的诸多问题和困难,直接引发留守儿童的发展困境,同时给留守儿童教育提出了教育与管护并重的双重任务。

　　家长与教师相互支持,增强留守儿童教育的合力。对家庭教育来说,"教育工作的实质根本不在于你与孩子的谈话,也不在于你对孩子的直接影响,而在于组织你的家庭、你的个人生活和社会生活,在于组织孩子的生活。教育中最主要的是组织好家庭生活,要十分关注小事"②。留守儿童的父母表面上对子女的教育寄予厚望,但教育观念落后,自身文化科学素质不高,亲子分离又使他们无法也没有可能为孩子的学习提供指导和感情支持。一些外出打工的农村父母觉得自己只能为孩子改善生活条件,而孩子的教育则是学校的责任;少数人还散布"读书无用""读书耽误挣钱""义务教育就是老

---

① 向熹译注.诗经译注[M].北京:商务印书馆,2013:315-316.引自《诗经·小雅·蓼莪》,本来是一首儿子悼念父母、感怀亲恩的诗。原文为:"蓼蓼者莪,匪莪伊蒿。哀哀父母,生我劬劳。蓼蓼者莪,匪莪伊蔚。哀哀父母,生我劳瘁。瓶之罄矣,维罍之耻。鲜民之生,不如死之久矣。无父何怙,无母何恃。出则衔恤,入则靡至。父兮生我,母兮鞠我。拊我畜我,长我育我。顾我复我,出入腹我。欲报之德,昊天罔极。南山烈烈,飘风发发。民莫不穀,我独何害。南山律律,飘风弗弗。民莫不穀,我独不卒。"笔者在此有意变换了原诗诗文的顺序,以表现留守儿童缺乏父母照顾养育的苦境,表达留守儿童渴望得到父母关爱的心情。
② [苏]A·C.马卡连柯.家庭和儿童教育[M].丽娃,译.上海:上海人民出版社,2011:10.

师求你读书"等错误观点,对教育采取轻视、排斥甚至于抵制的态度,持有一种短期功利性的价值取向,没有真正履行好自己应尽的教育义务。让孩子觉得打工不需要较高的文化水平,没有知识也可以照样养家糊口,学习中的积极进取精神自然大受影响。父母中的双方都外出打工,孩子给他人托管,临时监护人为孩子提供饱暖的食宿尚且勉强,对学习则只能顺其自然;能够得到父(母)亲监护的留守儿童衣食住行条件较好,但留守在家的家长文化水平有限,对孩子学习不能提供任何有效的支持。父母在外打工使留守儿童在成长期缺乏亲情抚慰,父母忙于生计,无暇更多、更好地关怀子女的生活与教育,仅有的电话沟通也常限于孩子的身体健康状况或在校学习成绩;繁忙的打工生活,较低的文化程度和沟通能力,使他们中能够与学校教师取得联系的人是极少数,多数无从打听孩子的在校表现及向老师汇报孩子发展存在的问题,能够从老师那里得到教育建议或与教师共商教育措施的更是少之又少。家庭是儿童的生活基础,家庭教育最重要的是道德观念教育与道德行为规范的养成,而留守儿童的家庭道德教育基本处于真空状态,不能经常对孩子的品德培养和品行训练进行引导、指点和帮助,往往以金钱的满足来弥补缺失的家庭关爱,用物质刺激来代替精神导引,"拜金主义""享乐主义"等思想观念在留守儿童中具有不小的市场。"凡有心管教儿童的人,都应该在儿童很小的时候就着手管教","自由与放纵对儿童确没有什么好处,他们还缺乏判断能力,因此需要约束管教"。① 留守儿童的父母长期在外打工,每年回家逗留的时间不长,要想在这么短的时间里给孩子以较全面的家庭教育,加强孩子的不良品行管教是不可能的。长时间不能给孩子完整的家庭生活,回家的父母总会怀着一种负疚感,尽量在物质方面给孩子满足以补偿自己的亲情照顾缺失,对孩子溺爱有余而管束不足,严格管教更是无从谈起。农村留守儿童的家庭教育存在如上这些明显的缺失和不足,很少能给学校教师以有力的支持。从学校教育方面看,"学校只能在留守儿童的学习方面给予关注,

---

① [英]约翰·洛克.教育漫话[M].徐大建,译.上海:上海人民出版社,2011:31.

在其他帮助措施上并不具有优势"①。教师通过对留守儿童的课堂表现及生活状况的观察,认识到留守儿童的生活、学习及情感受到了父母外出的明显影响,认为父母们"挣了票子,误了孩子",孩子们没有得到很好的家庭教育使留守儿童的在校表现普遍都不理想。农村教师教学任务艰巨,有生存与发展的双重压力,一方面想在教学上出成绩,以便能在绩效考核和升职中具有优势;另一方面也想通过提高教学水平以为自己谋求调换到条件好一些的学校积累资历。他们中的多数人都抱怨留守儿童家庭没有管教好孩子,没有给孩子良好的教育辅导,使学生的学习成绩比较差,于是希望留守儿童的父母要打工与监管孩子两方面兼顾。学校教师也采取一些措施比如建立档案、获取家长联系方式及与学生谈话等方式,试图了解留守儿童的家庭情况及家庭教育情形,但由于时间与金钱的原因使他们对留守儿童回家后的学习和生活情况的了解限于表面,也不能采取个别化的有针对性的教育帮助措施。对留守儿童家庭的支持不过就是口头上"要多关心孩子""孩子成绩下降了要注意""你们的孩子在校很不活跃,要多多鼓励"之类的教育提醒,缺乏实质性的对家庭教育支持。"家校合作是双向活动,是家长和教育工作者相互了解、相互配合、相互支持的过程"②,家长通过加强对留守儿童学习生活情况的了解,并积极向学校教师征求意见和改进家庭教育的建议,教师积极向家长反映学生在校表现及存在的突出问题,并对家长介入留守儿童的生活和有效地指导孩子学习提出明确要求。双方朝向一致的目标的共同努力,彼此之间相互提供有力的教育支持,进一步增强留守儿童教育的合力。

　　家庭与学校在留守儿童教育中相互参与,更好地化解留守儿童的困难和烦恼。家长参与学校教育,不仅"增加了家长对孩子学习及学校生活的参与度,强化了亲子教育的力度,为增进亲子间的接触和联结提供了机会",还是"引导家长重视亲子教育、增进亲子互动的有效手段"。③家庭是孩子教育的开

---

① 叶敬忠,潘璐.别样童年:中国农村留守儿童[M].北京:社会科学文献出版社,2008:349.
② 岳瑛.我国家校合作的现状及影响因素[J].天津市教科院学报,2002(3).
③ 桑标,刁静.家长参与学校教育:时代的教育呼声[M].丁钢主编.中国教育:研究与评论(第9辑).北京:教育科学出版社,2005:168-169.

端并伴随他的一生,父母是孩子的第一任"老师"也是他终生的"老师",家长对学校教育的参与意味着他们在孩子的学习方面扮演更加积极的角色,他们会更加了解孩子在校的真实情形,并掌握学校对孩子的发展要求及学校在改进孩子学习方面作出的努力。同时,引导家长参与学校教育直接使家长成为一种教育资源,也增加了家长与学校教师沟通的机会,知道如何才能更加有效地给孩子提供指导,懂得如何更好地帮助孩子。学校参与家庭教育,可以帮助教师了解学生的家庭教育现状及其他家庭困难,争取家长对教育工作的理解和支持,帮助家长提高教育责任感和教育素质。"指导家庭教育,积极主动地使家庭成为教育过程的合作伙伴"[1],甚至还可以在一定程度上影响家长的教育价值观。从家庭来说,留守儿童父母收入不高,文化程度较低,通常都觉得自己不懂孩子正在学习的知识内容,更不懂怎样教育孩子,所以才把孩子送到学校,对参与学校教育有较强的自卑感,并不热心参与学校活动。留守儿童家庭参与学校教育的层次和水平低,亲子分离使家长不能直接参与留守儿童教育,了解比较片面,多数人对学校教育的了解还停留在自己原先的教育记忆的水平上。即使参加家长会也只是来当听众,听取教师通报全班情况,却不能就留守儿童教育提出自己的看法,也很少从教师处获得留守儿童在校的比较全面的信息。留守儿童父母对维护孩子的身心健康大多表示有心无力,深知自己外出给孩子的发展产生了一定的心理伤害,但却无法结束亲子分离的痛苦局面。从学校方面来说,教师是接触留守儿童最多、关系最密切的人,但对其了解也很不全面。教师可能对留守儿童的家庭情况有不同程度的了解,但一般对两类留守儿童印象深刻:问题学生和优秀学生,家访和经常与家长取得联系的往往也是这两类人,问题学生经常给他们"惹事",而优秀学生的家长则主动与老师沟通,加上日常教学工作任务较多,教师也没有精力去普遍获知所有留守儿童家庭的问题。教师在学校中对留守儿童了解较多的就是学习,对班级里留守儿童的成绩与学习行为印象较深,与家长交流的问题大多也仅限于此,如非经常违纪的留守儿童,则对其他问

---

[1] 马忠虎编著. 家校合作[M]. 北京:教育科学出版社,1999:48.

题也知之不多。教师常提醒留守儿童们努力学习并要求家长提供必要的支持，但很少得到回应。在实行"两免一补"政策①和教育不许乱收费警示影响下，学校一般都不再收费，但留守儿童经常打着学校要收钱的幌子向家长要钱，教师背着"从孩子身上搞钱"的黑锅并一度与家长关系紧张。可以说，目前留守儿童家庭与学校相互参与少，内容单一，彼此之间也不主动积极，在某种意义上还缺乏合作搞好留守儿童教育的共识，使留守儿童教育面临重重困难，学习和生活负担并没有得到实质上的减轻，心理上的烦恼也没有很好地得到减除。为此，家庭和学校应该基于更好地、卓有成效地化解留守儿童的困难和烦恼的需要，携手合作，共担责任，创造条件，拓宽渠道，积极主动，引导和确保家庭参与学校教育，鼓励和支持学校参与家庭教育，不断提高家庭教育水平和学校教育教学质量，共同为留守儿童创造优良的成长环境。

四、共同增强留守儿童生活幸福感是积极追求

沟通联系，合理安排，共同增强留守儿童生活幸福感是黔东南农村留守儿童家校合作教育的积极追求。

每个人都希望过上幸福的生活，渴望幸福，追求幸福，拥有幸福，感受幸福是每个人的生活目标。幸福是人对外界事物满足自己的需要而感到内心喜悦、安详、平和、美好的心理状态。从幸福的来源讲，它是客观的物质生活条件对人的需求的满足和人在需求得到满足的基础上产生的主观满足感的有机结合。人对幸福的感受更多地表现为人对生活的满意感，对生活感到满意的人往往也觉得自己比较幸福。

家庭是社会生活的基础，现代社会强调爱情和亲情对于维系家庭的重要性。对家庭来说，爱情是父母缔结婚姻、建立家庭的基础，也是家庭里的夫妻关系的黏合剂；亲情是家庭凝聚力的重要纽带，是影响亲子关系的决定因素。为人父母的双亲要有爱心、责任心和一定的能力，高度重视和亲自负责

---

① "两免一补"是指国家向农村义务教育阶段（小学和初中）的贫困家庭学生免费提供教科书、免除杂费，并给寄宿生补助一定生活费的一项资助政策。

子女的教育，培养孩子必要的社会生活能力，必须保护孩子，让他们远离危险。家庭是儿女人生的港湾，既是孩子的生活保障和社会化的第一课堂，又是安全的屏障和生活幸福感的重要来源。在黔东南农村地区艰苦的生活条件和贫困的家庭生活，使建立在并不深厚的爱情基础之上的家庭因打工中见了世面、接触了灯红酒绿的城市生活后变得不堪一击，留守儿童父母的婚姻随时都存在崩溃解体的危险。父母对子女理应承担养育与教育天职，不得不让位于打工以改善家庭生计的残酷现实，对黔东南农村地区的贫困家庭来说，为了子女的生活才不得不去打工，子女教育不得不摆在第二位，而将维持家庭生存居于首位。"父母子女，兄弟姐妹长期同居共处在一起，经济上互相供养，生活上互相帮助，甘苦相依，患难与共，是亲情产生的深厚社会根源。"① 留守儿童的家庭结构随着父母双方或一方外出打工而发生了变化，不能一起生活使得亲子关系已经没有父母出门之前那么亲密，长期的分离使留守儿童觉得与父母缺少共同语言，共同关注的家庭生活焦点已经产生分化。少数留守儿童与父母的交流话语有时甚至只提金钱的问题，其他方面的交流少了很多，亲情表面上已经出现了淡化现象。可能因为长期待在贫穷的农村太久而产生一种摆脱压抑了的放松，极少数留守儿童父母多年都不回家看望自己未成年的子女，特别缺乏抚养子女的责任意识，喜欢和尽情享受在外面打工生活的快乐，"对子女未尽基本的养育义务"，"导致父母与子女的关系相对平淡"，"物质和感情交换相对较少"②。饮食上不能得到父母的细心照料，对父母的养育之恩和他们辛劳付出的感恩感受不是很深；生活中相处时间少，缺乏与父母频繁地进行面对面沟通的机会，团聚时也交流不多；与父母的分离常使他们感到心情不好，在面临一些生活中的棘手问题时常觉得茫然无助，特别是那些被托管给亲戚朋友的留守儿童觉得临时监护人对他们不公或感觉遭受冷遇，在出现冲突时可能会偏袒自己的子女使他们与托管家庭的关系弄僵。当然为顾及亲戚间的情分和脸面，临时监护人怕留守儿童背后告状也不敢严厉地加

---

① 丁文. 家庭学[M]. 济南：山东人民出版社，1997：169.
② 贺雪峰. 乡村社会关键词：进入21世纪的中国乡村素描[M]. 济南：山东人民出版社，2010：105.

以管教，留守儿童明显感受不到基于亲密的血缘亲情。以上因素使得留守儿童的总体生活满意度不高，在日常生活中的幸福感稍低于非留守儿童。

加强亲子联系，促进家校沟通，提高留守儿童生活安全感。安全感是幸福的基础，感到自己处于安全之中，人才可能感觉到幸福。但留守儿童没有父（母）亲在身边，自身应变能力和自救能力有限，对于预防意外伤害和侵害的能力不足，生活中心里不踏实，常缺乏安全感。家庭是多种多样的，但"有一些基本核心是不变的，那就是家庭是一种资源、照顾、责任和义务的共享"①。家庭是孩子生活消费品的主要来源和进行初级社会化的场所，父母在家庭中肩负着给予子女生活照料和对子女进行教育的重任，更是子女获得生活安全感的重要来源。亲子关系是家庭中一种重要的人际关系，父母抚养、教育子女并促进子女的社会化是亲子关系的核心部分，密切的亲子关系可以帮助子女获得更加强烈的安全感。家庭的抚养表现为父母为子女提供生活资料和较好地照料他们的生活以保证其生长发育，家庭的社会化表现为父母在子女成长过程中，有意识地培养教育和子女在家里观察、模仿成人的行为。"人际关系是指人与人之间通过直接交往形成起来的相互之间的情感联系，它会强烈地影响到一个人的个性发展、身心健康、生活幸福和事业成功。"②亲子关系显示了父母与子女在家庭中所处的位置及所担负的角色，父母要扮演自己的抚养教育角色，必须与子女交往，发生一定的联系，并在交往的过程中建立起密切的亲子关系。人是一种社会性的存在，又是一种关系性的存在，生活在一定社会文化环境中的个体，必然要与周围的人发生这样那样的交流和联系，结成各式各样的人际关系。但是，亲子关系不同于一般的人际关系，它以血缘关系为前提，表现为父母对子女的强烈之爱和子女对父母的依恋之情，家庭中的父母与子女情感上相互牵挂，生活上互相帮助，关系最亲密，联系最密切。由于留守儿童父母中的双方或一方外出打工，打工地一般都远离家乡，亲子分离时间长，亲子联系因时间与空间距离不能频繁进行

---

① 大卫·切尔.家庭生活的社会学[M].彭铟旎，译.北京：中华书局，2005：8.
② 金盛华.社会心理学[M].北京：高等教育出版社，2005：271.

而降低了家庭的亲密度,家庭的抚养与教育功能的发挥受到影响,这在一定程度上也降低了留守儿童的安全感;留守儿童的亲人不在身边,与父母的交往也受到了时空的限制,各种生活需求得不到充分的满足,人际交往知识的教育与技能的训练因没有父母的教导也大受影响。因为留守儿童与父母的联系并不密切,交流沟通少,亲子交流不多和情感联系不深入影响到了他们与父母的亲子关系的亲密程度,使他们对家庭生活的满意度降低和幸福体验倾向于负面。家庭和学校合作实质上是家长与教师以学生发展为纽带进行的合作,也是一种变相的人与人之间的联系和关系。沟通是人们分享信息、思想和情感的连续过程[1],即人与人之间传递信息、沟通思想和交流情感的过程。有效的人际沟通意味着人能更好地享受生活,良好的人际沟通可以间接提高人的生活满意度和感到幸福快乐[2]。留守儿童的父母和教师是影响他们发展的重要他人,父母与教师的沟通不频繁、沟通范围狭窄、沟通程度较浅会导致留守儿童得到不足够的社会性刺激,并会因为缺乏共同的关注而影响他们的安全感和人格发展。促进留守儿童家庭和学校之间积极的、有效的沟通,相互传递各自关于留守儿童的信息、沟通彼此关于留守儿童教育管理的思想、共同交流对留守儿童的关爱之情,形成对留守儿童的关爱合力,能够给予留守儿童以积极的心理支持和情感寄托。提示和鼓励留守儿童从封闭和抑郁中走出来,积极主动地与他人交往以获得友谊和安慰,从老师和家长那里获得各种信息和帮助,这样可以消除他们的孤独感。同时,"真正的幸福并非像人们日常想象的那样建立在金钱、成功、地位和名誉等因素基础上,而是建立在健康的交往和良好的人际关系基础上"[3]。促进家校沟通可以使家长与教师在留守儿童教育上进一步理顺和协调好双方的关系,采取多种形式的合作,共同帮助留守儿童与家庭和学校中的人们建立良好而亲密的人际关系,主动从他人那里获得理解和安慰,取得更多的社会支持,增加生活幸福感,保障

---

[1] 桑德拉·黑贝尔斯,里查德·威沃尔二世.有效沟通[M].李业昆,译.北京:华夏出版社,2005:6.
[2] 乐国安.社会心理学[M].北京:中国人民大学出版社,2009:308.
[3] 路海东.社会心理学[M].长春:东北师范大学出版社,2002:93.

心理健康。此外，促进积极的家校沟通，家庭主动向学校汇报留守儿童情况，学校积极给留守儿童家庭提供家庭教育指导，可以共同提高彼此的教育能力及教育活动的针对性，使留守儿童得到更好、更高水平的教育与管护。而且，通过学校不断督促和提醒家长加强对留守儿童的关怀和爱护，也可推动留守儿童与父母之间积极主动的联络，密切亲子之间的频繁联系会对留守儿童的幸福感具有显著影响。它可以使留守儿童觉得家长虽然身在异乡，但经常与他联络，仍然十分关心他的学习和生活，从而在心里感受到被人关爱的快乐，体会到与家长彼此心心相连的幸福。

合理安排，提高生活质量，促进留守儿童生活幸福感的获得。生活幸福感是人依据自己所持的标准对自己生活质量的总体评价，是一种人们对自己的生活条件满足生活需求而产生的个体对自身生存与发展状况的积极的心理体验，一般表现为人的生活满意感。"财富并不能简单地等同于幸福。当一个社会财富积累达到一定程度时，如果没有社会、文化、精神等领域的相应跟进，民众普遍的幸福感提升也不会预期而至。"[1]留守儿童父母外出打工增加了家庭财富，生活水平有了一定的提高，但不等于留守儿童的生活幸福感必然会因此而得到提升，不少留守儿童在家庭居住条件和生活条件改善的同时得到的不是全面的幸福，而是长期的失落，感到不快乐。这说明生活水平与生活幸福感并不存在一一对应的关系，生活水平只是生活幸福感的基础，而生活质量是影响人的幸福程度的重要指标。加尔布雷思在其著作《富裕社会》中首先提出了"生活质量"的概念，是指人对生活水平的全面评价，"生活质量是个体对自己身心健康状况的感觉，对生活的满意感和对社会的反馈行为"，"既反映人们的物质生活状况，也反映社会和心理特征"，"个体的生活质量在很大程度上受社会环境的制约和影响"[2]。农民工利用打工收入维持了他们在农村来说相对较好的生活水平，留守儿童的居住环境与生活条件也比非留守儿童过得更加舒适、安逸。但他们也因父母们外出打工而付出了较大

---

[1] 邢占军.我国居民收入与幸福感关系的研究[J].社会学研究，2011（1）.
[2] 赵彦云，李静萍.中国生活质量评价、分析和预测[J].管理世界，2000（3）.

的代价，如情感压抑，能够享受到的与父母欢聚的快乐也远较其他同龄人少，这一来他们对自己的留守生活明显感到不满意。究其原因，就是不能在日常生活中得到父母的照顾和关爱，对他们的心理需要无法满足。因此，家庭和学校需要对留守儿童的家庭生活和学校生活作出合理安排，使留守儿童在家里和学校得到比较好的生活管护和教育督促。父母亲如果条件允许的话尽可能留下一个人特别是母亲与孩子一起生活，使孩子在家能得到稳定而较好的生活照顾，有心事时也能就近找到倾诉对象。实在无法留下的情况下，要找到经验丰富的、责任心强的临时监护人以使留守儿童生活无忧、学习有助，改善留守儿童的生活和成长环境。学校要为生活特别困难的留守儿童寻找代理家长进行生活照料和学习辅导，有效弥补留守儿童的"家庭真空"，并创造条件来尽可能满足留守儿童的食宿需求，给他们提供一个安心、安全的学习和生活环境。教师要提高留守儿童教育管理能力，高度关注留守儿童发展状况和思想动态，及时发现留守儿童学习和生活中的问题及想方设法给予解决，帮助他们克服各种生活困难。精心指导留守儿童的学习，督促检查他们的学习情况并及时与父母取得联系，共同商讨更好的教育对策。还要注意加强留守儿童的法制安全教育，增强自救自护能力，从而使生活有保障，学习有指导，安全有保证，不断提高他们对家庭生活与学校生活的满意度，促进他们在生活中获得满足感、在学习中获得成就感，从而收获和增强生活的幸福感。

第三节 | 黔东南农村留守儿童家校合作教育的内容

一、学习指导

留守儿童的身心处于不断发展变化和趋向于逐渐成熟的过程中，是正在成长中的未成年人，他们的健康成长特别需要得到成人的关心、爱护和指导。留守儿童在学校的身份是学生，学生的主要任务是学习，学生的学习是在教师指导下，有目的、有计划、有组织地按一定程序获得知识，形成技能，养成良好的品德和习惯，从而获得经验而产生行为变化的过程。留守儿童的学习是他们一生学习和生活的基础，他们在校的学习以掌握书本上的间接经验为主，重视培养能力，发展智力，形成良好的情感、态度和价值观，需要得到教师的有效指导。学校的教育特别是教师的教导和要求，是儿童身心发展的外部条件，家校合作对留守儿童的健康发展具有重要意义。家长和教师是留守儿童成长的指导者和引路人，他们责无旁贷地要肩负起指导留守儿童学习活动的任务。留守儿童教育家校合作的学习指导主要包括以下内容。

1. 激发学习动机

学习动机是直接推动学生学习的内部动力，是激励和指引学生学习活动的一种需要。学习动机对学习产生的推动作用，主要表现为由学习愿望和学习需求所引发的对学习的推力、由外界因素吸引学生开展学习活动而形成的对学习的拉力、由客观现实对学习者提出的学习要求而迫使其从事学习活动的压力这三种动力因素。但是由于压力往往难以独立地、持续地对学习发生作用，且长期的或者过重的学习压力反而成为有效学习的障碍。学习需要和学习目标是构成学习动机的两个基本成分。学习需要体现为学习者的学习愿望或学习意向，具体表现为学习的兴趣、爱好和对学习的信念等共同形成的求知欲；学习目标体现为人对自己学习所达到的预期结果，具体表现为学习期待。基于此，家庭和学校双方通过良好的家校合作，根据留守儿童的实际情况为留守儿童确定正确的、适当的人生理想和奋斗目标，并将之与当前的在校学习结合起来转化为留守儿童的学习目的。在学习目标的指引下懂得只有努力学习才能实现自己的人生理想，形成长远的学习动机，提高学习热情和树立坚定的学习意志和决心。要通过帮助留守儿童经过一定努力实现短期目标并获得某些成功体验以激发他们的学习积极性和主动性。要提高留守儿童对学习意义的认识，通过实践教学、目标教学及课外活动等引起和培养学习兴趣，激发求知欲，使其更加热爱学习，减少留守儿童因家庭变动而厌学等情况的发生。建立良好的亲子沟通和和谐的师生关系，使留守儿童时时刻刻都能深切感受到父母和教师对他们的关心、喜爱而努力、积极学习。要通过适当的学习竞争与比赛来满足留守儿童的尊重需要，实现他们的成就动机，通过鼓励相互合作、取长补短，促进共同进步，积极帮助每一个留守儿童一步步地走向成功而进一步激发学习动机。

2. 加强学习督导

学习督导是对学习活动进行的监督、检查和指导。其目的在于通过对学习态度、学习过程进行观察和督促，对学习行为、学习结果进行调查和检查，进而对学习活动作出分析和评价，指出学习的成绩和缺点，及时督促指导并积极提出改进建议，使学习活动的效率和质量不断得到提高。临时监护或隔代监护"重养不重教"，没有能力给予学习上的辅导，父母在家庭中的缺位而不能得到有效监护且缺乏学习自觉性，农村学校教育管理不健全造成了留守儿童学习滞后，学习成绩不良，学习困难。[1] 想要通过家校合作来加强留守儿童的学习督导，就是要明确留守儿童教育不能只是家庭或学校一方的责任，家庭和学校双方都负有对留守儿童学习进行督促、检查和指导的责任和义务，必须积极地开展合作，积极互动。父母或临时监护人要对自己的教育责任有清醒的认识并摆在重要位置，随时关注留守儿童的学习态度变化，通过频繁的亲子沟通督促检查留守儿童的学习情况，主动向教师了解孩子的在校学习表现并及时寻求帮助。教师要积极对留守儿童的学习活动进行干预，及时弥补留守儿童家庭教育明显不足的缺陷，要对留守儿童的学习给予特别关注，不疏忽，不放弃，不放任。教师要对留守儿童的学习随时随地进行督促、检查和指导，督促留守儿童不断端正自己的学习态度，及时发现留守儿童的学习问题和困难并积极帮助他们克服。加强学习管理和指导，规范留守儿童的学习行为，采取各种有效措施缓解父母外出打工对留守儿童学习的不利影响。

3. 帮助掌握学习方法

对学习者来说，掌握获取知识的方法和手段、学会学习以应付"信息爆炸"和知识的迅猛增长是学习的终极目的，"最重要的是学会学习，学会学习必定是获得了继续教育与终身学习的方法。只是掌握知识，可以进行读写、

---

[1] 辜胜阻等. 城镇化进程中农村留守儿童问题及对策[J]. 教育研究，2011（9）.

数字化思考，具有分析才能是不够的，人还必须学会组织、管理和建构知识的方法并最终能将之全面、准确加以利用"①。由于黔东南农村地区教师和家庭往往重视知识教学和技能训练而忽视了学习方法的指导，留守儿童没有获得和掌握科学有效的学习方法，就连基本的常规学习方法也没有很好地掌握，对如何预习、听讲、复习、做作业等基本学习方法及如何制订科学的学习计划、合理安排学习时间也知之不多，更谈不上灵活运用。通过家校合作来帮助留守儿童掌握学习方法，一方面是教师根据实际帮助留守儿童制订学习计划，合理安排学习时间表，对学生提出预习要求，教给听课方法，指导学生完成作业，提醒学生及时全面地复习和开展课外学习活动；另一方面，父母或临时监护人要经常督促留守儿童养成良好的学习习惯，帮助子女根据自己的学习能力和学习基础确定学习目标和学习进度。注意劳逸结合，全面发展，在家或在校都要督促检查孩子的预习与听课情况，通过亲子联系沟通指导完成课内外作业和参加各种学习活动。特别是多督促孩子认真、独立完成作业，重视复习，有针对性地、适量地练习，教育他们掌握有效的、科学的学习方法，提高学习效率。

4. 培养学习能力

学习能力是人顺利进行学习活动，直接影响学习效率的人的各种能力的结合。人从事学习活动是人的注意力、观察力、记忆力、表达能力、操作能力及思维能力等共同参与作用的结果。通过家校合作来培养留守儿童学习能力，家庭要为留守儿童提供安全有保证的学习条件，免除各种可能造成留守儿童生活环境压抑和分心困扰的因素，提高家庭教育意识和能力。要经常与孩子联系和询问他们学习中出现的问题和困难并积极帮助解决，给留守儿童提供可能的感情慰藉和强有力的心理支持，教育孩子坚定学习意志，提高自觉性、自制力。学校要督促留守儿童养成良好的学习习惯，要肯花功夫、费

---

① Ordonez, V. Basic Education in the Twenty-first Century in UNESCO (Ed.). Education for the Twenty-first Century: Issues and Prospects: Contribution to the Work of the International Commissions on Education for the Twenty-first Century, Charied by Jacques Delors [M].Paris: UNESCO, 1998: 45.

心血来正确对待学习活动。提高教师教学水平和能力，教师要根据留守儿童对学习内容的掌握情况进行辅导，检查作业，帮助理解和加强知识应用。在教学中注意培养留守儿童的想象力，指导学生学会观察，帮助掌握记忆方法，提醒学生经常复习，多做练习，重视思维能力训练和培养，鼓励创新思维，养成独立思考的习惯。同时还要注意帮助留守儿童学会正确认识和勇敢面对自己的学习和生活现实，克服困难，扬长避短，主动向他人寻求帮助和给予支援，增强学习的自信心和主动性。

二、生活管护

生活是人为了生存和发展而进行的日常生命活动和经历的总和，拥有基本的生活条件和获得良好的生活照料是人成长和发展的基础。对人的日常生活照料来说，它主要是指个人从家庭和社会那里得到饮食、起居、清洁、卫生照护等生活必需条件和必要的看管。留守儿童由于年幼，并没有真正具备独立的生活能力，也缺乏独立的生活来源，又处在身体发育与心理发展的关键时期。他们必须从父母或其他人那里得到生活照料，享有必要的生活条件，获得生活保障，从而得以健康成长。"父母外出对留守儿童健康有显著的负面影响"[1]，对于尚未成年的留守儿童，家庭负有抚养、管教和保护的义务，学校肩承教育、管理和保障的责任，家庭和学校必须使他们获得安全、可靠、营养、卫生的生活保障。通过家校合作来促进留守儿童教育的生活管护由以下几个方面组成：

1. 营养餐饮

营养是生长发育最重要的物质基础，儿童饮食所摄入的营养是否充足和均衡直接影响其身体与智力的发育。留守儿童是否能够得到健康营养的餐饮，不仅关系到他们的生理成长，也会对心理健康产生重要影响，同时还会影响到他们的学习状态和健康观念。留守儿童教育家校合作中的营养餐饮就是为了解决

---

[1] 陈在余. 中国农村留守儿童营养与健康问题状况分析 [J]. 中国人口科学，2009（5）.

留守儿童的吃饭难、营养没有保证的问题，在国家农村义务教育学生营养改善计划的基础上，实行留守儿童在校就近由学校食堂供餐。根据留守儿童家庭经济承受能力、在校生活和学习的实际情况与营养需求，由学校和家长就留守儿童在校的早、中、晚餐相互征求意见，相互协商，共同确定供餐价格标准和每周食堂供餐食谱。除了国家给予的标准补助外，家长适当交部分钱或粮食用于充实食材、购买水电等以保证向学生提供营养餐饮，使留守儿童能够在上学时间得到主副食有机调配，花样品种随时变换，能够保证学生营养所需。通过提供营养餐饮，使留守儿童在校能够得到时间能固定、营养有保证的卫生饮食，改进黔东南农村地区农村学生的营养状况，促进生长发育。

2. 寄宿保障

安全而有保障的住宿条件是人得到时间充足、质量好的睡眠的基础，也是保证人的生活和学习顺利进行的重要保证。学校是留守儿童集中的地方，学校提供寄宿可以免除学生的奔波之苦、起居之忧，可以帮助解决留守儿童的住宿难、生活孤独无助等问题，更可以减轻留守儿童的家庭负担和父母的后顾之忧。留守儿童家校合作教育中的寄宿保障是为了解决黔东南农村山高谷深、居住分散、交通不便，留守儿童上学每天都要往返于家庭和学校之间，十分辛苦的问题。通过在学校里修建学生宿舍，添置床、被子、衣橱、垫棉和洗漱用品等，建设寄宿制学校，向家长介绍学校住宿设施及管理情况，吸收学生住校，让留守儿童周一到周四到校寄宿，学习和生活都在学校，周末才回家。留守儿童在学校寄宿，家长因孩子在校得到教师的管教而使各种疑虑打消；留守儿童住校有人管理，学习上也能就近得到教师的监督指导，又重新有了"家"的感觉。生活、学习安稳有序，学习成绩得到进一步提高，生活自理能力得到了增强。在集体生活中学会共处，团结互助，一起学习和玩耍，与同学建立密切的关系，性格变得开朗，有效地缓解孤单只影造成的不良情绪和心理问题，文明的行为习惯也逐步形成。

3. 交通安全

黔东南农村地区交通不便，各村寨多数没有通公路，少数有了进村公路的路况也很差，道路交通环境恶劣。但近年来机动车数量增长迅猛，相当部分司机驾车资历浅，应变能力差，车辆在山间公路上来往频繁。留守儿童大多步行上下学且交通避让知识与能力缺乏，又生性好动，常在公路上边走边玩，嬉戏打闹，甚至于在好奇心的驱使下出现追赶汽车，或在车辆驶近时突然横穿公路等冒险行为，容易导致意外事故的发生。不少留守儿童还违规搭乘摩托车、"三无"车辆或农用车，存在严重的安全隐患。留守儿童家校合作教育中的交通安全就是要加强交通安全教育，提高留守儿童的交通安全意识和自我防范能力，减少和防范留守儿童上下学交通风险。学校要与交警部门联系在学生来往密集处增设交通安全标志，要求强化驾车人的安全行车教育和让交警进校专门为留守儿童进行交通安全指导；与运管部门联系，安排有资质的社会客运车辆每周周五、周日接送学生往返学校，学校做到定车、定人、定座位，严禁超载。家长要高度重视留守儿童交通安全，经常提醒和督促留守儿童注意公路上来往车辆动态，走山路时不能互相追逐和沿路玩耍，时刻注意脚下安全。

4. 卫生保健

安全卫生的生活环境是儿童生存的基本条件，获得良好而及时的医疗保健服务是儿童健康成长的必要条件。家庭和学校的生活环境是儿童直接接触的"成长摇篮"，对人的身心健康具有重要影响。布置得体、整齐清洁、空气流通的良好的家庭居住条件，勤俭持家、合理消费、民主管理的家庭经济管理，团结互助、和睦相处、举止文明的家庭文化氛围等共同构成的家庭生活环境无疑是孩子成长的助推器。优美典雅的校园建筑、松紧适宜的课程教学、和谐协调的师生关系、民主严明的校纪校规、合理规范的作息安排、平衡营养的膳食供应等共同构成的学校生活环境是儿童发展有力的促进平台。留守儿童家校合作教育中的卫生保健，就是要积极为留守儿童提供卫生保健条件、卫生咨询指导和要求卫生医疗保健服务。留守儿童的家长要为他们创造良好的家庭生活环境，满足其衣食住行等方面的基本生活需求，积极营造健康、和谐、安全的家庭氛围，对留守儿童的学习和生活作出妥善安排。及时注射疫苗，提供适宜有效的健康照料，保证留守儿童能够得到所需的医疗保障，主动消除可能对留守儿童的生理、心理造成严重影响的各种隐患。学校为留守儿童提供卫生保健服务，除了要搞好学校环境建设和校园环境卫生外，还要在两方面作出努力：一是让留守儿童了解自己的身体及其生理发育特点，懂得常见疾病的预防，养成体育锻炼习惯，讲究个人卫生并积极维护和增进身体健康；二是让他们学会自觉进行心理调适，学会与人相处，避免养成不良行为和危险行为，培养积极乐观、健康向上的心理品质，促进心理健康，为其健康成长和幸福生活奠定基础。

三、心理关爱

留守儿童父母对儿童需要的满足往往高度重视提供物质补偿或奖励，千方百计满足孩子的物质需要，却忽视了孩子的心理安全需求，容易导致他们缺乏安全感。《儿童权利公约》第19条第1款规定，保护儿童在受父母、法定监护人或其他负责照管儿童的人的照料时，不致受到任何形式的身心摧残、伤害或凌辱，忽视或照料不周，虐待或剥削，包括性侵犯。对留守儿童来说，他们正处于一种在正常成长过程中不能得到必需的照料、教育、监督等而使其心理/情感被忽视的处境中，受到了心理/情感忽视。心理/情感忽视是指父母或其他监护人"没有满足儿童对爱、接纳、关注、尊重、自我实现等心理或情感的需要"，这种忽视常常会在儿童心理或精神上造成不可能痊愈的创伤，留下难以弥合的伤痕，妨碍儿童的健康成长和正常的社会交往能力的发展，会对儿童的心理发展产生广泛深远的、隐性的不良影响，"在儿童生命早期的忽视对儿童未来的发育具有更为严重的危害，可以导致其人生观、价值观、世界观畸形发展"[1]。

由于父母双方或一方外出造成家庭成员缺位、家庭教育缺失，在生活和学习中不能完整地得到父母的爱护、关心和照顾，更难以得到有效的教育、引导和管理，不少留守儿童心理失衡、感情脆弱、兴趣下降、抑郁寡欢、悲

---

[1] 王雪梅. 儿童权利论：一个初步的比较研究［M］. 北京：社会科学文献出版社，2005：104.

观焦虑、孤独冷漠、缺乏自信，产生不同程度的被遗弃感和失落感，出现了一定的心理健康问题。特别需要通过家庭与学校的密切合作，共同关注留守儿童的思想动向，努力弥补家庭温暖的缺失，给予心理关爱，缓解孤独情绪和化解成长烦恼，激发生活和学习热情。留守儿童家校合作教育的心理关爱，主要包括共同营造关爱留守儿童的学习和生活氛围、密切关注留守儿童的心理变化、积极回应留守儿童的心理诉求、强化亲子之间和师生之间的心理沟通、主动帮助消除留守儿童的心理困扰和障碍、努力提高留守儿童自信自立的心理品质等方面的内容。基于此，学校要有高度重视留守儿童心理健康的意识，注意营造每个人都是学校里的重要成员，学校是每个人平安成长的乐园，每个人都能在学校里得到同样的关爱和照顾的平等、和谐、温暖的校园氛围。特别留心缺乏父母关爱后留守儿童心理发生的变化，通过心理疏导和心理咨询等手段帮助留守儿童消除心理压力，预防和缓解心理问题，矫正留守儿童的不良行为。进行思想品德和心理教育，让他们感受到学校的爱，学会换位思考以体谅父母的苦心，认识到自己仍然倍受关爱，体验生活和学习的快乐与幸福，消除不良情感体验，树立正确的人生态度和培养乐观向上的积极情感。教师要深入了解留守儿童的家庭状况、日常表现和思想动态，经常频繁接触、认真体察并及时发现他们的心理变化情况，在学习上督促、生活上关心、情感上抚慰，以使他们获得积极的行为和心理支持。要多举办各种体育、艺术与社会实践活动，并引导每一个留守儿童都参与其中，让他们提高参与意识和体会成功的欢乐，学会主动参与和积极合作，感受学习和生活的幸福与浓厚的人间温情，重新感受到学校也是他们的家和成长的园地，找到回家的感觉，不断增强自信心和自立意识。父母或临时监护人要意识到孩子不仅需要良好的物质生活条件，必要的心理关爱也是应尽的养育职责，要多花时间与精力经常与孩子联系，维持经常的、深入的、亲密的沟通，以建立亲密的家庭关系。多与孩子进行信息和情感交流，及时感知和发展孩子的心理和感情变化，努力通过频繁互动表达自己对孩子的关爱之情，促进彼此相互了解和理解，共享各自的生活经历和情感体验，形成浓厚关爱、彼此依恋的亲子关系，感受到生死相依、彼此思念的亲情关怀。要多询问孩子日常生活实情，设法帮助孩子解决各种问题和困难，孩子提出的合理要求要尽量满足以增加他们的信心和安全感。要引导孩子积极认识家庭的打工选择，促进他们正确认识生活或学习中的不愉快经历，知晓生活中出现的困顿和人生的磨砺也是一笔重要的人生财富，教会留守儿童有效地应对困难和解决问题的基本方法和策略，增强孩子的生活适应能力和应变能力。

四、亲情扶助

父母通过缔结婚姻生育了儿童，这是生理上的抚育，而儿童从出生到长成独立生活的成年个体，还需要一个漫长的社会性抚育过程，"去学习在社会生活中所需的一套行为方式"，"社会性抚育对于孩子的长成，新的社会分子的培养，以及种族的绵续上，和生理性的抚育有同样的重要性"。父母对儿童的抚育表现为对子女的哺育、教育、保护、照料、关爱、监督等共同构成的生育、抚养、监护过程，包含了对儿童的生活和学习的方方面面。推动父母担负起生育、抚养、监护的任务和责任的根源就是他们之间的血脉相通的亲情，"父母是抚育孩子的中心人物"[1]。亲子关系一般都有着天然的生物血缘关系，长期的抚养和被抚养，父母与子女在养育过程中的一系列行为和持续互动产生了牢固的情感联系，形成了依恋关系，彼此之间都能体验到家庭中的爱和亲密感，相互之间也获得了心理需要的满足，这就是亲情。对儿童来说，父母对他们发展的亲情支持体现为提供满足孩子需要的细心呵护，积极沟通互动，分享对生活的感受，热情细致的照料，建立在亲密的亲子关系之上的激励和支援。

父母外出打工造成的亲子分离对留守儿童的厌学、幸福感及对父母的亲情依恋产生了显著的影响。时空分离也拉大了父母与子女之间的心理距离，亲情也逐渐变得疏远起来，且"留守状态和经历对于儿童的情感、性格和心理所产生的影响具有累积效应和滞后效应"[2]。家庭中父母双方或一方的长

---

[1] 费孝通.乡土中国[M].上海：上海人民出版社，2007：427-437.
[2] 叶敬忠，潘璐.别样童年：中国农村留守儿童[M].北京：社会科学文献出版社，2008：178.

期缺席使他们不能同时得到父母的关爱和呵护，他们最渴望得到的是来自父母的亲情，甚至于产生了"亲情饥渴"。留守儿童家校合作教育的亲情扶助，就是要通过家长提高教育责任意识，主动积极开展亲子沟通，多从情感上关心爱护，让留守儿童享受父母的亲情关怀，学校采取积极的亲情支持行动以增进留守儿童的幸福感。从家庭方面来说，父母都外出打工的家长要抽出时间多与留守家乡的子女沟通交流，给予孩子更多的开导和激励，多向临时监护人了解子女的生活和学习情况，并要求细心照料留守儿童的生活，经常谈话和聊天，提高监护质量以解除他们的孤独感和思念亲人之苦。只是父母中一方外出的则要求留守在家的家长多给予必要的体贴关心，加强家庭教育引导，及时消除留守生活中的不快和困难。让孩子能够随时都感受到虽然是留守，但父母却时时还在关爱自己，还在对自己的生活和学习进行无微不至的关心和照顾，自己仍然没有失去亲情。同时，外出的父母要主动联系学校教师了解孩子的在校表现，向班主任汇报自己的家庭情况并寻求帮助。对留守儿童进行亲情关爱，在联络沟通中进行督促引导，帮助留守儿童正确对待自己的留守处境，逐渐努力适应生活中的转折，尽快接受留守生活，也体会到父母的关心，进一步密切亲子关系。学校要在适当时机召开留守儿童家长会，要求家长在外出务工时不忘自己的养育职责，要保持与孩子的联系以接续因空间分离所造成的亲情阻隔。要对留守儿童的家长或临时监护人进行培训，帮助他们提高留守教育的责任感和能力，让他们了解亲情的不可替代性，让家长知道既要挣钱也不能耽误孩子的成长，要求家长要想方设法回家与孩子团聚，多对留守儿童进行亲情抚慰。要留守儿童寻找代理家长，要求代理家长从学习、生活和心理上给予留守儿童一定的指导和帮助，让他们能够继续享受"家"的快乐，感受亲情关怀，弥补亲情缺失。建设视频聊天室和亲情电话，让留守儿童有时间和机会通过视频聊天与离家的家长进行"面对面"交流或通过电话进行情感沟通，增进亲子之间的联系和亲情交流，使留守儿童通过现代通信手段得到来自外出的家长的亲情支持。要提供条件为留守儿童开展心理辅导与心理咨询，采取积极措施减轻留守生活对他们的心理及性格方面的影响。开展各种活动以促进师生之间、同学之间的合作和交流，密切师生情、同学情，让留守儿童在丰富的情感体验中使亲情缺失得到一定的缓解，促进留守儿童的健康成长。

第四节 | 农村留守儿童家校合作教育的方式

农村留守儿童家校合作教育分为学校帮助家庭教育和家庭参与学校教育两个方面，具体的家校合作教育方式有以下十种。

一、家访

家访是为密切家长与教师的沟通联系，强化家庭和学校的共同责任，教师进入学生家庭访问，实地了解学生家庭生活情况，交换教育意见，共同商讨有针对性的教育方法的一种双向家校合作方式。

家访是增强教师和家长在教育工作中的主动性和积极性，促进家校合作，使学校教育与家庭教育协调一致，形成教育合力的有效途径。通过家访，教师可以深入实地了解学生的家庭情况、在家表现和家庭教育情形，征求家长对学校教育的意见和建议，帮助家庭纠正教育偏失，与家长交流协商如何通过合作来加强学生的教育工作。通过家访，家长可以准确地获知学生的在校生活和学习情况，比较全面地了解学校情况及相关教育政策和要求，理解教师的工作并促进家长与教师的联系和师生情谊。能够直接得到教师的家庭教育指导与帮助，有机会提出自己的教育见解和能够给学校工作献计献策，增进与教师的相互理解和了解，共同商讨如何开展有效的教育合作。

家访的目的是教师进入学生的家庭生活现场，了解学生的家庭生活情况和家庭教育状况，并与家长互通情况，共同探讨孩子的教育问题，增进了解和理解，从而为进一步改进教育工作和帮助指导学生家庭教育收集信息。一般情况下，家访的具体目标主要包括：一是了解学生家庭基本情况和学生在家的表现；二是向家长宣传基本教育政策、汇报学校教育条件与教育教学管理要求、反馈学生在校学习生活情况；三是共同研究学生发展问题并商讨今后的教育策略和方法；四是征求家长和学生对班级和学校教育工作的意见、建议，进行感情交流以赢得信任和理解，达成教育合作共识。

留守儿童的主要特点是父母双方或一方外出打工，造成留守儿童出现了亲情关怀、生活照顾、家庭教育和安全保护等方面的突出问题，往往要面临比一般学生更多的成长困难和发展问题，原来由家庭分担的生活照料和教育监护职责有向学校转移的趋势，这对学校工作提出了新的要求，故而教师对留守儿童进行家访以了解和掌握留守现状的有关信息显得尤其重要也更加紧迫。但是，留守儿童家庭成长环境的特殊性决定着对留守儿童的家访的内容也与对一般学生的家访有所区别。

对留守儿童的家访大致有以下几方面的内容。

第一，掌握基本情况，作好家访准备。一方面，教师要从学校建立的学籍卡、档案卡或联系卡上登记的信息中获取要进行家访的留守儿童的有关信息，这些信息包括留守儿童的家长外出打工类型、住址、家庭成员构成、家庭经济条件及其生活、学习、成长和监护现状等方面的情况。另一方面，为了使自己的家访活动取得预期效果，教师要根据留守儿童的家庭情况特别是监护类型下一番功夫对家访活动进行充分的准备。要明确家访目的和内容，对开展家访活动是为了达到什么目的、了解什么内容、解决什么问题了然于胸，绝不做无主题、目的不明确的家访；要确定家访的类型，认真考虑此次家访到底是普遍家访还是重点家访、是随便走访还是拜访、是征求意见式家访还是纠正指导式家访、是鼓励资助型家访还是信息沟通型家访等家访中的哪一种，以便有针对性地确定家访内容和制定谈话策略；要制订好家访策略，对家访中要谈什么问题、谈话的步骤、交谈的方式及针对不同的家长应采取何种谈话技巧要有所准备；要掌握一定的谈话艺术，注意针对不同家庭的特殊性、针对不同类型的监护人来采取不同的谈话方式，切忌告状式、责备式、诉苦式或支配式的家访，要注意态度诚恳、言辞亲和、实事求是。

第二，进入生活现场，了解留守儿童实情。对尚未成年的儿童来说，家庭不仅是生活的中心，而且是情感孕育发展的中心，儿童身心正在生长发育之中，特别需要得到家庭的特别照料和保护。留守儿童父母外出，他们生活的方方面面已经发生了显著的变化,从吃饭穿衣、生活洗理、看病吃药到日常交往、闲玩消费、生活世界都因留守而受到深刻的影响。上门家访使教师得以直接走进留守儿童家庭,现场考察留守儿童的真实情形,了解其家庭的经济状况、成员组成、家长教育能力、社会关系、生活环境、教育观念及学习环境等,对他们的"留守"得到比较直观的感受。进入留守儿童生活现场可以使教师对他们的"留守"生活进行全面而精细的观察,切实体察他们的生活氛围,真正从细节中寻找减轻"留守"这一不利成长处境的有效方式。通过实地访问明确知道留守儿童目前的真实生活状况,他们面临着什么样的困难,应该采取怎样的措施来解决问题。通过倾听家长或临时监护人对留守儿童生活的描述,询问父母在家与父母外出后家庭成员减少及家庭结构变动后留守儿童所发生的变化,咨询父母外出打工的好处和损失,探求留守儿童的生活处境对他们的生活和学习的影响。

第三,传达教育信息,汇报在校表现。留守儿童的家长或监护人大都文化程度不高,获得各种教育信息的渠道和能力有限,一般也不主动向教师询问孩子的在校情况。教师走进家庭里进行家访可以改变平常的家校联络都经由留守儿童传达的中介作用,不免造成信息阻塞或失真的状况。在家访的过程中,教师可以向家长宣传目前国家的教育方针、法律和政策特,别是国家在黔东南农村地区的教育优惠政策要让家长全面知晓,如家长的义务教育责任、"控辍保学"[①]、学生营养改善计划、寄宿照顾、"两免一补"等。传达国家、社会和教育部门对留守儿童成长和发展的希望和要求。通报学校的教学要求、办学条件和师资情况,介绍学校的教育教学管理制度和措施。向家长汇报学生的在校表现、发展现状、优缺点、取得的进步及存在的问题,提示家长要切实担负家庭教育职责,积极帮助学校改进学生教育管理工作。特别是对经常违反学校管理规章或出现严重过失行为的留守儿童,要在保护和尊重儿童的前提下向家长讲明情况,指出危害,分析成长风险及后果,告知必要的管理和防范措施,从而引起家长的重视并采取针对性的管理措施。

---

① 控辍保学是指为巩固"两基"成果,保障适龄儿童少年接受义务教育权利,规范中小学校办学行为而采取的避免学生流失,防止学生辍学,保证学生能圆满完成九年义务教育的制度和系列措施。

第四，沟通交流信息，共商教育对策。通过家访可以帮助教师从所得到的信息中预测学生的发展行为表现，从而采取相应的教育对策，有针对性地开展工作。家访可以使教师和家长双方把留守儿童的在校表现情况与在家生活表现情况相互对照、相互补充，从而得到真实而全面的留守儿童教育图景。教师向家长说明留守儿童发展状况及存在的突出问题，家长向教师反映留守儿童的居家生活情形及出现的困难，各自所掌握的情况及时得到汇总和探讨，使双方可以面对面地一起对留守儿童教育现状及问题进行分析，共同研讨改进和加强留守儿童教育的对策和方法。家访中的交谈可以更加明晰教师和家长各自的教育责任，交流各自的教育方法，相互介绍留守儿童教育与管理的想法、经验，彼此吸收经验中的有效做法，从而产生相互矫正错误观点和做法，共商得力的留守儿童教育管理方法和措施。

第五，情感协调互动，增进联系理解。教师来家访进行信息传递与沟通，使家长对学校工作有了更深入的认识。教师在家访中表现的责任感、奉献精神、敬业的态度及对学生真挚热切的关爱，会使家长肃然起敬，感激之情油然而生。对留守儿童及家庭来说，他们有极高的情感需求，渴望得到关注，有迫切的情感交流和满足需要。教师对留守儿童的家访，会让留守儿童家长或临时监护人从感动中正视自己的监护缺失，端正对留守儿童教育的态度，提高自己化暂时困难为发展动力的信心和毅力。也会在直接的交流互动中体会到学校的真诚关心，感受到教师对留守家庭的关爱和鼓励，从而更加理解教师付出的劳动和苦心，更加尊师重教。教师来家访会让留守儿童体察到教师对自己的密切关注和热心关爱，感受到班级和学校的温暖，对教师的帮助、关心和支持会触动孤独的心灵，焕发生活和学习的热情，激发搞好学习而回报教师以决不辜负教师期望的信心和决心，从而使师生情感得到升华。教师通过家访，与留守儿童及其监护人坦诚交流，感情沟通，会增进与家长和学生的感情交流，促进相互的了解和理解，使家长和留守儿童与教师的关系更加亲密，联系更加紧密，更加心悦诚服地接受教师的教育，从而取得最佳的教育效果。

二、食宿管护

食宿管护是为解决学生的饮食和住宿等生活照料问题,学校建设食堂提供就餐服务、修建宿舍提供住宿服务,家庭积极促进和保证学生在校食宿的一种学生管理和保护方式。

儿童的监护,最好的环境是家庭,成长中的儿童需要得到父母的特别照料和保护。留守儿童的父母双方或一方不能与孩子共同生活,不能亲自抚养、照顾孩子,使留守儿童的饮食照料受到影响,出现"吃饭难"的问题,留守儿童的营养状况和健康水平不容乐观。父母外出还造成对孩子疏于照顾,生活起居条件不好且生活习惯较差,患病无人过问或不能及时得到救治,监管不到位或疏于防备且自我保护能力差,及农村地区上学或放学交通安全环境恶劣等问题,使留守儿童受到疾病或意外伤害的可能性增加,面临很大的健康和安全风险。为了解决留守儿童的生活照料不能很好地得到保证,上学或放学安全无法给予保障,居住环境也常有安全风险等问题,通过学校提供食宿服务,家庭主动合作以使留守儿童在校食宿显得尤其重要。

第一,学校食堂供餐。学校建设自办自管的食堂,坚持公益性、非营利的原则来供餐,保证留守儿童每天早、中、晚三餐都在学校食堂里享用。通过提供安全、营养的就餐服务以扭转留守儿童吃饭困难、营养不均衡、安全无保证的饮食状况,改善留守儿童营养、增强留守儿童身体素质、促进留守儿童健康成长。在国家实施农村义务教育学生营养改善计划每生每天3元,每年补助600元的标准补助的基础上,由政府财政出资增加补助或与留守儿童家长协商适当交部分钱或粮食,即"3+X"=学生在校营养餐饮(3元为国家营养计划补助,X为家长为使留守儿童在校就餐所交的费用或粮食,一般为每餐另交1元钱和3至4两大米),从而使留守儿童每天早、中、晚三餐都能吃上热饭热菜,不再为吃饭问题发愁。学校应参照有关营养标准,结合儿童营养需要、当地饮食习惯和食品供应情况就地取材,合理制定每周食谱,使留守儿童在校能够吃到符合口味、搭配合理、营养均衡的食品,尽可能使留守儿童既能吃饱,又能吃好,吃出营养和健康。留守儿童由专门的教师带领和管理到指定位置就餐,实行分餐制,做到就餐管理整洁、有序。制定食堂管理制度，对食品采购、主副食的调配、食品制作、食品安全、伙食经费等要科学、规范化、透明，严格监督，让每一分钱都"吃"进留守儿童肚子里，用在留守儿童身上。学校食堂配备工勤人员的工资由政府增加预算解决，水电、燃料等费用从生均公用经费中开支。注重就餐文化建设，把食堂建设成窗明几净、安全温馨、节俭谦让的餐厅，让留守儿童掌握就餐礼仪，培养勤俭节约意识，文明就餐。

第二，"留守儿童之家"。学校修建学生宿舍，购置床铺、饮水机、热水器，安排宿舍管理人员，接收留守儿童到校寄宿，家长主动把留守儿童送到学校住宿和接受管护，为他们营造"留守儿童之家"。为使留守儿童得到较好的生活照料和学习指导，提供合作交流和共同成长的平台，应把学校建设成为寄宿制学校，努力实施教室、宿舍、食堂、厕所、操场、活动中心、浴室等基础设施建设，优先满足留守儿童的寄宿需求，确保每个留守儿童都有一个床位，能够在校寄宿。以学校富余人员转岗或社会招聘方式配备宿舍管理人员和生活与学习指导教师，使留守儿童在校得到较好的生活管理和学习监督指导。留守儿童在校寄宿，在校统一上课、统一在食堂吃饭、统一在宿舍住宿，上课期间安全有班主任、科任教师守护，放学后班主任将寄宿生带到宿管部，点好人数交给宿管老师守护。学校开展各种文化体育活动，开设舞蹈、美术或民族文化等兴趣班，开放电脑室和图书室，使留守儿童能够得到素质提升教育，增加与同学的共处合作机会，在一起生活、一起娱乐和学习，建立和谐、融洽、亲密的同学关系，提高生活的满意度和幸福感。在"留守儿童之家"设立卫生室和心理咨询室，配备兼职卫生指导教师和心理辅导教师，为留守儿童提供简单的卫生保健和心理咨询服务，使留守儿童生病时及时得到就医引导，进入青春期的留守儿童得到生理卫生指导，有心理困扰和障碍时得到心理疏导和引导。购置饮水机和热水器，使留守儿童在校饮用水为健康安全、符合卫生标准的桶装水，每天早晚洗漱用水能够有热水使用，特别是冬天可以享受到起床时有热水洗脸、晚上就寝前有热水泡脚。"留守儿童之家"在学生周末放学或周日回校都及时与家长或交通运输部门联系，由交通运输部门安排有资质的社会客运车辆每星期接送学生往返学校，做到定车、定人、定座位，严禁超载，保证学生上下学安全。在安排寝室的时候，学校按照自然村寨特别是兄弟姐妹尽可能同住一间寝室，以便留守儿童得到亲情照顾，有亲热感，又有大小结合，便于相互照顾，互相帮助，互相看护。

三、家庭教育指导

家庭教育是"父母或其他年长者在家庭内自觉地、有意识地对子女进行的教育"[①]，家庭是人生的第一所学校，父母是第一任教师，家庭对儿童身体的发育、知识的获得、能力的培养、品德的陶冶、个性的形成、爱好的发展起着重大作用。学校教育与家庭教育是相互联系，相互促进的，家庭教育是学校教育的基础和补充，对学校教育具有良好的调整、促进作用。教师与留守儿童家长密切联系，主动关心留守儿童的在家表现，指导家庭教育，提高其对留守儿童教育的责任意识和能力，帮助其掌握教育子女的科学知识，调查研究留守儿童家庭教育存在的问题并积极帮助解决，可以推动家长积极支持和参与学校教育，更好地开展家校合作，从而促进留守儿童得到更好的教育。

儿童健康成长需要完整、良好的家庭环境和氛围，但留守儿童的家长外出打工使家庭教育出现缺失。父母掌握教育知识和技能极为有限，在教育子女的过程中常常被各种社会思潮和矛盾的想法所左右，双方或一方不在家又使孩子不能得到父母的共同影响和教育。"留守"这一生活处境对孩子的成长对家庭教育提出了新的挑战，出现了许多父母不曾想到或从未经历过的问题。留守儿童的发展过程出现了各种不利因素，单亲监护或祖辈监护使留守儿童疏于管理，父母的家庭教育目的、要求和方法失当，亲子之间缺乏沟通等，诸如此类的问题都使留守儿童家长迫切需要得到科学的家庭教育指导。

第一，家长学校。家长学校是由学校举办，给家长传授必要的教育科学知识和方法，宣传交流成功的子女教育经验，从而提高家长的教育能力和教育素质的学校附设机构。学校开设留守儿童家长学校的任务，就是给家长比较系统地传授家庭生活知识、教育科学知识和育儿经验，提高家长对做好留

---

① 《教育》编辑委员会. 中国大百科全书·教育 [M]. 北京：中国大百科全书出版社，1985：140.

守儿童家庭教育工作的责任感和信心。指导家长摒弃落后的或不切实际的留守儿童发展目标,确立正常的合理的留守儿童发展期望和目标,使家长树立"不求个个上大学,但求人人长成材"的儿童发展观念。帮助家长认识留守对孩子成长的影响和如何尽量避免和克服留守这一生活处境对留守儿童的不利影响;帮助家长学会如何与留守儿童进行有效沟通,如何督促和检查留守儿童的作业,懂得科学的留守儿童学习激励方法;知道怎样培养留守儿童自主学习的兴趣,怎样培养留守儿童良好的行为习惯和生活自理能力。知晓怎样与教师开展交流和寻求指导;编写家庭教育指导手册供家长学习等。

第二,家庭教育讲座。学校教师特别是班主任要针对留守儿童家庭教育中普遍存在的问题,如生活照料问题、学习督促指导问题、留守儿童心理健康问题、青春期教育问题、课外活动问题、留守儿童安全避险问题、留守儿童亲子沟通问题等。有计划、有系统地组织留守儿童家长或临时监护人家庭教育讲座,传授留守儿童家庭教育与生活管护知识。家庭教育讲座可以由学校领导或留守儿童研究专家主讲,也可以请对留守儿童教育成效显著的家长作主题发言。

第三,个别咨询。教师要积极推动留守儿童家长或监护人主动与自己联系,向自己反映留守儿童教育中存在的困难和问题,获得学校的指导和帮助。教师特别是班主任要使留守儿童家长知晓自己的联系方式特别是手机号码,使家长遇到留守儿童教育的疑难问题,或出现教育方式失当引起留守儿童的偏失行为如离家出走、有轻生念头、自残等时,要通过打电话或直接走访的方式向教师咨询,请教师帮助分析问题的原因,获取解决问题的建议或事故的恰当的解决办法和方式。留守儿童也可以把自己的成长困惑向教师倾诉、将成长中遇到的问题向教师反映,从而通过咨询得到教师的个别指导和帮助。教师要将之作为留守儿童成长档案妥善保存,以作为其他留守儿童发展的经验积累和典型案例,以供他人参考。

四、家长会

家长会是对家长群体进行指导的家校合作形式,是指学校、年级或班级根据教育教学管理的需要，邀请家长到校与教师交流信息、了解情况、提出要求、听取意见和建议、进行感情沟通的一种会议形式。根据家长会的组织者来划分，常有全校家长会、年级家长会和班级家长会。班级家长会规模小，方便组织，形式灵活，内容可多可少，因此最为常见。班级家长会的内容一般为班主任或任课教师汇报学校教育教学工作的情况，向家长提出一定的要求，并听取家长们对学校的意见或建议，也顺便参观班级建设情况或学生的成绩展览。家长会是教师与家长加强联系、提高教育教学成效的重要手段，它可以帮助教师更加深入全面地了解学生及其家庭情况，了解学生的成长历程及家庭社会经济地位与成员组成，知晓学生的成长背景及家庭教育支持能力状况，获得学生的个性特点与在家学习生活情况的信息，征求家长对学校和班级管理工作的意见，与家长一起针对班级和家庭教育中的某些倾向或普遍问题商讨有效的教育和管理方法等。家长会可以使家长就学生在校生活和学习情况、学生在校的表现和优缺点及存在的问题、班级建设情况等与教师相互交流，获得学生的发展信息和教师的家庭指导及建议。

留守儿童家庭的特点是家长中双方或一方长期外出，父母在家庭教养中的角色缺失使孩子的生活环境发生变化，处于不利的成长环境中。父母没有与留守儿童共同生活，对孩子的监护不周全，掌握的孩子成长信息并不完整；与孩子缺乏频繁沟通，对孩子的真实需求和学习生活实情了解有限；不能时时关心留守儿童的生活和经常与他们谈心，交往减少也降低了彼此的亲密感。这些因素都可以通过召开家长会使学校了解留守儿童成长和发展中的普遍性问题，进一步明晰家长在留守儿童教育中应该承担的教育责任和任务，懂得如何加强留守儿童家庭教育和监护，以及学校如何针对留守儿童这个特殊群体予以特别的教育和管护等显得尤其重要和迫切。

由教师召集留守儿童的家长召开会议，有一些特殊要求。第一，家长会的时机应选择在家长集中回家的春节前后举行。留守儿童家长一般都要回家过年，教师要争取在春节前三天或节后四天内马上向家长提出正式、诚恳的召开家长会的邀请。一方面确保绝大多数家长能够亲自前来参加会议；另一方面是让家长会后及时反省家庭教育的缺失，改变那种对留守儿童的学习和生活忽视或觉得有心无力的想法和做法，立马督促和加强对孩子的教育。第二，明确留守儿童家长会的目的是通报情况，改进家庭管护和教育。教师要通报留守儿童在校基本情况和今后的教育改进计划和措施，指出留守儿童监护和教育中存在的共性问题和常见的教育失误。要求家长挣钱的同时不忘记儿女教育，向家长提出提高管护责任和能力的要求，加强家庭教育与学校教育要求的协调一致。第三，家长会要做到充分准备，主题明确，形式多样。留守儿童家长会要紧紧围绕强化责任、有效监护、改进成长环境这一主题，精心准备家长会的材料和内容，预先安排好会议事项。可以采取焦点发言或反映各种留守儿童成长问题和困难等形式，鼓励家长主动参与和畅所欲言，积极就如何转变留守儿童不利的生活环境与努力避免或缓解"留守"对儿童成长的影响进行广泛交流，寻找更好的教育管护办法。第四，尊重家长，让他们看到留守儿童健康成长的希望。教师要理解家长外出让孩子留守是一种迫不得已的选择，打工是为了改善家庭生活质量这个前提条件，尊重留守儿童家长的这一做法。不公开批评某一个留守儿童，不能一味指责家长而忽略留守儿童家庭作出的积极努力，要说明学校正采取各种措施帮助每一个留守儿童成长。在指出留守儿童缺点和成长环境缺陷时，也要充分肯定留守儿童的优点和进步的一面，让家长们在会议中能体会到教师的苦心与决心，立誓通过有效的家校合作改善留守儿童监护管理，尽力创造更好的发展条件以促进留守儿童生动活泼地得到发展，一步步地走向成功，从而让每位家长都能看到留守儿童健康成长成才的希望。

五、代理家长

广义的代理家长是指由政府、学校或其他社会组织牵线搭桥，自愿与留守儿童结对，义务给留守儿童提供学习、生活等方面的爱心帮扶的社会各界人士。本研究是狭义上的，主要针对由学校为留守儿童组织的代理家长，明显地区别于由政府指定的代理家长和有偿担任代理家长的"托管中心"。代理家长是指由学校联系和组织，代理留守儿童父母义务履行部分监护责任，给予留守儿童学习、生活和心理方面的指导和帮助的人。这些代理家长往往是有爱心、肯负责任、有教育能力和经验的教师或社会人士，他们采取自愿结对帮扶的方式联系留守儿童，给留守儿童当"代理家长"。为留守儿童提供生活上的照料，给予学习上的督促和指导，开展情感上的交流，在某种程度上满足留守儿童成长中的物质和精神需求，使留守儿童的成长"困境"得到一定程度的缓解，促进留守儿童更好地发展。

留守儿童家庭管护和教育的缺失是父母外出打工引起的家庭教养结构变化，父母不能与留守儿童共同生活，使得留守儿童的养育与教育需要无法得到满足。毫无疑问，父母双全、结构完整且能够在儿童成长中及时提供必要的教育和支持是儿童身心健康发展的重要条件之一。马卡连柯指出，家庭集体的完整和团结一致是正确地、有效地开展家庭教育的基本条件。缺乏母爱的儿童是有缺陷的儿童，完全没有母爱或缺乏母爱，会使儿童心理上没有稳定感，产生情绪和人格上的障碍，这类孩子易孤僻、冷淡、粗暴、内向等。如果没有父亲的存在，则会使母爱向溺爱型发展，并失去家庭的稳定和减弱家庭的教育职能，同样影响孩子心理的正常发展，不健全家庭的不幸就在于缺乏这样天然和谐的正常的爱和教育。家庭教育的实质在于如何组织家庭、父母怎样生活和如何组织孩子的生活。[1]为留守儿童寻找代理家长并与之结成帮扶关系，虽然是留守儿童教育管护的权宜之计，但是却对留守儿童的发展具有积极的现实意义。代理家长与留守儿童结成代理家庭在一定意义上扮演父母角色，为留守儿童提供一定的生活关心、学习辅导和感情交流，使孩子残缺的家庭教育得到某种程度的补偿，能够使留守儿童的生活、学习、安全因得到代理家长的比较细致的照料和管理而减轻父母的后顾之忧。

代理家长与留守儿童结成帮扶对子形成了代理家长制度。代理家长制度的实施主要包括以下几个方面：第一，代理家长的招募和组织。学校在学校里和社会上发布没有父母管护的留守儿童信息，呈现他们的成长困难和面临的管护问题，遵循自愿、献爱心、为下一代负责的原则，积极发动有责任心、

---

[1] 吴式颖，任钟印. 外国教育思想通史（Ⅸ）[M]. 长沙：湖南教育出版社，2002：748-753.

有帮扶能力、有教育管理孩子的经验的学校教师、各行政事业单位职工、村组干部、留守老人及社会各界人士，到校"认领"留守儿童并填写"留守儿童帮扶登记表"。建立代理家长档案后就由帮扶者与留守儿童结成代理家庭，成为留守儿童的代理家长。第二，代理家长的任务。代理家长是由学校招募的留守儿童临时管护人，任务是通过"一对一"（即一名代理家长自愿帮扶一位留守儿童）或"一对多"（即一名代理家长同时帮扶多位留守儿童）的形式与留守儿童及其父母联系，为留守儿童提供生活上的细心照料、学习上的悉心指导和心理上的耐心引导。做到对留守儿童的生活了解情况并提供照看，对学习问题积极进行督促指导，对成长和发展问题主动提示引导、真心保护。第三，代理家长的职责。代理家长要对留守儿童进行生活照料、学习辅导、理财指导，进行理想教育、励志教育、法制教育、青春期教育、心理健康教育、安全知识教育、自我保护教育、感恩教育、诚实守信教育。因此，代理家长要知晓留守儿童实情，掌握留守儿童的基本情况、家庭组成及管护情况、班级管理和教师教育情况；要多关爱留守儿童发展，多与留守儿童联系沟通，积极引导他们多参加学校活动和联系教师，增进了解，培养亲情，同时，主动到留守儿童家中走访看望或邀请留守儿童到自己家里接受教育管护，了解留守儿童发展情况，帮助解决学习生活问题和特殊困难；主动积极与留守儿童发展相关方沟通联络，定期与留守儿童父母、托管人、老师交流沟通，通报或获取交流留守儿童教育信息；要制定明确的帮扶计划和具体的帮扶措施，留守儿童直接见面交流的次数要达到平均一周一次，了解其学习与生活情况并主动督促检查，联系留守儿童父母或临时监护人、任课教师的次数至少每个月都要有一次，不定期到留守儿童家走访并指出其发展问题和应该采取的发展改进措施，每个学期都要就自己的代理家长工作作出帮扶工作情况总结。第四，代理家长的管理。代理家长是自愿的特殊的好意施惠行为[1]，纯粹是在义务地为留守儿童提供必要的亲情援助。学校要积极为代理家

---

[1] 吕炜.农村留守儿童代理家长之法律思考：兼评留守儿童关爱机制陕西"石泉模式"[J].西北大学学报，2011（6）.

长的帮扶行动提供各种便利和服务,当代理家长离开留守儿童生活区域,或不愿继续担任代理家长时要重新给留守儿童联系别的爱心人士结成新的帮扶对子,留守儿童因升学、转学或毕业等原因离开所就读的学校或父母回乡自己承担子女的教育管护职责时,代理家长的帮扶关系自动解除。此外,留守儿童的代理家长除了为结对的留守儿童给予如上的帮扶外,还可以通过提供资助、赠送学习用品或衣物、假期探望、视频聊天、节日聚会等多种方式最大程度为留守儿童提供力所能及的关心、支持和帮助。

六、亲子交流

亲子关系就是父母与其子女之间的关系,是家庭关系中最基本的关系之一。父母与其子女之间的关系是一种不可替代的、权利和义务相互的关系,父母有抚养和教育子女的义务,并且需要增强教育的责任感以把子女培养成有理想、有道德、有文化、有纪律的社会新人;子女有赡养照顾父母的义务,并且要善待、尊重和回报父母的养育之恩。父母虽然外出打工,但父母的身份决定着他们仍然是留守儿童的监护人,负有监护职责。监护人的具体职责有:保护被监护人的身体健康,照顾被监护人的生活,管理和保护被监护人的财产,代理被监护人进行民事活动,对被监护人进行管理和教育,在被监护人的权益受到侵害或与人发生争议时,代理其进行诉讼。当父母中的双方或一方外出,留守儿童接受父(母)亲或临时监护人的监护,他们的监护能力有限,片面或浅层化地理解监护责任,往往重养轻教,对留守儿童的全面发展有所忽视,加上长期的亲子分离使得留守儿童的身心健康受到一定的影响。在留守儿童家庭里,当父母不能与孩子一起生活,亲自对子女进行教育和管护时,通过密切的相互交流、积极的相互交往,可以增进彼此之间的了解、理解,密切关系,进而会在某种程度上减轻留守儿童的孤独感和无助感,提升生活的安全感和幸福感,使他们心情舒畅,精神愉悦,促进他们积极向上的人生态度的形成。

留守儿童教育中出现的问题和困难是家庭教育缺失与学校教育不能完

全适应留守儿童教育与管护的需求综合反映。对留守儿童来说，亲子分离改变了儿童在家庭中得到父母面对面的家庭教育方式，降低了儿童因行为偏失而能及时得到父母指导的可能性和机会，削弱了家庭对他们的行为习惯、情感、态度、价值观所施加的潜移默化的教育影响，也减少了父母与他们之间的感情、爱的表达和体验的机会。他们处于一种家庭教育严重缺失和情感饥渴的不利环境中，这必然会对留守儿童的成长带来不利的影响。由于长期的亲子分离，导致亲子之间相互交流与沟通缺乏，使亲子关系并不像他们之间的血缘关系般天然地紧密、融洽、亲热，这种亲子分离造成的父母在家庭教育中缺位，家庭失去了对年轻一代的引导和管教功能，形成了直接的家庭教育缺失。家庭教育功能的缺失，割断了家庭和社会化之间应有的关联，长此以往便会丧失家庭塑造内心领域的强有力机制及其力量。其实，留守儿童教育中的很多问题是亲子交流和沟通互动少导致的家庭教育缺失的进一步延伸或必然结果。

亲子之间积极地进行交流和频繁的沟通互动可以密切因时空距离受到影响的亲子关系，能够为留守儿童提供有力的情感性支持，这会进一步形成为家长对留守儿童学习的有力支持，间接构成家庭对学校教育的参与。对留守儿童来说，亲子之间已经失去了面对面的交流的可能，但是可以通过如下方式来得到密切和加强亲子交流：第一，营造和谐、亲密的家庭情感氛围。父母外出并不意味着家庭破裂，父母不能陪伴子女并不意味着失去父母的爱的关切，父（母）亲中留下一方在家里照料和养育孩子以体现对家庭教育责任的承担或找到负责的临时监护人，也是重视留守儿童抚育与教育的表现之一。父母为孩子更好成长而主动积极进取的人生态度，向孩子展现父母关系融洽、积极向上的一面也会形成孩子发展的动力。给孩子呵护，相互分享工作和学习的体验，用各自的经历相互激励彼此好学上进，让家庭里充满父母之爱、亲子之爱的心理氛围。第二，父母与子女要尽可能地多联系，沟通感情。父母要在家中安装电话或给孩子购买手机，在打工地要主动抓住休息和工歇时间，给孩子打电话、写信或与孩子QQ聊天，向孩子介绍自己的工作，询问孩子在家情况特别是他们生活和学习中的成功和困难，为他们提供细心呵护并积极帮助他们解决问题。交流的频度尽量达到至少每周一次,与孩子交流的内容要广泛,讲求沟通技巧,少一些命令和叮嘱,多一些指导和督促,少一些道德说服,多一些情感交流。重视倾听和分享孩子生活和学习中的经历和快乐,教会孩子学会正确处理自己的成长问题和不良情绪,给孩子提供适当的激励,在频繁的沟通交流中给孩子以心理慰藉和成长动力。留守儿童要增加与父母联系的频率,主动利用自己的手机、学校的亲情视频电话和聊天室向父母汇报自己的在校表现和生活情况,表达自己对父母的思念和牵挂,及时把自己的问题和烦恼告诉父母,特别是当自己面临突出的困难和安全问题时要积极求助。询问父母在外工作情况和烦恼,了解父母的生活和健康状况,增进对父母的理解。增加亲子活动与交流机会,要求父母有机会就要回家与家人团聚、弥补家庭教育的缺憾,增加亲子交流谈心的机会,拉近彼此的感情。第三,想方设法消除交流障碍。家长和留守儿童彼此之间要及时把各自的作息时间、联系电话、通信地址告知对方,方便联系。要保持通信畅通,特别是孩子在遇到紧急情况时要能及时获得家长的指导和帮助,增加留守儿童的安全感,消除无助感。

七、家庭汇报

在留守儿童家校合作教育中,家庭汇报是指留守儿童的父母或临时监护人、兄弟姐妹等人向学校教师报告或回复留守儿童的家庭管护状况,反映留守儿童的生活管护、家庭教育、在家表现及存在的问题和困难,积极向教师寻求帮助或建议的一种联系方式。家庭汇报的目的是留守儿童家庭参与学校的教育工作,与学校和教师交流沟通,提供信息,希望引发教师关注和重视,创造条件和提高教育水平以努力满足留守儿童的需要,通过家校之间更好地合作对改进留守儿童教育提供有力保证。

家庭与学校是儿童成长中最重要的教育资源,前者关系到儿童的养育,后者决定着儿童的教育。家庭中的父母和学校的教师都需要积极地消除家庭和学校之间教育合作的鸿沟,密切相互联系,充分沟通对话,在追求共同的目标——促进儿童学业进步和尽可能地发挥他们的潜力上共担责任，为儿童发展提供充分的资源。家庭是人们出生和生活的地方，是一切教育的基础。父母对孩子在家庭生活中知识、思想、习惯、兴趣、爱好、才能、个性等的形成和发展情况有比较全面和深刻的了解，也知道孩子成长中的优缺点和特长，对孩子的各种表现也常常看在眼里并积极指导，担任着孩子的第一任教师的角色。同时，孩子是父母的影子，孩子行为的优劣往往是家庭教育的结果。父母亲的价值观、思想道德、文化素养、言谈举止、为人处事、待人接物、工作态度、生活方式、兴趣爱好、对孩子的态度及家庭生活环境与社会背景等，无疑都对孩子的发展形成了或显性或隐性的影响。父母是子女天生的教育者，天然的血缘关系和共同的生活环境使孩子经常会模仿父母身上表现出来的行为，来自父母的关爱与自己依赖父母，使孩子在家庭教育中哪怕是尖锐的批评或指责也都比较容易接受父母的教育指导。因此，对儿童的成长状况和发展问题，对儿童的家庭教育及孩子的表现，父母所掌握和提供的信息一般是权威的、可靠的。父母把孩子的发展情况向教师汇报，相互对话，沟通信息，参与学校教育，必定能够帮助改进儿童教育工作。

　　黔东南农村的留守儿童家庭汇报，主要有以下几种方式：第一，父母向教师的汇报。留守儿童父母要对自己出门打工后对子女发展可能产生的影响有一个科学的预计，在离家前要主动拜访或通过电话联系教师，向教师介绍留守儿童的家庭背景、监护情况、钱财管理、个性爱好、在家表现、交通情况、主要教育困难和发展问题等。离家后要积极向教师反映家庭教育的困难、亲子日常联系情况和留守儿童可能出现的发展风险，请求教师针对留守儿童的实际情况加强教育管护。第二，在家的父（母）亲或临时监护人向教师的汇报。在家承担留守儿童监护任务的人，要利用到校探望留守儿童、给教师打电话等机会联系教师，或抓住教师来电询问或家访等时机，及时把家庭的生活照料实情、劳动负担、监护困难及留守儿童的教育问题及时告知学校，汇报留守儿童监护情况。一旦发现自己不能解决的留守儿童教育问题，或者留守儿童出现严重的偏失行为或心理困扰，父（母）亲或临时监护人要主动跟教师联系和汇报。第三，兄弟姐妹向教师的汇报。不少留守儿童是与其兄弟姐妹一起生活，他们既是留守儿童生活的同伴，也是留守儿童学习的监督者或指导者，更能贴近和深入了解留守儿童。父母或临时监护人、教师要求留守儿童的兄弟姐妹必须相互照顾，要认真观察留守儿童的生活学习状况和言行表现，要把所掌握的留守儿童生活信息、个人生活管理和学习上的困难主动向教师汇报，要给教师提供留守儿童上下学路上的交通情况或可能遇到的意外伤害方面的风险等信息，从而帮助教师及时获得和了解留守儿童的全面信息。对留守儿童缺乏生活经验和生活技能的状况有一个合乎实际的估计，以便教师采取各种措施来帮助解决留守儿童的生活和教育问题。

对留守儿童的家庭汇报来说，应该把给教师汇报的重点放在留守儿童监护情形、日常亲子联系情况、在家生活和学习表现、生活照料与学习指导问题、情感发展与沟通状况、性格与心理变化、已经采取的家庭教育管护措施及存在的主要问题和困难等方面，从而为教师提供留守儿童生活与学习真实情况、家庭监护情况、社会交往与心理发展状况等信息，以引起教师的高度关注，从而获得积极的物质或情感支持，加强留守儿童管理。

八、家长经验交流

与其他生活环境（如学校、企业等）相比，家庭是一个相对封闭的社会组织形式，子女接受到的家庭教育都是由家长在各自的家庭里进行，对子女的发展怀着什么样的期望、用什么内容来教育子女及怎样教育子女等往往都是家庭自己的事情。这主要取决于家长的认识水平、教育能力及个人意志，家庭的教育经验也相应地体现出个别性、封闭性的特征。同时，"家家有本难念的经"，家长所采取的教育手段、家长的教育习惯和家长所选择的教育内容都取决于各自家庭的生活条件、生活方式特别是家长的素质和能力，是一种具有明显局限性的教育经验。但是，当不同家庭因为孩子年龄相仿，进入同一学习阶段，教师对学生的发展也提出同样的要求和教育目标，孩子相似的发展处境和相近的家庭教育环境，使得家庭之间的经验交流显得尤为重要，也具有了可能性。这就需要家庭之间相互学习、相互交流，以发现各自的家庭教育错误或失误，交换或补充各自的教育经验的缺憾，相互取长补短、相互借鉴，以便更有效地开展家庭教育。

留守儿童家长之间的经验交流因相似的家庭处境而显得尤为必要，也具有可能性。留守儿童家庭的共同特征是家庭生活不完整和家庭教育缺失，都直接面对如何更好地克服亲子分离，而促进子女更好的成长和发展的问题。这一共同特征和共同关注的问题，决定着这些家庭面临相似的留守儿童教育与管护困难，有共同的希望、共同的语言，容易沟通。不但使各个留守儿童家庭之间具有交流教子经验、围绕焦点问题进行对话的条件和相互提出教育管护建议、共商对策的可能，还使这种家庭之间的经验交流显得特别重要和紧迫。

留守儿童家长之间的经验交流主要是父母或临时监护人，就如何矫正留守儿童存在的有共性的心理和行为问题，以更好地适应学校生活、怎样加强家庭管护以改善教育环境、如何促进孩子更好地解决学习中的问题以提高学业水平等方面的问题所进行的相互对话、共同学习和彼此参与，从而在经验交流中形成更好的留守儿童教育管护措施和方法。对家长间的经验交流来说，具有三方面的特征：共同的促进留守儿童更好成长和发展的追求，相互介入彼此的留守儿童教育管护实践，相互滋养和共享借鉴留守儿童教育管理经验。作为一种家庭参与学校教育的经验分享方式，留守儿童家长经验交流主要通过以下方式进行。

第一，通过商讨发现问题，提高责任意识，进一步明确教育职责。外出打工的父母在打工地与同事各自就孩子在家监护情形及可能出现的问题进行商讨，了解各自孩子在父母离家后的变化，明晰自己外出打工对孩子的影响。发现亲子分离对留守儿童发展产生的负面作用，从而在相互交流和商讨中提高自己的教育责任意识，主动总结自己的留守儿童监护经验和吸收其他人在留守儿童看护中的有效做法，以更加明确自己的教育职责和将要采取的积极应对措施。

第二，现场观摩，合作共勉，相互学习借鉴。黔东南农村地区群众常在田间劳作时攀谈聊天，重视民族节日聚会，经常走亲访友，也时常在村寨间走动。因而可以在农闲时间主动走进其他留守儿童家庭去现场观摩其他留守儿童在家学习与生活的情况，认真剖析和反思自己的留守儿童看护体验和管理理念，学习他人的留守儿童生活照料与学习指导经验，积极向留守儿童的父（母）亲或临时监护人学习这些有效的教育管护方法。要求大家一起相互督促检查留守儿童的生活和学习，始终围绕如何加强留守儿童的教育管护合作研究，不断借鉴、分享有效经验和方法。

第三，开发资源，开展交流，共享教育管护经验。留守儿童家长的某些教育管护经验是可资利用的教育资源，可以积极向学校建议把诸如理财教育、心理疏导、学习指导、安全管理等方面的好思路、好经验、好做法汇编成册，供家长学习或者在家长会上作报告介绍。也可以就留守儿童管护中的某一棘手问题让家长们相互交流，共同研讨，彼此之间出谋划策以得到解决这个问题的方法。留守儿童教育问题十分典型，"实践出真知"，在班级或学校里总会有一些教育和管理能力强、管护效果显著的家长已经总结或积累了比较好的经验，可以请他们来报告自己的教育管理经验。因为监护角色相近、境遇相同，这些经验肯定会有比较突出的实践意义和推广价值，通过经验共享必然会促进家长们在留守儿童教育管护水平上的共同提高。

九、家庭互助会

家庭互助会是由学校或村寨倡导成立，家长主动参加其他家庭的子女教育工作，彼此相互支援、团结互助的群众组织。家庭互助会的任务是密切联系本校、本班的家长，共同参与留守儿童教育管护工作，彼此互助，要求家长及家庭之间共同教育每位留守儿童，影响家长教育价值观，每个人都积极督促、引导和指导留守儿童的学习和生活；注重收集家长对学校的留守儿童教育工作的意见和建议，协助并参与学校的留守儿童教育，主动向学校要求加强和改进留守儿童教育管理。家庭互助会是家长提高留守儿童教育的共同责任意识和能力、强化家庭互相帮助，以增强教育管护力度和参与学校教育工作的一种很好的家庭参与学校教育的形式。

孩子在同一学校，发展目标与要求相似，彼此所面对的困难和问题相同，这就使得留守儿童家长之间不仅是朋友，也是同志，更是同道。留守儿童家长之间加强团结互助有必要，也是相互支援的条件。家长互助会是学校根据留守儿童教育管理中缺乏家长的主动参与和家长没有主动承担留守儿童教育职责而倡导成立的，每个留守儿童的家长或临时监护人都是这一群众组织的成员。家长互助会的主要工作内容是：相互督促和指导留守儿童的学习、生活和安全，相互关心、关爱留守儿童；向学校反映留守儿童教育中存在的问题，提出加强教育管理要求，与学校共同商讨留守儿童教育对策；参与学校的留守儿童教育管理，协助学校搞好家庭教育指导工作，成为学校开展的各项留守儿童教育活动的有力助手；在假期督促和组织留守儿童到打工地与父母团聚，为留守儿童提供与父母见面的机会，增进亲子之间的互动交流和感情，也让留守儿童外出见世面，多与社会各界特别是同辈群体交流以提高社会交往能力。

留守儿童家庭互助会通过以下形式参与学校的留守儿童教育工作：第一，家庭之间结对互助。家长可以利用参加家长会、接送孩子、留守儿童档案、经验交流等机会，结识或结交到与自己家庭情况相仿又在留守儿童教育上取得实效的家长，请他对自己的留守儿童管护提出忠告或提供帮助，并主动在孩子的教育工作中以榜样家庭作为学习对象来改进家庭教育；主动要求其他家长与自己一起在日常生活中要共同负担留守儿童管教责任，看到留守儿童出现行为问题及时纠正，有了困难积极帮助解决，经常在上下学路上给留守儿童们安全提示和督促，家庭之间相互提醒、相互指导、相互帮助以共同提高留守儿童教育和管护水平。第二，成为学校教育的参与者和助手。家庭互助会要帮助学校督促留守儿童家庭及时缴纳应付的各种款项，帮助"留守儿童之家"的寄宿管理教师安排宿舍及补充完善各种洗理设施，以充分满足留守儿童生活需求，主动反映留守儿童教育存在的问题和困难，与教师共同商讨解决办法并指导和帮助留守儿童家庭教育。第三，督促和安排留守儿童家庭团聚活动。家庭互助会要经常督促家庭重视留守儿童的健康成长，让打工的父母双方或者一方懂得亲情抚慰和关爱在孩子发展中的重要性，要求家长明白既要挣钱又不能遗忘孩子教育的道理，在工作之余要抓住有限的空闲时间及时回家与孩子团聚，回家照料和安排好孩子的生活。如父母实在抽不出时间，家庭互助会要利用留守儿童的假期让他们到打工地与父母团聚，以减轻父母和子女之间的相思之苦，暂时弥补留守儿童的亲情缺失，得到父母的安慰和关心，同时也让留守儿童到城里开阔眼界，了解父母的务工环境，理解父母的恩情。第四，对留守儿童日常生活与学习的帮助、督促和指导。留守儿童家庭互助会一般由学校根据留守儿童的教育、管护需要组织成立，在日常生活中要给留守儿童提出饮食按时、保证营养和按时作息等要求并积极监督检查，积极给留守儿童提供力所能及的帮助，随时督促留守儿童完成作业，帮助他们养成良好的生活习惯，解决生活困难和学习问题。要在课余时间组织留守儿童参加各种劳动和社会活动，丰富留守儿童生活经验，帮助他们提高生活自理能力和自我安全保护能力，指导留守儿童树立积极的生活态度和高远的人生志向。要及时发现留守儿童的心理、安全等方面的问题，积极提供疏导和帮助排除各种心理障碍，指导消除各种生活环境中的隐患和危险。

十、教养改进

"教养"一词，常指一个人的文化与品德修养，是待人接物时的积极礼貌的态度和行为。此处的"教养"，是指家庭（主要是父母）对家庭成员（主要是子女）的养育和教育活动，表现为父母对子女进行的生活照料、行为管教、学习指导和安全保护。良好的家庭环境是儿童健康发展的必要条件，创造对儿童成长有利的家庭环境主要取决于家庭的教养行为，得到良好的家庭教养是儿童身心健康发展的基础，对增进身心健康也起着极其重要的作用。

对留守儿童教育来说，教养改进是以家庭为主体，父母或临时监护人与学校教师相互合作，通过变革家庭的内部教养条件，如生活照料、行为管教、学习指导和安全保护等方面的内容，增进家庭参与学校教育的能力，提高留守儿童教育水平的一种系统而持久的变革。教养改进包括四个方面的内容：一是改善生活照料，指家庭提供平衡、合理、安全、健康的膳食，有正常的生活节律，养成良好的生活习惯；二是行为管教，指家庭与学校合作共同纠正儿童的不良行为习惯，形成文明的行为举止，提高人际交往和社会适应能力；三是学习指导，指家庭与学校联系共同关心和重视提供学习督促和指导，提高学业水平和学习能力；四是安全保护，指家庭对其子女面临威胁安全和健康的情况时起到支持保护作用，重视生理、心理健康教育，预防、减少和解决生理或心理上的疾患，积极帮助医治疾病，消除和防御安全问题。

留守儿童家校合作教育中的教养改进，主要通过以下形式开展。

第一，母亲在家教养。母亲在抚养、教育子女上的特殊作用是任何人都不能替代的。母亲会做家务事，会精心照顾子女生活，也会给予孩子品德训导和行为管教，能够给孩子更多的关心、爱护和体贴。教育孩子时态度更加温和、耐心、认真，对孩子进行管教时比父亲更加注意启发诱导、严格要求，不迁就和溺爱、放任孩子。母亲在家能够为留守儿童提供较好的生活照料、积极主动的教育监管和至关重要的母爱。为了孩子的前途和家庭的未来，父母尽量不要同时外出打工，要克服困难尽可能留下一个人在家照看孩子，最好是母亲与孩子一起留守以履行家庭教养责任。母亲留守在家亲自教养孩子，这是改进留守儿童教养的首选形式，不仅能够提高孩子的教养质量，也能够使孩子得到母爱关怀和拥有方便的倾诉对象，提高生活满足感和安全感。

第二，提高临时监护人的责任意识和有效监护能力。临时监护人既然是父母指定和安排代理监护留守儿童的承担者，必须纠正纵容、轻视、溺爱或袒护留守儿童等错误的教养观点，要切实提高保护和教养好、管理好留守儿童的责任意识，通过学习交流不断提高教养质量和能力。临时监护人不仅要保证满足留守儿童的生活需求，还要保障留守儿童得到卫生定时、营养平衡、新鲜可口的健康饮食，生活作息有规律，读书学习有督导，医疗卫生、交通安全有保障，社会交往有引导，达到保障生活、正确引导和严格要求的有效监护要求。

第三，外出者提供足够教养条件的支持并经常督促和要求。外出打工的家长特别是双方一起外出的，要在出门前留足留守儿童的学习生活费用或在外打工的过程中保证每个月的费用，要及时供给临时监护人以提供充足的物质生活保障，使留守儿童免除生活资料和学习物品的供应上的后顾之忧。负责在家监护留守儿童的人不因此而有所懈怠和忽视。父母双方或一方在外出后要经常在生活改善和学习努力方面向留守儿童询问具体情况，督促注意身体健康和搞好学习，要求提高安全意识和注意避险。同时，还要在亲子频繁联系中随时掌握孩子的心理健康情况，表达对孩子成长的关心、关爱，重视给予留守儿童强烈的情感支持；要求在家监护留守儿童生活和学习的人要密切与孩子的沟通以使其随时随地都可以得到足够的帮助和支援。

第四，家校合作改进教养质量。学校要重视开办留守儿童家长培训班或进行专题报告方式，开展提高留守儿童教养水平等内容的培训，使留守儿童父（母）亲或临时监护人懂得如何正确承担家庭教育职责。家长要向学校教师或在留守儿童管教方面取得实效的其他家长积极请教好的教养方法，研讨如何通过改进家庭教养以为留守儿童提供温暖舒适的生活环境和安静而得到指导的学习环境。家庭和学校要教给留守儿童有效的应对生活和学习问题的方法和策略，知晓基本的卫生护理和疾病防治常识，组织安全教育使留守儿童提高自救自护、应急避险能力，并知晓如何预防意外伤害，以保障生活质量，维护自我的人身安全，从而不断化解成长中遇到的困难和烦恼。

农村留守儿童是一个特别需要得到关爱和教育的特殊群体，想要切实对留守儿童已经出现的种种问题加以解决，对可能存在的发展风险加以很好地规避，就需要家庭和学校共同努力，密切合作，以为留守儿童的发展和成长提供良好的环境。学校要发挥在留守儿童教育中的主导作用，积极通过家访、"留守儿童之家"食宿管护、家庭教育指导、家长会、代理家长等方式帮助家庭搞好留守儿童教育工作；家庭教育是儿童社会化的关键环节，家长要不断提高留守儿童教育的责任意识和家庭教育能力，主动通过增进亲子交流、家庭汇报、家长经验交流、家庭互助以及改进家庭教养等方式参与留守儿童的学校教育，强化对留守儿童教育的关注和引导，通过良好的家校合作切实改善留守儿童的教育条件，持续提高留守儿童的教育水平，逐步缓解家庭环境缺失对留守儿童教育的影响。总结以上对黔东南农村留守儿童家校合作教育方式的叙述，可以勾勒出如下图所示的简单结构：

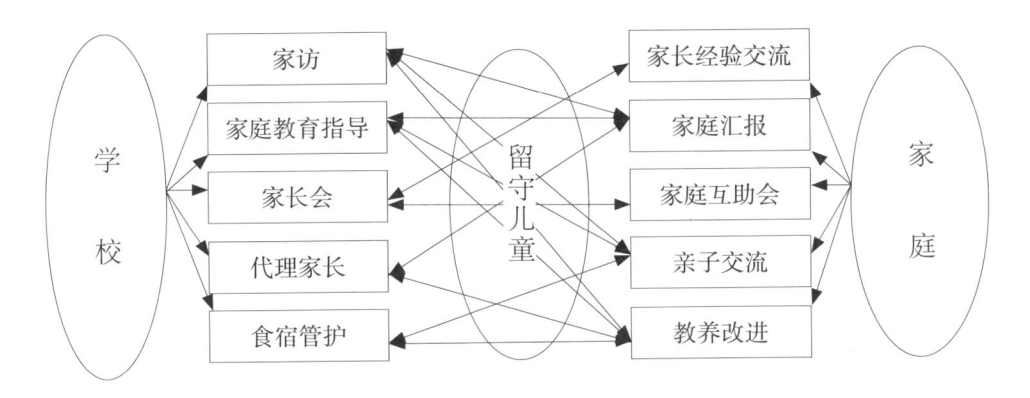

图 2-1　农村留守儿童家校合作教育方式示意图

第三章

黔东南农村留守儿童现状及问题研究

第一节｜黔东南农村留守儿童的人口学特征

打工歌

爸也去打工，妈也去打工，年轻的打工，寨子已走空。

年幼的孤单，年老的辛苦，菜地变草坡，田土成狗窝。

七十岁老翁，犁田在山中，米桶菜篮空，劳作才有吃。

爷爷赶牛忙，奶奶上山岗，土里栽洋姜，田里忙插秧。

田土里忙碌，山林间砍柴，干活养老人，劳动养小孩。

寨子空荡荡；天空黑茫茫；赶牛下山岗，家狗叫汪汪。

等呀，等到天明亮；

爬呀，爬到高坡上；

打手机商量，请妈回家乡，爸多久回家，妈多久回乡，我翘首盼望，两眼泪汪汪。

妈在广西望，爸在广东望，浙江很遥远，福建在远方，爷奶等消息，心中挺伤心。

妈打工很忙，爸打工很忙，找钱娶新娘，筹钱建新房。

等呀，等到年终了；

有呀，有钱回家乡。

回家来团聚，那时才开心。满桌酒和肉，心中甚欢喜。

酒歌唱起来，过个幸福年；酒歌苗寨飞，幸福在心中。

唱吧，小孩，唱起祝酒歌。

跳呀，小伙，跳起芦笙舞。

这是流传在黔东南黄平县及周边县（施秉、台江、凯里、雷山、镇远）各苗寨的《打工歌》，这首歌用苗语演唱，经笔者翻译成汉语整理而成。它以一个留守儿童的口吻，从未成年人的角度描绘了打工潮兴起后，黔东南农村地区村寨里平时老人、小孩留守家乡而过年时父母回来全家团聚，人们生活条件极大改善的情形。农民外出打工收入增长，给黔东南农村地区带来了可喜的变化，使农村家庭过上了比较好的生活，人们的生活幸福感提升，但是农民的外出，也给家庭里的老人和小孩带来了比较沉重的生活和心理负担。

本研究的焦点是农村父母外出务工对留守儿童生活和教育的影响，而了解这个群体的规模、分布、构成、家庭状况等人口学特征是进一步了解他们的真实的生活和教育情形的前提和基础。

一、留守儿童占相当大的比例且仍在上升

黔东南州教育局2011年年底的统计数据表明，全州共有义务教育阶段学生578302人，其中农村留守儿童（以下均简称留守儿童）179461人，在初中阶段学习60020人（女童25315人），在小学阶段学习119441人（女童49751人），约占义务教育学生总数的31.03%。一年后的2012年年底，全州共有义务教育阶段学生557833人，其中留守儿童177513人（详见表3-1），在小学阶段学习的118609人（女童48215人），在初中阶段学习的58904人（女童25778人），约占义务教育学生总数的31.82%；父母双亲均外出务工的学生达114770人，占留守学生总数的64.65%，其中有71145人留守在村级学校就读。在黔东南各县（市）都有数量众多的留守儿童存在，遍及各个角落，在广阔的苗寨侗乡间行走随时都能见到他们的身影。

表3-1 黔东南留守儿童统计表（2012年年底）

县（市）	小学留守儿童在校生数							初中留守儿童在校生数			
	合计	1年级	2年级	3年级	4年级	5年级	6年级	合计	7年级	8年级	9年级
凯里市	6833	989	1080	1051	1146	1349	1218	3104	991	1117	996
开发区	66	8	13	10	16	9	10	27	9	12	6
黄平县	18312	2475	2802	2735	2943	3886	3471	9268	3213	3356	2699
施秉县	3476	621	560	543	540	629	583	1706	673	573	460
三穗县	5474	903	942	962	849	905	913	1807	664	586	557
镇远县	6236	910	989	911	1013	1242	1171	3227	1205	1092	930

续表

县（市）	小学留守儿童在校生数							初中留守儿童在校生数			
	合计	1年级	2年级	3年级	4年级	5年级	6年级	合计	7年级	8年级	9年级
岑巩县	8146	1209	1299	1368	1417	1354	1499	3983	1283	1346	1354
天柱县	8939	1508	1610	1473	1432	1413	1503	5089	1812	1706	1571
锦屏县	6913	1183	1113	1120	1089	1181	1227	4783	1364	1708	1711
剑河县	11706	1864	1770	1751	1829	2233	2259	3247	1264	1090	893
台江县	5008	792	915	750	857	872	822	1934	734	678	522
黎平县	6856	1040	1137	922	1035	1274	1448	6186	2545	2009	1632
榕江县	8732	1288	1239	1530	1546	1597	1532	3837	1456	1197	1184
从江县	7867	1143	1239	1478	1259	1371	1377	4155	1317	1272	1566
雷山县	3496	547	530	534	614	606	665	1266	461	413	392
麻江县	4733	688	596	680	808	905	1056	2701	934	878	889
丹寨县	5816	893	1001	960	935	938	1089	2584	970	930	684
合计	118609	18061	18835	18778	19328	21764	21843	58904	20895	19963	18046

注：数据来源于黔东南教育局

  从教育行政部门的统计数据看，表面上留守儿童总数下降，人数似乎在减少，但细细一分析，却发现留守儿童占在校学生人数的比例却在上升，规模依然庞大，其原因是黔东南学生就学人口减少，总量下降。只要父母亲一日仍要外出打工谋生，则农村地区的儿童留守现象将会顽固地始终伴生。个案调查的结果也表明，黔东南在校学生中留守儿童比例较高，而且还在增长当中。笔者2012年底在黄平县谷陇镇滚水苗寨的田野调查中发现，全村五个组268户中就有187户有人外出打工，其中父母均在外面打工有118户；滚水小学现有学生487名，留守儿童就有386人，占学生总数的63%。2013年8月笔者再次到这里调查时发现，因为今年旱情严重，种植的水稻早宣告绝收，农民今年的投入血本无归，又有二十多户一直在家干活的夫妻外出打工去了，留下孩子们独自在家生活。总体来说，留守儿童人数仍在不断增长当中，留守儿童教育问题将在很长的一段时间内继续存在，他们的发展和教育难题仍然是摆在黔东南农村人们面前的一个棘手问题。当然，留守儿童是一个变动中的群体，他们的人数会随着父母的工作变动而发生变化，由于父母中的一方或双方外出务工，留守儿童的身份会自然地加到其子女身上。而随着父母回乡在家中生活的时间发生变化时，孩子是否留守的身份也将随之改变，原本在外打工的父母们选择回家与子女共同生活半年以上，留守儿童将随之改变"留守"的事实。如果父母外出务工时直接将孩子带离家乡，随迁到城里学校就读，孩子的身份也演变成流动儿童。

让子女留守家乡是农民工迫不得已的选择，越来越多的黔东南农村农民出于经济目的离家外出使其子女成为留守儿童。打工是黔东南农村农民对土地产出与务工收入进行对比后的理性选择，是居家与外出之间收益的博弈。并非像许多专家那样认为的"剩余"农村劳动力转移，众多农民宁可让家里土地抛荒、抛家弃子也要外出打工，他们非但不是剩余，而且常常是家中的顶梁柱，外出的根本原因是：打工收入要远远高于种地所得。由于黔东南农村地区地处偏远，土地贫瘠，山高谷深，交通不便，一年辛苦劳作的结果无非是能够勉强糊口；要是遇上年景不好，就连化肥钱都难以收回，更别说投入的劳力和为此费尽的心思。农民工外出后，多数也曾考虑将子女带在身边，但生活费用高，上学无着落，城市学校要收费或者是无法升学等原因让他们不得不狠心将孩子留在农村，而自己却要像候鸟一样间歇地在城市和乡村之间停留。

幸福的家庭总是相似的，不幸的家庭各有各的不幸。每个留守儿童都是多样性、异质性的个体，留守儿童必然也是多样性的、充满异质性的群体。父母外出打工的直接动因就是为了改善家庭的经济状况，但各家原因也稍有不同，总结起来主要有三类：大部分家庭是为子女以后受教育积累资金，挣到目前在校的生活和教育费用；少部分家庭田地少，有的甚至于分家后基本没有土地，外出打工是其生活来源和唯一出路；还有一部分是为了改善家庭居住环境、提高生活质量或者是家庭成员常年患病不得不外出寻求生活保障，同时也是为了多见世面。

二、双亲长时间在省外务工占多数

黔东南农村农民受教育程度普遍不高，多数人的学历都在初中毕业及以下，有的甚至还是文盲，也难有一技之长，虽然留在本地也有机会谋职，但多数人都选择远赴外省务工，最主要的原因是入职条件低，工资远高于本地。笔者通过在黔东南的问卷调查发现，大多数留守儿童的父母都在外省打工（72%），仅有少数农民选择在本县（市）或附近地区打工（11.9%），还有16.1%的留守儿童对父母的打工地表示"不知道在哪里"。在本次调查回收的6337份有效问卷中，有3057名学生的家里有父母在外面打工，占样本数的48.24%；家里没有人在外面打工的而能与父母共同生活的有3280人，占样本数的51.76%。在3057份有效问卷里，父亲和母亲都在外面打工的留守儿童为1768人，比例高达57.8%。有27.5%的留守儿童选择"父亲在外打工"，母亲单独外出打工的家庭的比例(14.7%)明显较父亲单方外出的低(见表3-2)。这就表明，父母双方一起外出的留守儿童人数最多，以跨省务工为主。

表3-2　留守儿童父母外出打工类别

你家有谁在外面打工吗？	人数（人）	百分比（%）	累计百分比（%）
父亲和母亲均外出打工	1768	57.8	57.8
父亲外出打工	840	27.5	85.3
母亲外出打工	449	14.7	100.0
合　计	3057	100.0	

在黔东南农村地区，农民多外出务工，无暇亲自照顾子女的生活，传统的由父母双方一起教养子女的双亲抚育模式发生变化，从而造成了事实上的家庭结构不完整，对留守儿童的发展和教育产生了直接影响。贫困这一生活现实使得外出打工农民的比例比其他地区还高，收入水平普遍偏低使他们回家的机会也更少。本研究中的留守儿童与父母分离时间在六个月以上才真正称为"留守"。在黔东南的调查结果表明（表3-3），留守儿童的父母常在过年时回家（62.3%），与汉族地方的民俗一样，黔东南农村地区人们也重视将春节作为全家团聚和走亲访友的重要时机；也有的留守儿童父母回家时间不固定（35.4%），其原因可能是春节期间交通费用较平时有些上涨，为了节约开支，这些父母有意避开春节回家高峰而另择他日。父母出外打工最基本的时长是一年（62.3%），中途若非发生重大事件（如亲友故去、孩子升学等），

一般不会回家，甚至有的留守儿童父母离家后从没回过家（2.3%），这主要是基于节省交通费用和为家庭积攒更多的财富的考虑。在摆脱家庭贫困的现实目标和进行子女养育的父母天职之间，留守儿童的父母们往往被迫选择了暂时将天职搁置一边而义无反顾地外出打工。父母打工地与家乡的距离无疑会在一定程度上影响父母回家与子女团聚、进行亲子交流的次数。同时，父母与留守儿童分离也使孩子不能与双亲共同生活而使家庭结构发生改变。留守儿童的父母双方或一方外出，使得稳定的由父母子组成的家庭三角结构出现解体。

表3-3 留守儿童父母外出务工与返家时间表

父母多长时间回家？	人数（人）	百分比（%）	父母什么时候回家？	人数（人）	百分比（%）
6个月至1年	1731	56.6	过年	1906	62.3
1年到2年	1256	41.1	不固定	1081	35.4
2年以上	70	2.3	从没回来过	70	2.3
合计	3057	100.0	合计	3057	100.0

三、监护类型多样

黔东南农村地区虽然也实行计划生育政策，但在具体要求上要适当放宽一些，很多少数民族家庭都生育有几个孩子。在田野调查中，几乎每个留守儿童家中都能见到其兄弟姐妹的身影。大多数留守儿童家庭人口在四人以上，常见的都是每个家庭里有2—3个孩子，少数家庭生育的子女数量多达四个。在参加问卷调查的6337名学生中，是独生子女但不是留守儿童的有314人；是独生子女又是留守儿童的只有166人；相比之下，独生子女成为留守儿童的概率要大大低于多子女家庭。从表3-4中可以看出，94.6%的受访留守儿童都有至少一个兄（弟）姐（妹），他们与兄弟姐妹一起生活，这种与自己的兄弟姐妹共同留守的情况最为普遍。在父母为了生计而外出务工，无暇关心、照顾子女的日子里，靠着手足之情共同生活、相互扶持，共同留守在偏僻的苗侗山乡。

表 3-4 留守儿童兄弟姐妹数量

你有几个兄弟姐妹?	人数（人）	百分比（%）	累计百分比（%）
没有	166	5.4	5.4
一个	1068	34.9	40.4
二个	939	30.7	71.1
三个	550	18.0	89.1
四个及以上	334	10.9	100.0
合　计	3057	100.0	

在黔东南调查的日子里，常听说有极少数的幸运儿与父母一起搬到了城市并在那儿上学。这些幸运儿通常是这些留守儿童的弟弟妹妹，在与他们的交谈中，我随时能够感知到被遗弃在家乡的他们对年幼的弟妹的羡慕、嫉妒，乃至于一点点的恨意。年幼的他们中的少数曾短暂进城市去"观光"或在电视里见到灯红酒绿的城市，对城市充满着美好的向往。他们并不知道，追随父母流动到城里生活或就读的他们的兄弟姐妹，专门术语叫"随迁子女"，因为出身和社会经济地位低下，他们在留守儿童眼中是幸运儿，来到城里却是进农民工子弟学校，被城市主流社会歧视的"外地人"。[①]

留守儿童问题产生的根源是父母外出务工造成亲子分离，父母不能共同与孩子一起生活。在留守儿童成长与发展的关键时期，谁与孩子一起生活？究竟谁在担负起看管孩子的责任？这都会对他们的社会化产生明显的影响。对孩子的成长来说，在家庭中由夫妻共同抚育和照顾儿童是家庭的应尽之义务。但是，当父母由于某种原因不能自己共同监护孩子时，由夫妻双方中的一方或交由其他人抚育就成为一种迫不得已的选择。不完整的家庭生活与未成年的孩子教育与生活管护之间于是产生了一个变动中的抚育问题，监护问题随之产生。调查发现（结果见表3-5），有41.7%的留守儿童是由爷爷奶奶抚育和监护；紧跟其后的是母亲的抚育，占23.6%；再次是由父亲监护，比例有10.7%；由外公外婆和其他亲戚抚育监护的分别有231人和155人，占到7.6%和5.1%；与兄弟姐妹一起留守、相互照顾的占5.9%；有5.0%的留守儿

---

① 熊易寒．城市化的孩子：农民工子女的身份生产与政治社会化［M］．上海：上海世纪出版集团，2010：70-74．

童独自一个人生活，处于自我监护状态。另外，还有0.4%的留守儿童借住在邻居和其他人家里。从调查结果中可以看出，在父母都外出的情况下，留守儿童与祖辈的爷爷奶奶或外公外婆生活，接受隔代监护是最主要的模式。在接受笔者访谈的77位留守儿童中，当被问及"你现在和谁住在一起"时，有36位留守儿童表示自己目前与祖辈一起生活。可见，如果农民夫妻双方都出去打工，绝大多数人都将自己年幼的孩子交给父母或岳父母抚育和监护。由父亲或母亲留在家里照顾孩子而采取单亲监护形式的留守儿童共有1047人，占总人数的34.3%（表3-5）。

表3-5 留守儿童监护情况表

你现在和谁住在一起？	人数（人）	百分比（%）	累计百分比（%）
爸爸	326	10.7	10.7
妈妈	721	23.6	34.2
爷爷奶奶	1275	41.7	76.0
外公外婆	231	7.6	83.5
亲戚	155	5.1	88.6
兄弟姐妹	181	5.9	94.5
自己一个人生活	154	5.0	99.5
邻居	10	0.3	99.9
其他人	4	0.1	100.0
合　计	3057	100.0	

在对留守儿童的访谈和田野调查中进一步发现，笔者所访谈的77名留守儿童中，有25人表示自己目前"与父（母）亲一起生活"，36人与爷爷奶奶或外公外婆生活，与亲戚（舅舅、舅妈）生活的有2人，5人与兄弟姐妹共同生活，9人表示"自己一个人住"。能够在家与父（母）亲共同生活，由父（母）亲自照顾的绝大多数都是小学生，特别是小学低年级学生；自己一人生活的9人无一例外全是初中生而且多是初中二、三年级学生。在小学阶段，由于孩子自理能力差，父亲或母亲留在家中照顾孩子的饮食起居和学习相对较多；随着孩子年龄的增长，他们的生活能力和自我管理能力逐年提高，留守儿童的父母趋向于请他人特别是祖辈帮助抚育孩子，于是出现小学生大多由父母亲中的一方监护，而初中生更多的由祖辈监护的情形。也就是说，孩

子越是年幼，留守儿童父母越趋向于自己抚养，而一旦孩子逐渐长大，父母需一起外出的时候，留守儿童由祖辈监护的比例逐步提高，爷爷奶奶往往是孩子的第一选择委托监护人，其次是外公外婆，而将孩子托付给其他亲戚朋友监护常是为了给他们提供更好的教育和生活条件的不得已的选择。

第二节｜黔东南农村留守儿童的生活

院中枣树，树叶又落下，那把最甜的红枣，想留给妈妈。坐在门前，不想说话。哦，打工的妈妈，你在哪儿？

那条花格裤，裤腿变短了，奶奶说我的个子，又见长高啦！我考了满分，老师夸我了。哦，远方的妈妈，你会知道吗？

都说妈妈在哪哪里就是家，可是打工的妈妈远在天涯，我多么盼望你能早点回家，我来画一幅，快乐团圆的图画。

都说妈妈在哪哪里就是家，可是打工的妈妈远在天涯，我多么盼望你能早点回家，在妈妈的怀里，眼含幸福的泪花。

院中枣树，树叶又落下。留守的孩子啊，又想起妈妈。坐在门前，不说一句话，晶莹的泪珠，一串串掉下。

——生吉俐《留守的孩子》，2012年

这首由生吉俐作词、智慧女孩谱曲并演唱，曾获2012年"关爱农村留守儿童，接力中国"——"爱·助成长"计划全国创作大赛金奖的少儿歌曲，或许可以作为外出务工农民子女的最佳解释，是留守儿童寂寞而孤苦的生活一种深情表白。这与其说是广大留守儿童的心声，毋宁说是社会各界人士对留守儿童的直接感受。"打工的妈妈远在天涯"，"我多么盼望你能早点回家"是他们缺乏亲情关怀、渴望全家团聚的衷情表达。然而，父母打工外出，家庭里找不到共享天伦、其乐融融的生活氛围，家中总是缺少一个或两个最熟悉的父母亲的身影，家庭残缺不全，生活孤苦无助，亲情难得抚慰成为摆在孩子们面前的生活现实。

一、亲子分离对留守儿童影响大

对留守儿童来说，亲子分离无疑是一个极端重要的生活事实，亲子分离的时间长度（即持续留守的时间）、打工地与家乡的空间距离、分离后的亲子沟通方式与频率是影响留守儿童生活的重要维度。表3-3表明有56.6%留守儿童与父母连续分离6个月至1年，1年至2年内的有41.1%，2.3%的留守儿童与父母连续亲子分离的时间在2年以上。一般说来，黔东南农村留守儿童与父母分离的时间常为一年，他们大多在过年时见到父母，和父母团聚。相对于漫长的留守生涯，能够与父母共同生活和相处的时间毕竟太短，这十天、半个月的快乐新年是他们一年中最幸福的时光，多数人表示"真希望把春天留住"，盼望与父母长期生活在一起。

留守这一生活现实无疑改变了未成年孩子本该与父母共同生活的正常家庭环境，难以面对面、近距离地从父母那里获得必要的支持、帮助和指导，对孩子的生活产生了一定的影响。"留守"对孩子的影响是每个留守儿童研究者共同关注且必须讨论的问题，研究结果大都认为留守经历给留守儿童的成长带来了负面影响。在本次调查中问到"爸爸（妈妈）外出打工特别影响到你的哪方面"时，有39.6%的留守儿童认为是"心情"，32.1%的认为是"生活"，13.7%的认为是"学习"，仅有14.6%的认为"没有感觉到"有影响（表3-6）。可以说，留守家乡使留守儿童没有完整的家庭生活，不能及时得到其他孩子一样的来自大人的关心和帮助，生活受到直接影响，进而影响到他的心理状况，长期的留守经历对孩子的成长和发展不利。

表3-6　留守生活对儿童的影响

爸爸（妈妈）外出打工特别影响到你的哪方面？	人数（人）	百分比（%）	累计百分比（%）
学习	420	13.7	13.7
生活	981	32.1	45.8
心情	1210	39.6	85.4
没有感觉到	446	14.6	100.0
合计	3057	100.0	

亲子沟通是密切分离中的亲子关系，减轻留守这一不利处境对留守儿童

负面影响的一个重要方式。在本次问卷调查中，有 71.4% 的留守儿童表示"很想念"在外面打工的父母，有 23.0% 的表示"有点想念"，仅有 5.6% 的表示"不太想念"或"没有感觉到"。基于家庭的贫困现状和能够继续学业的考虑，有 12.1% 的人仍然希望父母"打工多挣钱"，有 31.4% 的人渴望父母"打工，但要多联系"，而有 56% 的留守儿童表示最希望"一家人生活在一起"，这充分说明留守儿童对完整的家庭生活与家庭团聚的期待。留守儿童与外出父母进行日常联系的最常见方式就是打电话，特别是手机的普及让他们之间的联系更加频繁。调查还进一步表明（表 3-7），95.1% 的留守儿童是通过电话与父母亲联系的，通过信件、网络聊天、他人转告或者其他方式与外出父母联系的比例并不高，分别只有 0.9%、0.9% 和 1.3%，但仍有 50 名（1.6%）留守儿童的父母从未与留守儿童联系。

表 3-7 留守儿童联系父母的方式

你主要通过什么方式与爸爸、妈妈联系？	人数（人）	百分比（%）	累计百分比（%）
打电话	2908	95.1	95.1
写信	29	0.9	96.1
他人转告	29	0.9	97.0
上网	41	1.3	98.3
没有联系	50	1.6	100.0
合　计	3057	100.0	

随着农村里移动电话的普及，通过发送手机短信也成为留守儿童与父母日常沟通的重要方式。因为黔东南农村地区交通不便，农民文化水平低，加之收入很低，电脑价格较高，网络难以普及，一般是在学校、行政机关事业单位或网吧里才能上网，所以写信、上网、捎口信等联系方式并不是很普遍。在联系的频率上，表 3-8 的结果表明，约有 70% 的留守儿童与父母的联系频率在一周之内，半个月联系一次的占 14.4%，有 6.5% 和 6.8% 的留守儿童表示父母与他联系的时间在"一个月"或"一个月以上"，仅有 2.5% 的父母从未给自己的孩子打过电话。在田野调查时也经常听见父母打给孩子的电话响起，特别是到了晚上，寄宿制学校里的学生宿舍中手机铃声此起彼落，许多留守儿童都表示父母一般间隔 2 到 3 天会与他联系一次，每次通话时间在 10 分钟

左右。从以上事实可以看出，虽然父母亲远在他乡打工，但是与留守儿童主要通过电话进行的亲子沟通依然比较频繁，父母亲对子女的关爱与急切是与生俱来的。

表3-8 留守儿童与父母电话联系的频率

爸爸、妈妈一般多长时间给你打电话	人数（人）	百分比（%）	累计百分比（%）
一个星期	2132	69.7	69.7
半个月	440	14.4	84.1
一个月	200	6.5	90.7
一个月以上	209	6.8	97.5
没有打过电话	76	2.5	100.0
合　计	3057	100.0	

电话是密切留守儿童亲子联系的主要方式，他们通话的内容表现出互动的焦点及彼此之间的期望。由于父母亲常在过年才回家且停留时间不长，因而难得进行深入的交流，部分家长因长年外出而对孩子有深深的负疚感，聚少离多使他们变成了"熟悉的陌生人"，彼此之间面对面的谈话有时甚至变成十分客气的套话，反倒在电话里的交流变得更加自然。外出父母与留守儿童电话交流的内容（见表3-9），学习自然是摆在第一位的，占46.5%；其次是孩子的身体发育与健康状况，占27.3%；第三是安全问题，占16.85%；孩子的饮食状况与住宿情况也是父母比较关心的（3.2%），而其他家庭成员的身体状况、面临的困难、最近村寨里的各种杂事等也是他们经常交流的话题（6.1%）。在对留守儿童进行访谈时，几乎每个孩子都跟笔者提到，父母每次在电话中都会说上这么一句话，"你要听话，在学校里不要闹事，要尽量读好书，努力学习才有出息，考上大学才有出路"。以上事实说明，父母与留守儿童频繁的电话沟通的焦点是留守儿童的在校学习、健康、食宿、安全等现实问题，特别是学习的高度关注反映出父母出门就是为孩子挣取足够的教育费用，让他们考上好学校，避免像父母一样的命运的"天下父母心"。在与孩子的通话中，父母亲限于较低的文化水平和极为薄弱的养育知识基础，很少与子女进行情感沟通和心灵交流，也忽视对孩子心理发展问题的关注。

表 3-9　留守儿童与父母电话联系的内容

爸爸、妈妈给你打电话说得最多的是哪方面	人数（人）	百分比（%）	累计百分比（%）
学习问题	1423	46.5	46.5
身体问题	834	27.3	73.8
安全问题	514	16.8	90.6
饮食问题	99	3.2	93.9
其他问题	187	6.1	100.0
合　计	3057	100.0	

二、经济状况较好但生活照顾差

黔东南山川连绵，可耕地少，土地贫瘠，产出低，外出务工收入往往比在家务农收入高得多，这也使得外出务工成为当前农民的第一选择。应该说，目前的黔东南乡村温饱问题已经解决，生活已经有了保障，但仅靠务农收入，农民家庭生活水平就会仅限温饱。打工收入虽然相比城市稍低，但用于在农村花费已经是比较高的收入。在苗寨侗乡里走动，就会发现村寨里盖新房的或者翻新了老房子的，基本都是有人外出打工的人家。国家为改善农村居民居住条件实施的"农村危房改造工程"给新建或翻建住宅的农户每户 6000 元至 1.5000 元的补助，但除了那些最危险、最困难的一级危房户、五保户和地质灾害危房户能够因全额补助而得到改造资金，其余得到补助的大多是父母均外出打工或有人出外打工的人家。因为危房改造的补助金都需要建房户自筹几万元甚至十几万元修建或翻修房屋后，凭改造好的房屋照片、村委会的证明才可以领取，但留在村里务农的农户很少有人能够拿出这笔数目较大的建房投入，于是配额给村里的危房改造补助金自然就落在了这些因外出务工而先富起来的打工人家身上了。同时，由于出外打工，父母亲经济收入、卫生知识增长不少，村里第一批将竹席围圈、两块木板、一个便桶的"陋、脏、臭、险"旧式厕所改造为水冲式厕所的往往也是打工人家。

父母外出务工在给家庭带来收入的同时，也会在回乡时或者通过邮寄、托人带的方式给家里的孩子送来各式各样的新衣。从发达地区带回的衣物往往也比当地乡场上买到的款式更加新颖、做工更加精细、质量更好一些，用孩子们的话说就是"比较流行，经穿"，留守儿童一般对自己的衣着比较满意，我在初中校园里对学生穿鞋的品牌、样式和新旧的观察也证实了这一点。留守儿童穿的鞋基本上都是大超市里购买的品牌运动鞋（如安踏、361°、Erke、德尔惠、回力等），样式新颖；非留守儿童能够穿上品牌运动鞋的就相对少一些，大多穿的是农村里干活常见的解放鞋或者是乡场地摊上出售的杂牌运动鞋，样式老套，比较破旧。

乘坐交通工具次数是家庭经济条件的反映，放学和上学能够轻易坐上车的大多是留守儿童。黔东南多数乡村已经开通了进村公路，有些虽然过于简陋，但仍有许多私家面包车不畏艰险每周末穿行于村寨和学校之间接初中生上下学。下面的这篇田野调查日记就真实反映了黔东南农村留守儿童的交通情况：

鱼良村是谷陇镇最边远的一个苗寨。从镇上走，要翻过近两千米的大坡，然后再从坡顶一直沿着山路走到坡底，走过一片较平阔的山间田野，就进入山林环绕的村子。

周日黄昏，又到了煮晚饭的时候，村里人你追我赶地从屋顶升起了炊烟。村口，进村公路的尽头，去镇里上学的孩子三三两两地到这里集合，有的拿着书包，有的提着米袋，还有的拎着新洗的衣被，然后结伴到学校去。"滴，滴，滴"，接人的面包车来了，同学们一拥而上，不一会儿就挤满了，车主则指挥着坐车的人腾位安插，以便使这7座的面包车能挤上更多的人。车子旁边有几个同学好像没有挤上去的意思，看样子还在等人。经打听，他们不坐车，是在等一个女同学，然后一起走路去学校。一位在谷陇中学上初二的女同学对车上的人报以蔑视的神色，说了一句："有什么稀奇的，花父母的血汗钱，爸爸妈妈在外面很节约，他们在这里很大方。"她旁边的一个女生告诉我，鱼良到谷陇走山路约有7公里，要一个半小时。坐车则要先顺坡拐到仰朵村，然后才上省道，可能有16公里，大人坐面包车要10元，学生优惠要8元，大约要走半小时。她还给我算了一下账，一周来回坐车要16元，如果不坐车就能省下来买吃的或者学习用具。现在学校里提供免费的午餐，晚餐也有补助，自己花1元买米饭。家里每周给她30元，要是坐车，就只剩14元，买饭用10元,自己可以支配的就只有4元。所以宁愿辛苦点走路去学校,可以省下16元来买更多的东西,比如化妆品、洗发水、衣服等。挤在车上的大多是父母去打工的孩子,家里比较有钱,孩子也舍得花钱。

(2013-3-21 田野调查日记)

  父母外出后的留守儿童饮食往往是研究者比较关心的问题,有研究者指出家庭收入水平较高且父母出于对留守家乡的孩子的亏欠感,给钱较多,留守儿童吃到新鲜蔬菜和荤菜的数量和次数比非留守儿童高,饮食营养状况整体好于非留守儿童。[①] 但是,黔东南的生活水平低下,通过实施农村义务教育学生营养改善计划后,学生能够在校获得营养午餐,寄宿制农村学校学生得到就餐补助,在校的学生基本上得到相同标准的饮食。但放学或周末回家的黔东南农村地区学生的饮食和生活照料发生了分化,因为有父母照顾,非留守儿童的就餐时间、食品种类、衣物洗理基本得到保障。由祖辈监护或自我监护的留守儿童则是就餐时间和餐饮品类比较随意,属于粗放型的饮食结构,吃剩饭、剩菜或者敷衍了事地吃一顿是常有的事。黔东南农村里所产菜品有限,大人们又喜欢吃用米酸汤加上白菜或野菜煮成的"酸汤菜",于是跟着老人生活的留守儿童几乎是十天、半个月吃的都是这种煮食简单、营养价值不高的"下饭菜"。小学生自理能力较差,家中的衣物随处堆放,脏衣服不能及时洗净,有时经常将脏衣物放置几天后重新又穿着去上学。我到台江县老屯乡岑邦教学点调查时,早晨上课前就看见这些匆匆赶到学校的孩子绝大多数明显地脸都没有洗,有的还穿着厚厚的冬衣,有的已经随着天气变暖换上了薄T恤,有的脚穿高筒雪地靴,有的却穿着拖鞋。学校的老师给笔者讲了一个留守儿童的例子,前一天上课时这个小孩因为与同学打闹,被人用水龙头淋湿了裤子。因为是冬季,老师见到他在哆嗦,于是让他提前回家去换。可第二天上课前发现他穿的仍是昨天被淋湿的那条,询问后才知道,昨天回家后找不到干的裤子换,睡了一晚上后发现,裤子已经在被窝里焐干了。最

[①] 贾勇宏. 人口流动中的教育难题:中国农村留守儿童教育问题研究[M]. 北京:中国社会科学出版社,2013:114-117.

让人担心的是当孩子生病时，监护人医药卫生知识欠缺或疏忽大意，家中又缺乏决断的人，会直接影响到疾病不能得到及时救治而发生延误治疗及至意外死亡的情况。

由相对富裕的家庭经济条件带来比较好的住房条件、生活条件，使留守儿童的衣着与上学交通总体情况比非留守儿童要好得多，但由于父母外出不能亲自安排孩子的生活，家庭饮食起居受到影响，留守儿童的生活照料显得不那么令人满意，有的甚至于让人心酸。

三、有一定独立生活能力且比较节俭

许多研究者认为，留守儿童特别是小学高年级和初中阶段的学生具有一定的独立生活能力，已经逐渐成熟、懂事，具备一定的生活自理能力。[1]父母外出，留守儿童开始自我监护，不得不担负起超过他们这个年龄段的儿童所应承担的责任，不得不提前成熟起来，学会自己打理个人或者家庭的生活，用他们稚嫩的肩膀挑起了生活的重担，黔东南农村地区的留守儿童也体现出相类似的特征。笔者在黎平县肇兴乡的田野调查日记中就记录着这么一个女孩：

独立、坚强、乐观的美姣

> 堂安侗寨坐落在离肇兴镇人民政府 5 公里的山坡上，这里有中国和挪威王国合作的建设项目——堂安侗族生态博物馆。周六清早，等我们沿着山间公路层层叠叠的梯田间穿行，走过一段杉木、杜鹃、野蔷薇丛生的泥土路来到雾气腾腾的侗寨时，姜美姣正挑着箩筐准备出门，她的奶奶正在门前喂鸡。美姣已经十二岁，在肇兴小学上六年级。她三岁的时候，爸妈就外出打工了，九年来，美姣最亲的人就是奶奶。她告诉我，现在村里人大多是留守的老人和孩子，很难看到青壮年的身影。今天是周末，得抽这空闲时间去干点农活。她一直惦记着奶奶种的菜地需要除草，还得给家里的小猪割草喂食。

---

[1] 叶敬忠，潘璐. 别样童年：中国农村留守儿童[M]. 北京：社会科学文献出版社，2008：110-114.

因为奶奶身体不好，所以每天做菜喂猪的活都是她来做。

在田地边讨了些野菜放在挑子两头的箩筐里，这是喂猪用的。跨过坑坑洼洼、非常不好走的泥水路，美姣来到了需要除草的菜地。菜地在山里，她的脚边就是几十米的斜坡，看起来比较危险。美姣时而挥舞着镰刀割除杂草，时而熟练地用锄头给油菜松土。我注意到，十二岁的美姣，手上残留着各种细小的伤疤。看得出来，她干活时免不了会伤到自己。她说，她从来没有哭，也不敢哭，割伤后都是自己找点草药包在伤口上止血。被镰刀割伤对美姣来说，这不算什么，她像个成年人一样冷静地处理伤口，她告诉自己要学会独立。她还告诉我，她干活时最怕的是蛇，但至今还比较幸运，尚未遇到致命的毒蛇。说完了她最怕的蛇，她向我讲述了她破碎的家庭。父母亲外出打工时，她才三岁，八岁以后就很少看到母亲。父亲原来在东莞厂里做油漆工，专给温水瓶上漆，后来不知得了什么病，总是治不好，五年前去世了，那时她刚上小学。因为父亲久病卧床，花光了家里的积蓄。四年前的一天母亲告诉她，必须去打工，要不然家里真是太穷了。然后就转身离开去外地打工了，她看着妈妈的背影伤心地哭了，从那以后就几乎只能在春节里的几天才能见到妈妈。妈妈离家变成了美姣永远的隐痛，父亲死了，妈妈又走了，没有了母亲的疼爱，美姣的生活里就只剩下奶奶与她相依为命。

在菜地干完活，美姣又沿坡去打猪菜。这是件非常吃力的苦活，割了将近一个小时，猪菜装满了两个箩筐，有近50斤，几乎和她体重相当，颤颤巍巍走出两步，草就淹没了整个人。即使这样，美姣也咬牙自己扛着。

回到家里，美姣开始做饭。她先把米淘好，放进锅并端到火灶上，边给饭灶里添火，边摘菜。她今天的菜只有豌豆尖（从豌豆枝蔓的尖端掐下的嫩叶），再也没有其他的东西了。等煮沸了饭，再端下来放在灶边，她又在灶上放了一个小铁锅，放进一点猪油并加上适量的水。水开了，美姣将豌豆尖悉数放进去，然后往锅里放了点盐，几分钟后将豌豆尖舀起来并叫上奶奶一起吃饭。我怀疑这样的饭菜能否吃饱，能否让美姣的身体发育得到应得的养分。尽管现在美姣吃的每顿饭几乎都是煮菜汤，住在下雨便会漏水的老房子里，每个月靠270元的低保收入维持着家里的开支，但乐观的美姣默默承担着。不仅如此，美姣还是家里的决策者和策划师，这个小大人，已经细致地在规划将圈里的猪卖掉。她准备把卖猪收入分成三份：一份买油盐，一份给奶奶和自己添件夏天的新衣，另一份重新去买小猪仔再养。真希望美姣的那头小猪能够在一夜之间就长大卖钱。

堂屋背后不足8平方米的小屋，就是美姣和奶奶的卧室。屋子里堆满了杂物，虽显得很乱，但最抢眼的是床头的小书桌和铺满了一面墙的奖状，上面吊着一只灯泡。卧室里满墙的奖状，是美姣认真学习的最好见证。

奶奶知道自己年岁大了，似乎每天都在与时间赛跑，奶奶总是念着小美姣，晚间总是看着她睡去和醒来，设想着自己故去了，夜晚她怎样度过。美姣也给笔者透露自己的担心，她最害怕的也是奶奶离开了这个世界，到那时，自己简直不知道该怎么办。

美姣在村里有很多朋友，但重重心事却找不到倾诉的对象，唯有将心里话放在自己的日记里。在一篇日记中，美姣这样写道：今天就是星期五，下午就可以回家看奶奶了。我是既高兴又伤感，高兴的是马上会见到她；伤感的是不知道她的身体怎样了，年纪正在折磨着她的岁月。除了她，没有谁疼我，我多么希望现在就回家，越快越好。

美姣觉得上学是一件快乐的事，因为她是班里成绩最好也是最勤奋的人，她的心愿是能考上一所大学，毕业了能把奶奶接到城里和她一起生活。压在美姣肩上的担心真是非常沉重，生活也比较艰难，但她很有信心，觉得坚持下去，美好的生活在等待着她。在心酸的成长路上，美姣不得不选择更加独立，更加坚强。

（2013-3-30，田野调查日记）

留守儿童的父母出门时总是要给家里人留下部分钱以备不时之需，也会给自己的孩子零花钱。在父母双方或一方外出的情况下，无疑会给孩子对金钱的自由支配提供了机会，对零花钱的使用和管理也反映出他们的消费观念和管理能力。从表3-10可以看出，留守儿童的零花钱相比非留守儿童来说，并没有数量上的优势，每周的零花钱数额在25元以下的留守儿童的比例甚至比非留守儿童低，只是每周花30元以上的留守儿童的人数才略比非留守儿童的人数多。可见，由于从家庭得到的零花钱数目大致相当，主要需求相同，在零花钱支配所反映出的消费观念和支出额度上，留守儿童与非留守儿童之间并没有区别。

表3-10 留守儿童与非留守儿童零花钱数量比较表

你每周花多少零钱？	留守儿童 人数（人）	百分比（%）	累计百分比（%）	非留守儿童 人数（人）	百分比（%）	累计百分比（%）
10元以下	883	28.9	28.9	1101	33.5	33.5
15—25元	1015	33.2	62.1	1109	33.8	67.4
30—50元	737	24.1	86.2	603	18.3	85.7
50元以上	124	4.1	90.3	120	3.6	89.4
没有算过	298	9.7	100.0	347	10.6	100.0
合　计	3057	100.0		3280	100.0	

从支出项目来看，对正在接受教育的未成年人来说，购买纸、笔等学习用品无疑是他们零花钱支出的大头，本次调查也充分证明了这一点（见表3-11）。在问卷调查中，留守儿童与非留守儿童对"你花的钱主要用在什么方面"没有显著差异，同是接受义务教育阶段的学生，贪玩（买玩具、上网）、好吃（购买零食）是其儿童本性决定的，他们的消费具有高度的相似性，但在具体的花费数目上显示出细微差别。非留守儿童将零花钱用于购买零食的比例稍高于留守儿童，而留守儿童花在购买学习用品和上网的钱要比非留守儿童多，但这两类儿童将零花钱用于购买学习用品的比例都高于排在第二位的"买东西吃"将近50个百分点。笔者在调查中进一步发现，留守儿童相对于非留守儿童来说，他们更加了解父母打工的辛苦，能够更加理性地使用零花钱，在访谈中都表示自己用钱比较节省，经常听到他们"先保证上课时有笔用，然后再考虑吃的问题"。当我询问他们"希望父母回家时带给什么礼物"时，绝大多数人都说"回来看我是最重要的，并不希望带礼物，不想父母浪费钱财"。这说明留守儿童普遍了解家庭的困难与父母打工的艰辛，对金钱和物

质的缺乏有深切的体会，一般会比较妥善安排个人消费，花钱也比较理性，都倾向于将零花钱用在最重要、最急需的物品上。当然，在黔东南的调查中，也发现有的留守儿童零花钱数量大大高于非留守儿童，花钱大手大脚的情况，但毕竟不多。

表3-11　留守儿童与非留守儿童每周零花钱用途比较表

你花的钱主要用在什么方面？	留守儿童 人数（人）	百分比（%）	累计百分比（%）	非留守儿童 人数（人）	百分比（%）	累计百分比（%）
买东西吃	786	25.7	25.7	890	27.1	27.1
买学习用品	1518	49.7	75.4	1580	48.1	75.3
上网	46	1.5	76.9	36	1.1	76.4
买玩具	21	0.7	77.6	25	0.7	77.1
说不清	686	22.4	100.0	751	22.9	100.0
合　计	3057	100.0		3280	100.0	

四、家务负担较重而双亲均外出的多在校寄宿

教育是人类通过正式课堂和日常生活以获得知识、人生观和生存技能的一种历程。学校和家庭作为影响学生发展的两个主体，二者的共同关注点是如何更好地促进儿童的最佳发展。学校和家庭就是孩子成长的大舞台，对农村学生来说，学校生活无疑是其生活的中心，在学校上课是人生大舞台中的前台，绝大多数人在学校的一举一动是那样的步调一致和标准规范：一样的钟声、一样的时间、一样的教学、一样的食宿、一样的服装、一样的纪律等。下课后的家庭生活是学生生活的边缘，是其人生的后台。后台里的生活，将不再是那样的标准，也不会有同等的要求。家家有本难念的经，况且这经怎样念还得看个人的条件和需要。人生来不同，建立在家庭条件基础上的课余生活也因此变得生动和丰富多彩起来。

学生的课余生活时间由两部分构成：一是平时下课后的空闲时间，二是节假日。在问及"放学后，你经常干什么"时，留守儿童与非留守儿童对各选项的排名顺序相同：做作业—玩—看课外书—看课外书—干活—看电

视—上网，但在具体的课余生活选项上有差异。留守儿童在课后玩、看课外书、上网、干活的比例比非留守儿童高，而非留守儿童做作业、看电视的比例则高于留守儿童（见表3-12）。这说明，对正在接受义务教育的儿童来说，生活世界比较简单，与学校生活直接相关的做作业和看课外书占据了课余生活的大部分时间，玩、看电视、干活和上网只是他们生活中的点缀和补充，这也从另一侧面反映当前农村学生与城市学生一样都面临着学业负担过重的问题。

表3-12 留守儿童与非留守儿童课余时间支配比较表

放学后，你经常干什么？	留守儿童 人数（人）	百分比（%）	累计百分比（%）	非留守儿童 人数（人）	百分比（%）	累计百分比（%）
做作业	1239	40.5	40.5	1386	42.2	42.2
看课外书	555	18.2	58.7	556	16.9	59.2
玩	570	18.6	77.3	585	17.8	77.0
上网	73	2.4	79.7	70	2.1	79.1
干活	417	13.6	93.4	415	12.6	91.7
看电视	203	6.6	100.0	271	8.2	100.0
合计	3057	100.0		3280	100.0	

留守儿童与非留守儿童课余时间的活动内容明显与是否得到大人良好监管和保护有关。留守儿童多从事与伙伴闲玩、看课外书等不需要直接监控的活动，非留守儿童一般都在家看电视，大人也比较容易进行监管。在黔东南农村地区，电脑普及率低，绝大多数父母不会上网，人们利用电脑的机会也不多，上网近似于一种奢侈和难得的生活享受，所以在校学生上网的比较少。在调查结果中，留守儿童上网比例（2.4%）稍高于非留守儿童（2.1%），许多留守儿童的课余时间是在网吧中度过的，在问及对留守儿童的典型印象时，许多老师都表达出"他们喜欢上网，有时还经常旷课去上网，晚上还去网吧包夜"的观念。

在田野调查中，农村孩子不管父母在家与否，常常都会从事一些力所能及的家务活动，如扫地、洗碗、洗菜、洗衣；年纪较大的还要帮大人干农活，比如男孩砍柴，女孩打猪菜，农忙季节要插秧、种地、除草、收谷。从表3-12可以看出，留守儿童干活的比例要比非留守儿童高出一个百分点，在家中的壮年劳力出门的情况下，原本由大人承担的洗衣、挑水、砍柴、打猪菜等劳作自然就落在他们肩上。特别是父母均外出的年纪最大的留守女童俨然就是一个"家长"：她不仅要承包家里的所有餐饮准备工作，还成为全家人的洗衣工、种菜工、会计师，同时也要督促家里所有人的饮食起居，劳动负担可想而知。

是否在校住宿从另一角度反映出留守儿童的生活照料状况，由于在校住宿可以暂时脱离吃饭自己做、作业独立做、睡觉无人陪、孤灯只影的留守生活，留守儿童多数都选择住在学校宿舍里。国家实施农村义务教育学生营养改善计划和寄宿制学校建设工程后，在校学生可以获得国家提供的免费午餐和晚餐生活补助，还能得到国家的在校住宿补助。在校食宿，免除了农村学校交通不便，学生吃饭不易，住宿艰难的后顾之忧，黔东南农村地区学校学生全部在校进午餐，下午放学后仍在校食宿的人数大增。在对学生的问卷调查中发现，3037名留守儿童中在校住宿的1989人，占65.5%；3280名非留守儿童中在校住宿1835人，占55.9%，留守儿童总体比非留守儿童的住宿率高（见表3-13）。在黔东南的调查中，笔者发现，除非在学校附近居住，或与临时监护人租房住，初中阶段留守儿童大都住校。为了解各类留守儿童的具体在校住宿情况，还进行了父母外出打工情况与留守儿童的住宿选择交互分析。表3-14表明，父母均外出打工的在校住宿最多，占总数的38.7%；其次是父亲一人外出打工的，占18.2%；母亲一人外出务工的在校住宿最少，只有8.1%。对之进行的卡方检验发现，留守儿童是否在校住宿与家庭里父母的外出打工情况存在显著正相关，即父母外出打工类型直接影响到留守儿童的住宿选择。父母都外出的留守儿童住宿最多，一个可能性就是他们对获得有效监护的愿望特别迫切或者是父母要求他们必须住宿以得到学校的直接监护，让学校间接承担起父母都外出后出现的监护真空，"在校住宿实际上是留守儿童家庭监护职责在学校的一种延伸，或者说是一种转嫁。"[①]

[①] 贾勇宏. 人口流动中的教育难题：中国农村留守儿童教育问题研究[M]. 北京：中国社会科学出版社，2013：122.

表 3-13　留守儿童与非留守儿童在校住宿比较表

你在校住宿吗？	留守儿童			非留守儿童		
	人数（人）	百分比（%）	累计百分比（%）	人数（人）	百分比（%）	累计百分比（%）
是	1989	65.5	65.5	1835	55.9	55.9
不是	1068	34.9	100.0	1445	44.0	100.0
合　计	3057	100.0		3280	100.0	

表 3-14　留守儿童双亲外出打工情形与住宿选择交互相关统计表

是否在校住宿	父母外出打工情形						合计
	父母均外出打工		父亲外出打工		母亲外出打工		
	人数（人）	百分比（%）	人数（人）	百分比（%）	人数（人）	百分比（%）	
在校住宿	1184	38.7	556	18.2	249	8.1	1989
不在校住宿	584	19.1	284	9.3	200	6.5	1068
合　计	1768	57.8	840	27.5	449	14.7	3057
χ^2=21.522　df=2　P=.00＜0.01**							

五、与父母共同生活的愿望强烈

黔东南地区农民外出打工是迫不得已的选择，留守儿童大多自小就看着父母亲在家里与打工地之间来来往往，也看见父母打工给家庭带来的变化，对自己稍有残缺的家庭生活也有深切感受。但是，贫困的家庭生活，让孩子们更加平实地看待父母的外出与自己的留守，他们知道，这也是一种迫不得已的选择。

每个人都会满怀梦想，对家庭充满期待。留守儿童对父母的打工决策怎样看待，他们对家庭生活的理想如何？前文提到，父母外出打工对孩子的心情影响最大，他们对待打工的态度是影响他们心情的一个重要方面。从表 3-15 可以看出，56% 的留守儿童希望"一家人生活在一起"，19.3% 的希望父母"打工，但要多联系"，12.1% 的认为父母应该"打工多挣钱"，还有 12.6% 的人表示"说不清"。可以认为，单纯从个人内心愿望上说，大部分留守儿童希望父母与自己一起在家乡生活，但黔东南农村地区恶劣的生活环境、贫穷的家庭现实使他们认识到，打工是一条改善家庭处境，提高经济收入的现实途径，孩子们对父母外出行为是理解的，也支持父母不得已让自己留守家乡的做法。父母外出后，家庭的冷清、生活的无助与过年时全家欢聚一堂的热闹形成了剧烈的反差，他们渴望父母能尽快回来，对圆满的家庭生活也有着美好的憧憬，也自知这只是美好的愿望。

表3-15　留守儿童对父母的生活愿望

你最希望爸爸妈妈做什么？	人数（人）	百分比（%）	累计百分比（%）
打工多挣钱	370	12.1	12.1
打工，但要多联系	591	19.3	31.4
一家人生活在一起	1711	56.0	87.4
说不清	385	12.6	100.0
合　计	3057	100.0	

父母不得不外出谋生以改变家庭生活贫困面貌的现实需求，父母不可能与自己一起待在农村的生活事实，让留守儿童萌生出一种新的想法：与父母共同流动到打工地生活、求学。笔者通过调查发现，父母如果在外从事专业性较强的行业工作，收入比较高且有便利的交通和入学条件，则会想方设法将子女带到打工地与他们一起生活，彼此之间相互照应。在接受问卷调查的留守儿童中，有26.5%的留守儿童表示愿意与父母一起到打工地去求学；29.4%的认为父母收入不高，不具备一起外出的条件，无法成行；30.8%的留守儿童"不愿意"去；13.3%的表示在哪里都一样，不想增加父母的负担（表3-16）。另外，在黔东南的调查也发现，留守儿童的父母大多在广东、福建、浙江、江苏等沿海地区打工，与家庭的距离远，父母来回的经济成本高，一般都是两到三年才返乡一次，因此留守儿童与父母团聚的愿望特别强烈。可能是因为考虑到家境困难，父母挣钱不易，经济条件不好，不可能与父母一起到沿海地区生活，因而问卷调查结果中表示期待与父母共同在打工地生活的比例没有预想中那么高。参加平寨九年学校留守儿童座谈会的留守儿童中有一小部分是曾经与父母流动的所谓"回流儿童"，有位同学说："我也羡慕能够长期与父母在一起的同学，但我爸妈是在东莞的一个毛纺厂工作，工资不高且经常加班，货多的时候连吃饭的时间都没有，我也没有得到他们的什么照看。我读的学校有2000千多人，人数多，一个学年收费6000千左右。因为是民办学校，于是有很多老师在期末时给每个人都打比较高的分数，为

的是留住学生,但是教学质量并不高。因为在那边不习惯,又怕继续浪费父母的钱,于是又回到这边来上学。"

表3-16 留守儿童对进城与父母生活的愿望

你愿意到爸爸或妈妈打工的地方和他们一起生活吗?	人数(人)	百分比(%)	累计百分比(%)
愿意	809	26.5	26.5
没有条件,去不了	898	29.4	55.9
不愿意	942	30.8	86.7
无所谓	408	13.3	100.0
合　计	3057	100.0	

留守儿童的父母因为经济原因与子女分离,也常将自己留守家乡的孩子与亲友或村寨中父母都在家的孩子作对比,心中感到无尽的无奈和心酸。他们也能体会到孩子的孤单、无助与寂寞,也想与孩子共享天伦之乐,孩子们的期盼也是他们心中真实的想法。但现实总要把美好的愿望化为泡影,只要可能,他们也会选择一种比较理想的方式来拯救孩子,拯救家庭,比如等到家庭经济条件稍有改善,他们一般也会安排夫妻中的一人留在家里陪孩子。在问卷调查中,当留守儿童在回答"如果父母中的一人必须去打工,你希望谁留在家里和你在一起"这个问题时,高达64.3%的留守儿童选择了母亲,有12.7%的人回答是希望与父亲留守,23%的表示"无所谓"(表3-17)。这说明,由于母亲天然对孩子的母爱,在孩子的照料中更加细心、耐心,在对孩子的教育和管理上也更加负责和主动。同时,黔东南农村的妇女受教育程度和汉语水平一般不高,男性农民工在人力资本和社会网络中比女性更有优势,男性通常会比女性获得更高的工资。因此,不只从心理需求上的满足,还是从经济因素的考虑,留守儿童认为如果父母中有一人能够与自己在家中生活的话,他们希望与母亲共守家乡。

表3-17 留守儿童对父(母)外出打工的选择

如果父母中的一人必须去打工,你希望谁留在家里和你在一起?	人数(人)	百分比(%)	累计百分比(%)
父亲	387	12.7	12.7
母亲	1966	64.3	77.0
无所谓	704	23.0	100.0
合　计	3057	100.0	

农村的父母外出务工直接导致了留守儿童问题的产生，外出的父母无法给予成长中的孩子以更加有效的监护。父母在家与出去务工将留守儿童的生活撕裂为两个天壤之别的世界：有父母与他一起生活，他是一个完整的人，一个快活的人，一个充实的人，一个安全的人；在父母离开的日子，孩子立马发现自己变成了一个被遗弃的人，一个多余的人，一个苦命的人，一个孤独的人，思念的想法时刻折磨着他，与父母共同生活的向往充斥着他的头脑。对父母来说，他们也深爱着自己的子女，不是他们狠心，而是他们无奈；不是他们愿意出门，而是他们不能不远行；不是他们不用心去照顾，而是有心无力。虽然是苦日子，但生活将继续。

第三节 | 黔东南农村留守儿童的教育

留守儿童是因缺乏父母有效监护出现了生活和学习问题首先被媒体关注进而走进研究者视野的，其中留守儿童在父母离家打工后的学习状况是研究者重点关注的内容之一。不利的生活和教育处境加剧了留守儿童问题的严重性，几乎所有的父母都表示希望自己的外出打工能够为孩子提供更好的上学机会，使他们能够接受到更好更高层次的教育，不曾想正是自己外出出现的管护缺陷而影响到孩子的学习、生活。教育是学习的种概念，学习是教育的基础，教育是从学习中分离出来由国家、社会和教育者引导和规范的学习，教育首先是一种学习。[1]因此，留守儿童教育状况是在对留守儿童学习的研究中体现出来的。

一、怀有通过教育走出农村的学习目的

学习目的是个人或社会对学习行为所期望达到的成就或结果，它是人们学习行为的导向，对学习具有积极的引导和激励作用。与非留守儿童相比，

---

[1] 郝文武.教育哲学[M].北京：人民教育出版社，2006：163-166.

留守儿童的家庭不完整,在生活中他们体味了更多的艰辛,对不能与父母亲共同生活的日子具有更加深刻的体会,这也在某种程度上坚定了他们通过教育改变命运的信心和决心。每个人受教育时都各怀自己的求学目的,这一目的在乡村中可能会造成一定的理解障碍,于是笔者设计问卷时使用了最通俗的"读书"。对黔东南农村地区乡村学校的孩子来说,大山的重重阻隔,读书—上大学—工作无疑是最有效的冲破这种限制的最好办法。正如表3-18调查结果所表明的那样,不论是留守儿童还是非留守儿童,多数乡村学童的教育目的都是"考大学",分别达到74.7%和75.0%。考大学是农村学生显性的学习目的,上大学的终极目标是通过大学实现离开乡村到城市工作。还有8.4%的留守儿童和8.2%的非留守儿童认为自己的学习是为了父母,是为父母争光,让父母过上好生活。可以看出,他们的学习目的是现实而具体的,他们认为唯有认真学习,努力拼搏,找个好工作以减轻父母负担。让人感动的是,在黔东南的田野调查中,几乎每个留守儿童都有明确而美好的职业理想,都对目前父母的辛苦打工怀着一种负疚感,觉得因为家里穷,自己又要上学,家长自然不能与自己一起生活而背井离乡外出打工;他们在制订自己的学习目的同时也满怀对父母亲人的感恩和改变家庭窘境的责任感,多数人乐观地向笔者说明自己要努力赚钱来回报父母。

表3-18 留守儿童与非留守儿童学习目的对比

你到学校读书的主要目的是什么?	留守儿童 人数(人)	百分比(%)	累计百分比(%)	非留守儿童 人数(人)	百分比(%)	累计百分比(%)
考大学	2284	74.7	74.7	2459	75.0	75.0
打工	91	3.0	77.7	130	4.0	78.9
为了父母	257	8.4	86.1	270	8.2	87.2
不知道	210	6.9	93.0	206	6.3	93.4
其他	215	7.0	100.0	215	6.6	100.0
合计	3057	100.0		3280	100.0	

从表3-19可以看出,在对教育价值的看法上,98.4%的留守儿童和98.2%的非留守儿童认为读书"非常有用"或"有用",这充分说明绝大多数农村孩子都充分意识到教育对个人成长与发展的意义和价值,并非"读书无用"。

在对待到学校接受教育的目的上,留守儿童和非留守儿童的选择结果非常相似,都对教育的工具价值认识比较清晰,表达了他们急欲通过教育改变家庭和个人命运,改变自己目前不理想的生活现状的愿望。

表3-19 留守儿童与非留守儿童对教育的认识对比

你认为读书有用吗?	留守儿童 人数(人)	百分比(%)	累计百分比(%)	非留守儿童 人数(人)	百分比(%)	累计百分比(%)
非常有用	1936	63.3	63.3	2181	66.5	66.5
有用	1074	35.1	98.5	1039	31.7	98.2
没有用	31	1.0	99.5	36	1.1	99.3
完全没有用	16	0.5	100.0	24	0.7	100.0
合 计	3057	100.0		3280	100.0	

较高的收入水平,较多的发展机会,可以到城市见世面等形成的拉力,农村收入水平低、缺乏更好的发展机会、生活穷苦等形成的推力促使中国农民工流动到城市打工,巨大的经济驱动力是促使农民工大规模外出的主要动力。户籍制是影响中国城乡流动的最为突出的制度障碍,父母暂居城市里所受到的差别待遇及生活和工作阻力下难以融入城市主流生活,心理发生了变形。[1]城乡之间巨大的经济差异、收入差异、生活条件、发展机会差异等都是留守儿童父母涌向城市的推动力量。打工回来的父母言谈举止中对城市生活的憧憬和向往,电视、网络、报纸等媒体对城市生活环境淋漓尽致的展示,无疑已经使自小僻居山乡的儿童具有天然的吸引力。外出打工的父母也常常与孩子们提起在城里务工的艰难、挣钱的不易以及所受到的种种横亘在城乡之间的隔阂和鸿沟,于是留守家乡的孩子们心中便产生一个念头:到城里看看,然后回来努力读书,以后到城里去生活。在将"打工"作为对读书的目的的选择中,留守儿童的比例为3.0%,非留守儿童则是出现了4.0%,二者之间有一个百分点的差距(表3-18),这可以从留守儿童更能体会打工的艰辛和更加能够领会读书的好处中得到解释。以下一篇留守儿童作文表达了他

---

[1] 李强.影响中国城乡流动人口的推力与拉力因素分析[J].中国社会科学,2003,(1):126.

们的心声：

爸爸，您辛苦了！

为了供三个子女（哥、弟、我）读书，爸爸长年在外地打工。爸爸做的工都是苦力活，然而爸爸从没有告诉我们这些，更没有在我面前提到"苦"字。

爸爸每一次回家的时候都不忘了对我们说："你们要努力读书。"

爸爸的每一次回家，肩上都会多几块伤疤。可当我们抚摸着他的伤疤，心中涌起阵阵心痛和担忧，爸爸却说："不要紧！"我想也许是爸爸的负担太重了，他怕我们担心。

爸爸的每一道伤疤都会让妈妈落泪，可妈妈总是装着什么都不知道的模样，妈妈这样做也是为了不让爸爸担心。爸爸只是希望我们用心去读好书，爸爸相信他现在所做的一切都是会有回报的。爸爸这样不怕辛苦地挣钱只是为了让我们的日子过得再好一点。我听爸爸说他小时候，祖父母都过早地离世，爸爸又是家里长子，必须要自己干活、自己挣钱供自己和三叔读书。

现在爸爸有了他自己的家，他却要更辛苦了，既要挣钱供我们读书，又要挣钱养家。爸爸的每一记伤疤都标记着爸爸又多干了一件很累的活。因为爸爸心中的苦从来没有向别人倾诉，因而他以为自己的苦别人都不知道，但爸爸的辛苦我们都看在眼里。

爸爸现在的身体状况不是很好，可是爸爸还是坚持着。听妈妈说，爸爸都是在实在受不了的时候，他才会去打针。爸爸打完针后稍微好一点又马上去干活。

爸爸在我心中是伟大的，因为爸爸的伟大让我学会了怎样去做一个好女儿，一个好姐姐，爸爸一直以来都是我的榜样。现在，我唯有以一点自己能做的事来给他安慰：让成绩好一点，以后能考上大学。

爸爸，我想对您说："爸爸，您辛苦了！"

——黎平县平寨九年制学校802班　姜秋香

二、留守生活对学习态度有一定的影响

态度是人在自己的道德观和价值观基础上对人或事物的评价或行为倾向，学习态度则是学习者对学习较为持久的肯定或否定的行为倾向或内部反应的准备状态。人的学习态度是否端正，会对学习效果产生重要影响；人对学习的情感投入、是否喜欢学习是衡量学习态度的核心要素。一般认为，学习态度包括三个方面的内容：对待学习的认知因素（主要是对学习的价值的认识）、情感因素（主要是对学习的喜好程度）和意向因素（主要是自我学习目的）构成。

留守儿童对学习的情感主要从他们是否喜欢学习上体现出来。从表3-20来看，在3057个接受问卷调查的留守儿童当中，有942人"非常喜欢"读书，1710人"喜欢"读书，二者所占的比例（86.7%）要远远高于对学习持消极态度或不置可否的学生，这表明留守儿童对接受教育的认同度较高，学习态度比较端正，大多对学习都比较积极，在学校里也表现得积极上进。但有3.2%的留守儿童表示"不喜欢"学习，高于非留守儿童的2.9%，这表明留守这一生活状况对部分学生的学习态度产生了消极影响。

表3-20 留守儿童与非留守儿童学习态度对比

你喜欢读书吗？	留守儿童 人数（人）	百分比（%）	累计百分比（%）	非留守儿童 人数（人）	百分比（%）	累计百分比（%）
非常喜欢	942	30.8	30.8	1038	31.6	31.6
喜欢	1710	55.9	86.8	1771	54.0	85.6
不喜欢	99	3.2	90.0	96	2.9	88.6
很不喜欢	33	1.1	91.1	35	1.1	89.6
说不清	273	8.9	100.0	340	10.4	100.0
合 计	3057	100.0		3280	100.0	

前文曾提到绝大多数留守儿童认为读书"非常有用"或"有用"，都充分意识到学习对改变个人命运的价值，这说明留守儿童对学习的认知是到位的，真正认识到学习的作用，他们的学习态度是积极向上的。学习态度含有行为意向成分，这与指向目标的预期行为有关[1]，学习态度的意向因素可以

---

[1] ［澳］L.J·萨哈.教育社会学[M].刘慧珍等，译.重庆：西南师范大学出版社，2011：18.

通过学习者的自我学习目的及要求体现出来。在回答"你对自己学习的要求是什么"时（见表3-21），留守儿童中有29.7%的人对自己学习的要求是"力争优秀"，64.1%的人表示要在学习中"尽力学好"，3.3%的人在学习中"得过且过"，2.9%的人对学习持消极的态度"不想学，又不得不学"。在对自己学习的较高要求（力争优秀和尽力学好）上，留守儿童的累积百分比为93.9%，略低于非留守儿童的94.4%；而在对学习报以顺其自然或厌学态度的合计比例是6.1%，高出非留守儿童的5.6%，这表明在对自我学习的期待值及所欲取得的成绩方面，留守儿童对自己的学习要求不如非留守儿童高，留守儿童的学习兴趣和学习动机上与非留守儿童略有差距。

表3-21 留守儿童与非留守儿童的自我学习要求对比表

你对自己学习的要求是什么？	留守儿童 人数（人）	百分比（%）	累计百分比（%）	非留守儿童 人数（人）	百分比（%）	累计百分比（%）
力争优秀	909	29.7	29.7	1042	31.8	31.8
尽力学好	1960	64.1	93.9	2053	62.6	94.4
得过且过	100	3.3	97.1	106	3.2	97.6
不想学，又不得不学	88	2.9	100.0	79	2.4	100.0
合 计	3057	100.0		3280	100.0	

遵守学校纪律，不迟到，不旷课是基本的学习要求。但在田野调查中，笔者发现常有部分学生都是在上课铃声响过后才匆匆忙忙地赶到，甚至于个别学生在铃响后仍不慌不忙地在校外溜达或假装上厕所而逃课。在与教师的访谈时了解到，迟到的或者逃课的学生中，留守儿童占了绝大多数，做作业也不认真。如果不在校寄宿，常出现早晨由于无人催促或在路上玩耍忘记上课时间造成部分留守儿童迟到的情况。由于撤点并校的影响，有的小学生上学要走三四公里的山路或田间的泥路，路不好走，路程较远，会导致学生迟到的情况发生；有的初中生觉得寄宿受管制，不如回家比较逍遥自在而选择走读，睡过头而迟到的也不在少数。总体来说，虽然留守儿童缺乏父母共同监护，但他们与同龄孩子一样都渴求知识，多数孩子学习比较刻苦，也懂得遵守学习纪律。在问及他们对上课迟到的感受时，34.1%的留守儿童表示"很

难过";59.4%的"感到不好意思";仅 6.5%的表示"无所谓",对自己的迟到行为采取漫不经心的态度(见表 3-22)。

表 3-22 留守儿童与非留守儿童上课迟到的态度对比

上课迟到了, 你的感觉是?	留守儿童			非留守儿童		
	人数 (人)	百分比 (%)	累计百分比 (%)	人数 (人)	百分比 (%)	累计百分比 (%)
很难过	1042	34.1	34.1	1054	32.1	32.1
感到不好意思	1817	59.4	93.5	2016	61.5	93.6
无所谓	198	6.5	100.0	210	6.4	6.4
合　计	3057	100.0		3280	100.0	

以上的调查结果表明,总体上留守儿童的迟到现象与非留守儿童并没有显著差异,但在对待迟到的具体认识上有一点区别,即少数学生对自己迟到持满不在乎的态度,放松了对自己的纪律要求。对他们在学校的表现,教师应该是最有发言权的,对学生的学习态度也最为了解。可在学校老师看起来,留守儿童的迟到与旷课行为却是另外一回事了,在访谈中黄平县谷陇镇加巴小学潘老师(苗族)告诉笔者:

> 我觉得,学校里调皮的、厌学比较严重的,特别是经常迟到、早退、旷课的,留守儿童要占到很大的比例。这主要是因为他们的父母或者父母中的一人在外面打工,由爷爷奶奶(在黔东南苗族地区,苗语中爷爷奶奶与外公外婆的发音一样,)抚养,老人们不了解学校情况,经常被小孩子骗。我们这个学校不只有这个村的小孩,周围村寨的也都到这里上学。现在每家的小孩都比较少,父母出去打工也常给钱,老人都比较疼爱小孩,以前新寨村(与学校距离 4 公里)有几个老人送低年级的学生上学时,走到半路,小孩跟爷爷或奶奶说自己不想到学校去上课了,于是老人也就听从他们的话打转回去了(指上学中途返回)。还有的学生在上学的途中,几个一伙在上学路上玩,还经常去偷路边或附近村子里树上的果子或地里的地萝卜(甜薯)、花生,约定都不到校上课,谁去学校就打谁。就有那么一段时间,发现金伍、牛场村(这两个村距学校约 3.5 公里)经常有学生不来上课,经调查是有留守儿童在威胁他们,迫使学生不能来上学。迟到、旷课对留守儿童来说是家常便饭,他迟到了,给出

的理由不是没有人喊或自己病了,就是去亲戚家吃酒回来睡太晚了或忘记看时间了,理由五花八门,他们会编造理由得很。

(2012-12-10,据黄平县谷陇镇加巴小学潘老师访谈录音整理)

三、亲子分离使学习成绩有所下降

对儿童来说,他们的成长和发展是家庭和学校共同作用的结果。而对于未成年的儿童,其广义上的教育则更多的是家庭的责任,因为对人的发展来说,家庭的影响是最直接、最深刻、最持久的,"人在年少,神情未定,所与款狎,熏渍陶染,言笑举动,无心于学,潜移暗化,自然似之"①,家庭中的亲子关系与言行举止无疑对儿童起着耳濡目染的作用。父母对子女的教育指导非常重要,"儿童在没有进学校之前,一天到晚最亲近的当然就是父母,父母的言语动作,最是儿童所习见习闻的。就是进了学校之后,放学回家,还是和父母在一块,如果父母的知识习惯好,儿童早已受到好的家庭教育,再加上学校教育,自然就相得益彰。父母的知识习惯不好,那么儿童在未进学校之前,无形之中早已养成不良的习惯,学校教育就算很好,也就收效甚微了。"②但在黔东南的调查发现(表3-23),在留守儿童做作业或温习功课时,高达42.6%的学生没有得到任何指导,仅有17.3%的留守儿童得到父亲或母亲一方的指导,有14.2%的得到父母外的家庭成员的指导,还有25.9%的得到了教师的指导。

表3-23 留守儿童的学习指导情况

你做作业或温习功课时,得到谁的指导?	人数(人)	百分比(%)	累计百分比(%)
爸爸	310	10.1	10.1
妈妈	219	7.2	17.3
父母外的家庭成员	435	14.2	31.5
老师	791	25.9	57.4
没有人	1302	42.6	100.0
合 计	3057	100.0	

---

① 王利器撰. 颜氏家训集解(增补本)[M]. 北京:中华书局,1993:127-128.
② 陈鹤琴. 家庭教育[M]. 上海:华东师范大学出版社,2006:204.

在进一步调查研究中笔者发现，能够得到父母指导的"幸运儿"除去少数是与父亲或母亲生活外，大多是"远程教育"（指由父亲或母亲在电话里提示或督促的教育），亲子沟通的时间和内容极其有限；得到教师指导作业或辅导功课的主要是寄宿学生，由于农村学校担心学生出现事故，于是常常在晚间都组织学生上自习并规定老师必须到现场指导，如果是走读的学生，得到教师指导的机会很少；那部分认为自己得到的父母外的家庭成员指导的学生，其所说的"指导"不外乎就是祖辈或哥哥姐姐经常问到"作业做完没有""快做完作业好吃饭""不懂了就说出来"等提醒。前面的调查（见表3-4）提到，在父母都外出的情况下，留守儿童大多是隔代监护，老人们都是在无奈中接受了这个任务，教育于他们而言显然是力不从心，"隔代教育只是作为外出父母的一个良好的愿望而存在着，生活照顾勉强为之，太多的老人根本负担不起教育这副重担"[①]。可以说，不可能得到指导或者指导的质量不高，使留守儿童的学习受到不同程度的影响。在对他们及其亲人的田野调查中也了解到，由于黔东南农村地区村民的文化程度普遍低下，多数根本不懂义务教育阶段的教材内容，特别是英语无异于天书，给孩子辅导功课或作业在他们眼里是最困难的监护任务，留守儿童也坦然面对没有人辅导自己学习的现实。

邰×海是一名苗族男孩，今年7岁，在台江县老屯乡岑邦教学点上一年级。父母都出去打工后，把他和妹妹留在家里与爷爷奶奶生活。虽然比他小一岁，但是他的妹妹也随他一起到学校听课，属于附读。去他家只见到他的祖母，祖父放牛去了。邰×海56岁祖母这样跟我说：

> 邰×海的爸爸是独子，所生的四个小孩中仅他一个是男孩，但是并不娇惯他。他父母出去时交待我们要看好孩子，不让孩子出事，有不对的地方也有打骂孩子的必要。现在孩子还不怎么怕他们的父母，反倒怕我，更加听我的话。因为父母经常出门在外，与孩子相处的时间少，所以每次回来对孩子都是疼爱有加，觉得自己的孩子越加可爱，疼都疼不过来，一般都不训孩子。两个大点的姐姐在报

[①] 阮梅.中国农村的"留守孩子"[J].报告文学，2007（12）：17.

效小学寄宿,周末从学校回来,要帮助家里看牛、扛柴、煮饭、扫地。那两个女孩能够自己洗衣,会照顾自己。为难的是这两个小的,要负责他们的吃喝和洗理,每天责骂他们要按时完成作业,当然也只能是口头的监督,我是文盲,也不懂这些字。他做作业时,可能会有不会做的地方,但是从来也不问其他人,更何况问老师了。照顾孩子,最怕的是生病,当然现在有村卫生室,不再那么担心,至少他们父母出去打工,寄点钱回来,生病时也能支付。他父母出门时往往会给我们一千多块钱用于应付平常开销,两个在本村上学的一天每人一块,报效的给多点。我们和他们父母联系的主要方式是电话,有电话是最方便的,一般他们一个月打两次电话,主要叮嘱我们要注意身体,搞好生活,把家里的孩子看好,要多叫孩子好好读书,农活能干多少就干多少,不能干就不要干了,没有钱就打电话叫他们寄来。对家里来说,我觉得他们父母出去打工并没有给孩子带来什么影响,只是不如父母在家的孩子那样亲密。要说影响最大的,就是父母外出打工不能辅导孩子的学习。其实,他们在家,也不能辅导什么,无非是嘴上提醒他们努力,他们的知识也不多,只能在旁边看。在心底,我希望孩子们能上大学,就是担心他们的能力做不到。

(2013-3-21,台江县岑邦村田野调查手记,据录音整理)

学习成绩是学习行为所取得的结果,它是学习者学习能力与学习条件的综合反映,受多种因素影响。留守儿童父母外出打工对他们的成绩产生了消极影响,引起留守儿童的学习成绩下降。从表3-24可以明显看出,有10.2%的留守儿童认为父母外出对自己的学习成绩"影响很大",42.2%的认为"有一些影响",有23.5%的认为"影响不大",24.1%的认为"没有影响"。通过对留守儿童和非留守儿童对学习成绩进行自我评价(表3-25)的调查发现,留守儿童与非留守儿童的学习成绩呈现出一定的差异,2.6%的留守儿童学习成绩为上等,而非留守儿童的比例则为3.3%;在中等或中上等成绩的学生中,留守儿童和非留守儿童的差距还要大一些,前者有59.6%的人属于这一成绩档,而后者则有 62% 的人属于这一成绩档；在学习成绩属于"下等"的儿童中，留守儿童的比例要比非留守儿童的比例高，前者为 10.5%，而非留守儿童中只有 8.4% 的人学习成绩为下等。

表 3-24 父母外出对留守儿童学习成绩的影响

爸爸、妈妈去外面打工对你的学习成绩？	人数（人）	百分比（%）	累计百分比（%）
影响很大	311	10.2	10.2
有一些影响	1289	42.2	52.3
影响不大	719	23.5	75.9
没有影响	738	24.1	100.0
合　计	3057	100.0	

表 3-25 留守儿童与非留守儿童对自我学习成绩的评价

你的学习成绩如何？	留守儿童 人数（人）	留守儿童 百分比（%）	留守儿童 累计百分比（%）	非留守儿童 人数（人）	非留守儿童 百分比（%）	非留守儿童 累计百分比（%）
上等	79	2.6	2.6	107	3.3	3.3
中上等	541	17.7	20.3	615	18.8	22.0
中等	1280	41.9	62.2	1418	43.2	65.2
中下等	589	19.3	81.4	632	19.3	84.5
下等	321	10.5	91.9	274	8.4	92.9
不知道	247	8.1	100.0	234	7.1	100.0
合　计	3057	100.0		3280	100.0	

同时，作业是平时学习成绩的表现之一，它一方面体现学习态度，另一方则表现了一个人的学习成果。在对留守儿童与非留守儿童的作业情况对比中（表 3-26），在问及"你每天的作业情况怎样"时，52.0% 的留守儿童表示"按时完成"，这一比例比非留守儿童按时完成作业的比例（54.9%）要低；表示"有时不完成""不会做""从来不交"作业的留守儿童的比例分别为 42.0%、2.6%、0.7%，这些比例都要高于非留守儿童认为的 40.0%、2% 和 0.5%。这一调查结果说明留守儿童的作业态度与作业质量相对于非留守儿童来说要差一些。

表 3-26　留守儿童与非留守儿童作业情况对比表

你每天的作业情况怎样？	留守儿童 人数（人）	留守儿童 百分比（%）	留守儿童 累计百分比（%）	非留守儿童 人数（人）	非留守儿童 百分比（%）	非留守儿童 累计百分比（%）
按时完成	1589	52.0	52.0	1800	54.9	54.9
有时不完成	1285	42.0	94.0	1312	40.0	94.9
不想做	84	2.7	96.8	87	2.7	97.5
不会做	78	2.6	99.3	64	2.0	99.5
从来不交	21	0.7	100.0	17	0.5	100.0
合　计	3057	100.0		3280	100.0	

基于以上调查结果，我们有理由认为，留守儿童由于不能得到父母的有效指导和及时督促，学习成绩及其作业表现都不如父母都在家的非留守儿童。父母外出打工导致留守儿童的家庭教育受到不同程度的影响，亲子分离对留守儿童的学业表现产生了一定的消极影响，学习成绩呈现出下降的趋势。

第四节｜黔东南农村留守儿童的心理状况

不能与父母一起生活，在不完整的家里留守，使留守儿童处于一种不利的成长环境之中。对留守儿童来说，只能与父母中的一方或者与其他人甚至于独自生活，想要享受家庭温暖，同时得到来自父母亲的共同关爱，拥有美好的亲情，变得那样遥不可及。寂寞的深夜，分手的那天，亲情成为令人心酸的东西。与父母不在一块生活，不能共同享受父爱、母爱，不能在遇到磕磕碰碰时获得父母亲的有力支持，也是人生道路中一件悲哀的事情。留守的孩子们心理状况怎样，特别是在贫穷的黔东南农村地区留守儿童的心理健康和人格发展情况如何，是一个值得探讨的问题。

从小学到初中，这是人的认知、道德、情感、性格及社会性发展的关键时期。父母亲双方或一方外出打工，改变了由父母与孩子共同生活的家庭环境，这种家庭生活结构的变化必然会明显地影响到孩子的生活，进而也会对孩子的心理发展产生了潜移默化的影响。为了探索父母亲外出务工引起的留守儿童的性格和心理变化情况，本研究尝试性地在问卷中设计了一些问题来对留守儿童与非留守儿童对家庭及学校生活的感受所反映的心理状况进行比较（表

3-27），发现留守儿童对家庭、亲情、学校、个人情感及人际关系与非留守儿童存在着一定的差异。

表 3-27　留守儿童与非留守儿童心理状况对比表（%）

问　　题	留守儿童	非留守儿童
我的父母很爱我	92.2	90.8
我的家庭生活比较好	30.3	36.0
我觉得学习是一件快乐的事	77.6	75.5
我对学校生活感到满意	67.2	66.6
老师很关心我的学习和生活	64.5	62.5
我和同学们的关系很好	69.8	66.8
我的心情经常不好	36.7	31.2
我要好好学习以报答父母的养育之恩	91.0	89.3
我是一个讨人喜欢的人	63.2	65.0
我相信自己会成功	77.1	74.8

注：表中所列百分比均为选择"是"的儿童比例。

一、对家庭变化敏感而渴望亲情关怀

父母离开家乡外出打工，使孩子彻底失去家庭温暖，或者是单亲在家留守却忙于各种家务和农活，难以全面关注孩子的发展，或者是由他人监护却已不是自己的家庭生活。这一切都使得留守儿童的家庭生活发生了改变，原本建立在血缘基础上的最亲密的亲子关系已经无法完全进行深入交往而成为一种缺损的家庭关系。学生虽然已经进入学校学习，交往的面扩大，人际关系也逐渐丰富起来，但父母、家庭却依然还是他们的"避风港"。按照发展生态系统理论，家庭作为影响个体发展的微系统，人是在家庭这个微系统中与其他成员进行直接交往、相互作用中得到个体发展的，交往中个体的特征、交往环境及所期待的发展结果会直接影响人的发展。对人的发展来说，最好的家庭发展环境是同亲生父母住在一起而且母亲的受教育程度较高。[1]在留

---

[1] ［德］韦纳特.人的发展［M］.易进，等，译.重庆：西南师范大学出版社，2011：163-164.

守儿童的家庭生活中，父母通过直接的言传身教来向他们传授各种社会经验和行为准则已经失去了时间和空间；家庭中与双亲频繁的交流沟通或者效仿父母的行为方式已无法进行；每天放学回来能够从父亲那里得到及时的鼓励、支持和赞许，向母亲直接倾诉不安和烦恼以得到心理慰藉已没有可能；家庭中浓浓的亲子情义与可口饭菜已经被安静得甚至于让人略感惊惧的冷清所取代；房前屋后已经长满了野草，几天不回家，家里的各种物品已经生起了霉菌……对这一切，留守儿童看在眼里，急在心里，看到别人家庭欢乐的场面，心里唯有羡慕、嫉妒、恨，一种对命运不公、自己命苦的感叹油然而生，于是感到自己低人一等，痛恨父母和自己，心中充满了失落感，渐渐地演变成心理失衡。在黔东南的很多中小学校，到了周末，校园里仍没有失去平日的热闹，依旧可以看到不少同学进食堂吃饭，到操场上打球，老师们告诉我，这些基本上都是留守儿童。表 3-27 的调查结果显示，留守儿童对学校生活、学习、对老师在教学和生活中投入的精力的满意程度比非留守儿童高，对同学之间的关系的感受也比其他同学好。由于不能拥有完整的家庭生活，离散中的家庭不能为他们提供良好的食物、干净的衣服和安全温暖的住所，不能得到家庭的教育鼓励，暂时失去了家庭的安全呵斥，他们的这些物质需要和心理需求在学校里获得了一定程度的补偿，因此产生了对学校生活进一步的认同感和归属感——将对家庭生活的渴求移情于学校，在与同学和教师的交往中获得心灵慰藉。有一位女同学就曾这样说：

> 我周末很少回家，在学校住比家里好，虽然食堂伙食不太好，但打来就吃，不用自己做。当然，在学校里住会让我更加容易与同学交流。父亲出去打工了，现在家里住着我的继母和一个弟弟（不是亲的，是跟继母来的）。母亲死了，继母虽然对我还不错，弟弟也很讲义气，但毕竟还是有陌生感，这应该就是所谓的代沟吧。每当父亲打工回家，是我们全家最高兴的时候，父亲对我很好，总是问我有没有钱花了？但我有心事也不会和他说的，总觉得无话可说，但是他一走又特别想念他，可能是自己是他亲生的吧。父亲好像觉

得对不起我，因为我母亲才死后不久他就找了这个后妈。我觉得自己与父母都在家的同学的最大差异就是，他们有父母在家关心他们，而我的父亲却在城里打工，我没有人关心。父亲去打工对我的影响最大的就是让我觉得没有人关心我，学习没有兴趣，因此成绩很差。我觉得别的同学的父母都在家，他们很幸福，我觉得特别难过。他们看起来很快乐，这让我感到很忧伤，总是觉得父亲对我的爱和关心比别人少。

（杨×娟，女，苗族，雷山县永乐中学803班学生）

表3-28 留守儿童对快乐的感受

你感到开心快乐吗?	人数（人）	百分比（%）	累计百分比（%）
非常快乐	274	9.0	9.0
快乐	1103	36.1	45.0
不快乐	896	29.3	74.4
很不快乐	147	4.8	79.2
说不清	637	20.8	100.0
合　计	3057	100.0	

从表3-28可以看出，留守家乡的他们中的部分人是快乐的，占到了45.1%的比例，童年中的他们本来就应该拥有快乐，享受快乐；双亲或是单亲的离去虽说日子辛苦，但自己也要学会苦中寻乐，他们给出的解释是"我要自己变得快乐起来，要不然父母会担心""父母去打工，家里生活好了，我的玩具比其他小朋友多""爸爸出去打工了，我要让家里充满笑声，为了让妈妈开心高兴"等。对黔东南农村地区留守儿童来说，他们对家乡的贫困及家庭生活的艰辛有深切的感知，在父母及周围人们出去打工后给家庭及村落面貌带来的立竿见影的效果深有感触，绝大多数人都能理解父母的打工行为和离家的选择，知道只有父母出去打工挣钱，他们才能上好学，才能改变家里的经济条件，能够深深领会父母的苦心，体味生活的艰辛。然而，在同一表中，也是34.1%的留守儿童表示自己"不快乐"或"很不快乐"，这充分说明不能与父母共同生活，不能从父母那里及时得到安慰和关心已经影响到他们的心情。

表 3-29　留守儿童对父母的想念程度

你想念在外面打工的父母亲吗？	人数（人）	百分比（%）	累计百分比（%）
很想念	2183	71.4	71.4
有点想念	703	23.0	94.4
不太想念	91	3.0	97.4
没有感觉到	80	2.6	100.0
合　计	3057	100.0	

对成长中的儿童来说，他们期望享受和体会父母表现出亲子之间有温情的、稳定的、充满爱意的、深切关心的"亲近感"，也希望得到父母的照料和陪伴。[1]

由于处在学龄期，父母仍然是留守儿童生活中最有影响的人，父母能给他们提供物质资源和认知资源，以及情感安全，他们仍需要父母的指导和帮助，仍然需要双亲给他们以支持和保护。但这一切对留守儿童来说就是一种奢望，父母不能与他们长期共同生活，难以从父母那里每天迎来嘘寒问暖，也不可能在周末或者晚间全家人欢聚一堂，电话里的问候和交谈也因分离时间久而不再那样地亲切难舍。留守儿童不能同时得到父母的直接教导，只有将之转为对亲人的思念，特别渴望得到亲人的关怀和浓浓的情义，希望父母能够满足自己的情感需求。更何况对这些与父母分离而留守家乡的儿童来说，思念是一种自然的、再正常不过的真情流露，在对父母的思念中也可暂时缓解一下自己的孤寂。表3-29 的统计表明，黔东南农村地区的大多数留守儿童都特别想念在外打工的父母，了解父母对自己的爱，也理解父母的打工行为，能够权衡父母外出务工对家庭及自身的利弊；仅少数人表示"不太想念"或"没有感觉到"，对父母的思念之情比较淡漠，说明亲子间的情感沟通会受到时空距离的明显影响。由此可见，在某种程度上，"父母与留守儿童的情感交流较少，势必会影响到他们之间的亲密关系"[2]。一位留守儿童在作文《牵挂父母》中写道：

---

[1] Rice, P. & Dolgin, K. The adolescent: Development, relationships, and culture（10th ed.）[M]. Needham Heights: Allyn and Bacon, 2002.
[2] 江立华等. 转型期留守儿童问题研究[M]. 上海：上海三联书店，2013：143.

没有牵挂的人生是残缺的。在七彩的人生中，牵挂是最美丽的一色，牵挂是最芬芳的一味，牵挂是一份缠绵，是一份思念，是一份心灵的维系，是一份情感的交织。

正如我一样，小时候，父母是依靠，是朋友。但家里穷，父母不得不外出打工。在他们出发的那个夜晚，父母只睡到半夜，我的眼泪也不曾间断。他们起床之后，吃饭，烧香供神，祈求一路顺风，完成之后，便匆忙收拾行李。我自然也强忍着泪水，望着父母的背影，鼻子一酸，连忙跑到房间里哭起来，既伤心，又孤独。那时，我只能心里祝愿父母一路顺风。

渐渐地，我长大了，爸妈也筹钱盖了新房。我父母不安于现状，还是继续外出打工。到离别那天，父母亲也起得特别早，但我和弟弟也同父母一同醒来，本来是不让弟弟起来的，因为害怕他会哭得很伤心。我和弟弟只有过年才能与父母团圆，恐怕一年中过年与父母团圆就是最幸福的日子了，但父母每年回来，头上又多了一些白发，额上多了几条皱纹。

后来，我和弟弟上学了，而且我已上初一了，母亲也不再外出打工。而我又有了一些自己的思想，难免与母亲发生争吵。当我被她骂时，我感觉像被妈妈狠抽我的脸似的。于是，我就跑到一个只有我一个人的角落里待着，很想爸爸、妈妈以前对我的好和快乐，而那一切，在这一刻似乎消失了，过去了，有的只是与母亲的冷战，有时想来真不应该。

但当母亲有事要出门几天时，我和弟弟的眼角似乎湿润了。虽然母亲只是去几天，但我和弟弟却始终无法忍受这种漫长的等待，心里拥有的只是对母亲的牵挂。

几天之后，母亲回来了，我和弟弟争先恐后地拥入母亲的怀抱，几天前的冷战顿时飞到九霄云外。我和弟弟吊着几天的心也终于平静下来。

——黎平县平寨乡九年制学校八（2）班　杨光伟

二、内心孤独而生活兴趣下降

兴趣是人们力求探求某事物而带有强烈情绪色彩的心理倾向，它是人的动机中最现实、最活跃的因素，它能够使人在从事某种活动中变得更加积极、主动而且富有成效。在父母或父母中的一方离开家乡的日子里，留守儿童与父母的交流不再便捷和自然，回到家也不再感受到的父母的关爱和亲情，有父母在的日子里，他们可以安逸地享受衣来伸手，饭来张口的生活，而现在却一切都要自己动手，吃冷饭剩菜、喝生水，衣服脏了要自己洗、有心事无处诉说；男孩儿想把学校里看到、听到的开心事、滑稽事、好玩事讲给父母听，女孩欲将心中的不平事、冤屈事、生理卫生烦恼事找人倾诉和指导，家里没有人或者没有管用的人，让满腔热情瞬间化为泡影，剩下的唯有自己孤单的身影和无助的苦闷。父母出去打工是一柄双刃剑，一方面是使破旧的家换成了窗明几净的新房，孩子在学校里购买东西也不再缩手缩脚；另一方面却是被闲置而冷清的庭院，被迫留守而几成"变相孤儿"的孩子。不能和父母共享家庭欢乐，难以与亲人对话闲谈，一年中的绝大多数日子都难见亲人面，留守儿童在默默地承受着这一切的同时，他们的性格也产生了一些变化，尤为明显的是生活兴趣下降和倍感孤独。

留守儿童生活兴趣下降主要表现为自责、孤僻、沮丧、遗弃感。留守儿童缺乏对家庭经济环境和家庭长远利益的深入认识，自认为是由于父母为了他上学而出门打工，是自己的原因造成目前家庭的亲子分离状态，于是出现责怪自己无能、责怪家庭出身的情况；更多的是考虑到父母外出打工挣钱养家的不易，他们希望自己用好的学习成绩来回报父母，一旦学习成绩欠佳，他们更多是从自身寻找原因而陷入自责之中。有的留守儿童不愿与人相处而宁愿每天生活在自己的小天地里，不愿与人交流而宁愿独处，在教室里几乎是个"木头人"，经常不跟人说话，就是教师提问也往往是不作声或是直接以"不知道"应付，日趋变得内向。因为生活中缺少与父母的支持和指导，不少留守儿童常常怀疑自己的能力，往往将过失或失败归咎于自己，在生活中也常常情绪低落，悲观失望，在访谈里少数风华正茂的女孩却发出"生活没有什么意思,死了算了""生活真苦,死了是一种解脱"的感叹,她们对自己目前及以后的生活充满了不安全感和不确定感,感到心理的空虚和对未来的迷茫。极少数留守儿童父母出门多年却从未回家,他们对父母的印象已经模糊或者只能在相片里相识,特别是那些从幼年起就一直与祖辈生活而与父母极少谋面的留守儿童在心里已经萌生"他们不再要我了"的被遗弃感,对自己在父母心中的地位、父母对自己的感情产生怀疑,对自己活着的价值甚至于有点绝望,对生活的信心和兴趣自然也就降低了。本次调查时有这样的对话:

问:你现在和谁住在一起?

答:爷爷死了,和奶奶一起生活。

问:爸爸妈妈呢?

答:不知道,大概死了吧。

问:你好久没有见过他们了?

答:听奶奶说,我生下三个月,他们就走了。我现在十岁了,还没见过他们。

问:打过电话给你没有?

答:没有。

问:怎么会这样?

答:他们不要我了。

问:现在生活好不好?想爸爸妈妈不?

答:(生活)不好,不想(他们)。

问:常和同学们一起玩吗?

答:没有什么好玩的。

问:你觉得自己生活会好起来吗?

答:无所谓,反正也没有多少意思。

——麻江县杏山镇隆昌小学四年级学生赵×梅,2012-12-28 访谈

由于对家庭变化中的环境比较敏感,对自己的生活缺乏安全感,留守儿童的孤独感要比非留守儿童强烈、持久。在调查中发现,多数留守儿童会感到孤独,其中觉得自己"非常孤独"的占 8.2%,"孤独"的占 17.3%,"有

时感到孤独"的占56.4%，而"没有感觉到孤独"的有18.2%（见表3-30），这说明家庭成员的缺席、父母在孩子生活中的缺位和亲情交流的缺失，会造成留守儿童的孤独感上升，在访谈中几乎每个孩子都对笔者提到自己感到比较孤单，自然地流露出对能够与父母共同生活的同学的羡慕，觉得"父母亲不在身边（或只有父亲或母亲一人与之生活），每当看到别人父母生活在孩子身边，有时忍不住就悲伤起来而悄悄哭泣"，"他们比我得到了更多父爱母爱，而我却没有这种家庭温暖，觉得自己很惨，心情不太好，感到心中比较空虚，难过，孤独"。

表3-30 留守儿童的孤独感

你一个人做作业时，感到孤独吗？	人数（人）	百分比（%）	累计百分比（%）
非常孤独	250	8.2	8.2
孤独	528	17.3	25.4
有时感到孤独	1723	56.4	81.8
没有感觉到孤独	556	18.2	100.0
合　计	3057	100.0	

表3-31 留守儿童向父母倾诉心事的情况

爸爸妈妈不在身边，你会主动把你的心事给他们讲吗？	人数（人）	百分比(%)	累计百分比（%）
会	728	23.8	23.8
不会	649	21.2	45.0
觉得不好意思讲	422	13.8	58.8
有时讲，有时不讲	1258	41.2	100.0
合　计	3057	100.0	

虽然有比较强烈的孤独感，但却不愿向别人吐露自己的心事，就是自己的父母也如此。表3-31的问卷调查数据显示，只有23.8%的留守儿童会主动向父母讲自己的心里话并积极寻求父母的帮助，而部分人（41.2%）会在不经意间向父母告诉自己的心事，有21.2%的人不愿意跟父母说，有13.8%的"觉得不好意思讲"。"父母外出务工这个特殊的家庭环境以及儿童和父母之间

的特殊地理、心理关系限制了留守儿童与父母的情感沟通"[1]，一方面是由于分离影响了联系的频度和深度，另一方面是儿童心里也不想给在外辛苦打工挣钱的父母增加心理负担，让他们在工作中还经常为自己的事情牵肠挂肚。心中烦闷却不肯向父母宣泄，他们只有将孤独倾注于自己私密的日记中或者是从自认为可以给予信任的人。以下的这篇在黎平县地坪乡的实地调查日记呈现了留守儿童的情感生活：

早恋，是为了相互安慰

在地坪乡的几天，老师们积极向笔者提出各种认识和了解留守儿童的建议。于是在滚老师的介绍下认识了小海。小海今年上初三，是最有人缘的人，学校里七百多人里可能只有极少数人不认识他。

与小海见面，是在地坪最有名的风雨桥边，这座桥曾因被印刷在邮票里而广为人知。小海还给我在侗家人谈情说爱、跳舞唱歌的风雨桥照了几张相，足可以看出他的热情和细心。当然，他对我要结识他而感到好奇而害羞，觉得自己学习不怎么样，老师也对他故意与小"女友"在学校里牵手打闹而颇有意见。

小海现在和外公外婆生活，十多年前他父亲入赘到这里。因为是被招上门，在侗族人眼里是一件丢脸的事，所以父亲常常被村里人开玩笑，讥讽他没有钱。从小海能记事起，他父亲就一直在安徽、贵阳、镇远等地做给古建筑盖瓦、彩绘、雕花等工作，他的母亲也去帮忙了。小海家里生活条件还算好，至少从他小的时候一直到上初中，母亲是在家陪他的。可他周围的朋友们就没有这么幸运了，村里几个和他同龄的孩子，从小父母就到广东、浙江打工，只能和爷爷奶奶一起生活。平时，他们觉得自己还是有点想念父母，可到了过年时父母回家见面才觉得双方都比较客气，甚至于他们像是来做客的，在家里闲坐时经常陷入面对面的沉默。

小海对我说，他自从进初中起，就感觉自己不再是学习的材料了，

---

[1] 叶敬忠，潘璐. 别样童年：中国农村留守儿童 [M]. 北京：社会科学文献出版社，2008：155.

但是现在是义务教育，老师天天又来家里反复动员，父母也眼泪巴巴地要求他要读到初中毕业。与他经常一起玩耍的伙伴也早就失去了学习的兴趣，到学校里也常常是三天打鱼，两天晒网。对他们来说，电视是他们最好的伙伴，每天电视里播放的电视剧最能让他们翘首以盼。我认真观察了他的这些朋友，衣着不是常见的校服而是紧身夹克和低腰牛仔裤，有的牛仔裤居然是那种被刻意开了好多口子，露出肉来的那种，还有一个孩子染了黄头发，在寨子里显得格外另类。

现在学校里实行营养午餐，吃饭不要钱，于是父母给的钱便成了他谈恋爱的"活动经费"。小海说，从进初中开始，他就开始和"女朋友"谈恋爱了，与他玩得来的同龄朋友几乎都有"女朋友"。他的"女朋友"在这个学校读初二，也是留守儿童。他说，是因为觉得实在没有与自己说得来的人，说心里话也找不到倾诉的对象，必须找个听他讲话的人。他的"女朋友"也和他一样感到无聊和孤独，于是"心心相印，同病相怜，不谋而合"。他给我说了这里的规矩，在坪地，按过去的风俗，到他这个年纪都有权到风雨桥来"玩山"（指谈恋爱）或到各村寨去"走寨"（指流动去邻近村子找朋友），每个人都有"板久"（侗语，意为爱侣）了。想象得出他的意思是他的"恋爱"符合这里的常规，只是与学校的制度不符。他周围要好的伙伴们也在"热恋"中，"女朋友"无一例外都是留守儿童。前个星期，小海和伙伴们凑钱买了一个生日蛋糕给一位"兄弟"的"女朋友"过生日，大家都很开心。吹蜡烛的时候，那个女孩止不住地哭，她说这是她从小到大第一次过生日。

小海把他的QQ号告诉了我，QQ空间里有许多他与"女朋友"亲密的合影。这些相片都是用手机拍的，清晰度并不好，但从相片里看到稚嫩的他们相互依偎，笑逐颜开。对这些留守儿童来说，谈恋爱似乎是为了缓解彼此之间的孤独和寂寞，相互之间为了寻找温暖，在早恋里相互安慰。

（2013-6-11，田野调查日记）

三、心理压力增加而性格变化明显

表 3-27 的调查结果显示，92.2% 的留守儿童认为"我的父母很爱我"，他们对父母努力改变家庭现状的苦心深有体会，也知道父母打工的辛苦和求生的压力，父母对孩子成长的家庭生活责任心也常常为他们所理解。父母基于家庭现实的考虑而选择外出打工，根本原因在于家庭贫困。从一般意义上来说，一个处于贫困状态的家庭，没有钱会影响家庭生活的质量，"贫贱夫妻百事哀"：没有钱—缺吃少穿—出门也没有新衣裳—暗恨和埋怨—夫妻争吵—家庭关系紧张—影响孩子发展，这一系列程序是连锁反应。父母的生活压力因素会通过亲子交往、家庭环境创设、与孩子共处时间来影响儿童的发展，生活压力与抑郁是相互关联的。[①] 对家庭来讲，经济困难会使父母能给孩子提供的物质支持和精神鼓励大打折扣，一方面是低收入会降低食物质量，可能会导致孩子营养不足，导致孩子情绪低落和精神恍惚，家庭没有钱给孩子购买各种课外书帮助孩子学习，会引发孩子对学习的消极情绪；另一方面，经济困难会使人产生心理压力，父母对目前家庭生活现状不满会使自己易怒、急躁而没有耐心，对孩子的学习和发展的关注程度降低。在前面的调查结果（表3-29）中可以看到，留守儿童中有 5.6% 的人"不太想念"父母或"没有感觉到"对父母的思念之情。在访谈中，个别留守儿童觉得自己家庭贫困的主要原因是自己父母没有本事，没有钱给自己购买好手机、好衣服，也让自己在学校里的日子过得十分紧张，在同学和朋友之间很没有面子，不会赚钱只能去打工，因而对父母产生轻视和鄙夷的态度，甚至于是一种怨恨的情绪。可以说，贫困的家庭经济条件带给父母的压力，父母对生活的不满态度已经渐渐地转移到了孩子身上，留守儿童心里的压力也不断增加。少数民族村寨的地理位置一般都十分偏僻，居住条件不好，留守儿童的父母们好不容易趁着年关风尘仆仆地归来，但是却明显地感觉到孩子与自己的关系疏远了很多，感情也有了些隔阂。打工回来的父母发现自己的孩子没有以前活泼了，话也没有那

[①] Huston. A.（ed.）. The adolescent: Children in poverty: Child Development and Public Policy [M]. Cambridge: Cambridge University Press, 2002.

么多了，手脚也不再像以往那样闹腾了……是长大了更加懂事了，还是他们自己在生活中的磨炼使他们产生了变化？在父母的心目中，留守儿童的性格有了明显变化。

春节前的一个星期，龙×生的父亲从浙江回来了。我和他爸爸曾是初中同学，关系还可以。多年前，他一直在凯里的预制板厂打工，前两年嫌这里收入太低而去了外省。他从打工地回来经过凯里时，常给我打电话，我也曾给他帮忙排队买火车票到宁波去。这次他邀请我春节期间到他家里看看。

苗寨里的新年就是酒的世界，酒的海洋，走进村里，到处是猜拳行令和唱酒歌的声音。走进苗陇乡克麻村龙×生家时，他爸爸在门口等我。他刚送走了一帮来讨打工酒喝的村里人，龙×生和他的姐姐正在收拾碗筷，动作极为利索，见到我只是勉强地笑了一下，在看电视的妈妈急忙上来打招呼。

龙×生的家境不好，屋子里是泥地，而且屋顶上用来遮光挡雨的瓦片还脱了几块，阳光直接从没有遮盖的地方照进来，亮得很。房子里也就一台电视机算是现代奢侈品，可能想到我是所谓的"文化人"，他父亲过去把电视机从正在播放的《甄嬛传》调到新闻，母亲则一边支起锅来给我炒南瓜籽，一边埋怨龙×生的父亲没有在年前上房去整理屋顶，说下雪就可以在房子里享受雪花飞舞。

龙×生的父亲给我讲了对他的失望，对他的成长充满了忧虑。龙×生和他姐姐都在苗陇九年制学校读书，分别读初一和初二。龙×生是男孩子，无疑被父母寄予了更多的希望，原来在村里上小学，成绩优良，但进初中后发现他对学习不怎么感兴趣却喜欢交各式各样的朋友，也喜欢打架。十月份时，他把一个同学打伤，母亲为此花了一千多元的医药费，幸亏打的是寨子里的人，没有继续告下去。他父亲说，以前上小学，龙×生很听话，当然也比较爱打闹，这是男孩的天性。自去年父亲去浙江打工，龙×生也上了初中，他好像变成了另外一个人，常常一言不发，对人也比较冷漠，只要有人得罪到他或者他看谁不顺眼，就会拳脚相向或者直接动刀子。他打伤同学的起因据说是因为自己情绪不好，那个同学下课时在楼梯间碰了他一下，于是他就打了那个同学几拳，踢了几脚，还朝同学的腿扎了一刀。龙×生的父亲觉得是自己出去打工，儿子才变成今天的样子，脾气见长，不爱学习又特别贪玩。母亲也说他就是不想学习，上学也是对大人的一种应付，作业也是乱做的；不听话，性格也变得更加犟，常常把她说的话当耳旁风。

我与龙×生作了一番谈话，问他以后准备干什么时，他跟我说已经做好了去打工的准备。他还说，他不喜欢学习，迟早都是打工的命，何必浪费时间继续上学，觉得打工也挺好。父亲去打工后，家里所有的事务全部落在母亲肩上，她忙里忙外还要为我们姐弟的学习和生活担心，我不想母亲再这样辛苦。父亲为了他们去打工，还不如自己去打工，也让父母亲不用再为他们操心。现在又不包分配，上了大学也要自己找工作，他们的辛苦也不会带来好结果。

表 3-32　留守儿童与监护人的聊天情况

你和住在一起的人聊天吗？	人数（人）	百分比（%）	累计百分比（%）
经常	1142	37.4	37.4
有时候	956	31.3	68.6
很少	732	23.9	92.6
从来没有	227	7.4	100.0
合　计	3057	100.0	

表 3-32 显示，从留守儿童与监护人的聊天情况看，不少留守儿童和监护人很少沟通。经常与监护人聊天的留守儿童只占 37.4%，有 31.3% 的留守儿童表示偶尔会与监护人聊天，留守儿童中有 23.9% 的人"很少"跟监护人谈自己的事情，有 7.4% 的人从来不和监护人聊天，这说明有近三分之二的留守儿童很少和监护人谈心，他们不想也不愿意让监护人比较全面地了解自己的事情。在访谈中，多数留守儿童认为监护人"对我很好，因为有代沟，很少聊天，更不会向他说自己的心事"。在与留守儿童祖辈或其他监护人的访谈中了解到，留守儿童几乎从不与他们交流，彼此之间也很少说话，即使说上一两句也常常是督促和交代上两句，大多说一点生活中的注意事项，根本不会涉及深层的心理交流。有的留守儿童比较羡慕父母在家的同学，也对与自己一起生活的兄弟姐妹得到监护人的特别照料而心生嫉妒，与其他同学相处也觉得心理上比较压抑，这就使他们在与其他人的共处时不爱表现、不爱张扬，变得内向、

抑郁、烦躁。尤其是初中生面对自己生理变化，如月经初潮、遗精等，缺乏父母的关心和指导而感到羞怯、恐慌。可以说，父母亲打工对孩子的心理影响是非常明显的，家庭条件不好被迫去打工及父母们离去使留守儿童感受到父母对他们的爱和辛苦，也让孩子在成长中感受到了不小的心理压力。另外，长期与父母分离和缺乏联系，以及了解到家庭条件难以改变，自己上学要花去家庭收入的绝大部分，部分留守儿童会对学习缺乏信心，担心自己以后会无法报答双亲而自责，加上常受到周围孩子的歧视、排挤和欺辱等，不少留守儿童情绪消极，情感冷漠，性格脆弱。

四、部分人比较自信但感情冷漠

表3-33　留守儿童对父母打工的意愿

你愿意父母出去打工吗？	人数（人）	百分比（%）	累计百分比（%）
非常愿意	88	2.9	2.9
愿意	788	25.8	28.7
不愿意	1507	49.3	78.0
很不愿意	337	11.0	89.0
无所谓	337	11.0	100.0
合计	3057	100.0	

从表3-33可以看出，表示"不愿意"或"很不愿意"父母离家去打工的留守儿童占到了60.3%，而对父母出去打工持表示赞同和理解的占28.7%，还有11%的留守儿童对父母是否出去打工持一种无所谓的态度，这说明让孩子留守家乡是黔东南农村地区农民工迫不得已的选择，从现实需要和内心情感上讲，大多数留守儿童们对父母外出打工持一种抗拒的态度，不愿意父母出去打工，使自己失去完整的家庭生活。黔东南农村地区的留守儿童由于父母外出务工，在人生发展的关键时刻暂时缺少了父亲或母亲的呵护，生活在一定程度上缺乏照料，不得不要学会自理、自立：自己做饭吃，当没有食物时，自己想办法；学习上也不能得到父母的帮助，独自孤单面对学习的问题，寂寞接受内心的痛楚和哀愁，他们不得不自己管好自己的学习、处理好自己的事情。"父母给我讲外面（指城市）富人的生活，打工的艰辛。他们给我的

礼物就是不停唠叨，很是让我烦恼。以前有父母在担着，现在没有了，只有一切都自己做"，"其他同学每天都能见到父母，而我们却很难见一面，留守的日子让我懂得没有父母在的情况下要学会自力更生，自立自强"，"缺少与父母的交流和帮助，让我更加独立"。表 3-27 的问卷调查结果显示，留守儿童认为"我相信自己会成功"的比例达到 77.1%，比非留守儿童 74.8% 的比例高出 2.3 个百分点，这表明留守儿童的父母为了家庭而选择与骨肉分离，他们大都能理解父母的苦心，他们自信通过努力自己会取得成功，家庭的未来会更加美好，因此他们主动在生活中变得更加自立、自信。

在别人眼里，杨家宏（化名）是一个独立、坚强的孩子，他在乐埠小学读六年级。

早上六点，天还没有全亮，12 岁的他就起床给爷爷煎药。他们家里有兄弟两个，本来上面还有个姐姐，但四年前生病死了。他们的父母一直都在福建打工，一年只能回来一次。但很不幸，父亲在制香厂削竹时被机器削掉右手的手掌，母亲现在继续在打工。他说，父亲没有手，什么也干不了，现在还在睡觉。他和弟弟现在由父亲照看，和爷爷奶奶一起住。他不仅要照顾年幼的弟弟，还要帮助残疾的父亲和年迈的爷爷奶奶。80 多岁的爷爷有气喘的毛病，我在堂屋就能不间断地听见他咳嗽的声音，而 75 岁的奶奶也体弱多病、行动不便。本该在父母怀里撒娇、需要人照顾的他，却过早地成了家里的劳动力，生活的重担已经沉沉地压到了他柔弱的肩上。

等爷爷喝完了药，家宏和弟弟去砍柴。一路上，家宏告诉我，这条路也是去麻江的山路，是爸爸妈妈从福建回家的必经之地。过去每次到乐埠上学，他和弟弟都憧憬在这条路上接到回家的爸妈，而现在爸爸已经残疾，妈妈只能一个人去打工，他一心只想着家里人能过上正常的生活。我跟着他们一路走，直到一个长有与人一样高的麻栗树丛生的地方，旁边就是悬崖，他跟我说这就是砍柴的地方。

兄弟俩顺坡往下走了一点，便开始挥舞着镰刀砍了十几棵比他还高出许多的麻栗树，弟弟在旁边帮忙削去枝杈和树叶。他告诉我，这些枝叶拿回去也不好烧，又重，所以必须砍掉。砍柴的地方下去不过 50 米，就是深不见底的悬崖。家宏也感觉到了这种危险,叫弟弟在原地等他,自己则继续朝树林深处走去,以便找到更大更粗的柴禾。锋利的镰刀既是砍柴的工具,又成了固定身体的把手。因为脚下比较滑,他一边砍柴,一边不时用镰刀勾住身边的柴禾以防滑下去。虽然家宏也知道,一不小心就有摔下去的危险,可是,只有在悬崖边才能砍到更多的野木和干柴,看得出家宏曾经在这里摔过跤,流过血。

砍柴,是农村人的必需活路,每家每户都要从山里取到煮食的木柴,这些活大多是大人不忙农活时干的,农忙时则由小孩代劳。家宏的家庭状况使得砍柴已经是他和弟弟包干的活路,每个周末,他都要去高坡上的树林砍柴,以供全家生活之用。过了两个小时,家宏和弟弟收集的柴禾被分成两捆:一捆约五十斤,一捆约三十斤。家宏叫弟弟蹲着,然后双手抱起小的那捆放到弟弟肩上。自己则先将柴禾提到两头高,中间凹下去的地方,然后将整个身体完全蹲进凹处,再慢慢地扛着站起来往前走。他们分别扛着,回家的路上,家宏和弟弟都气喘吁吁,中间还休息了两次,看得出,这是一个超出他的承受能力的重活。一路上,家宏脸上的神情很忧郁,没有一丝笑容,也很少和弟弟说话,但是兄弟俩却很默契。

当我问他:"有什么想对妈妈说吗,你对父母有什么希望?"他回答:"希望妈妈不要担心家里的事情,好好工作。爸爸的手快点好起来。"

从孩子的语言里,我能感受到留守儿童对父母的期待。妈妈辛苦地在外面打工,为了就是这个家能够支撑下去。而爸爸的手已经没有了,孩子却希望能够好起来,虽然只是美好的想象,但每个人都盼望着奇迹能够发生。

在家宏的家里,也没有妈妈的相片或家庭的合影。他平常也难得和妈妈联系,手机已经到处普及,但家宏的家里却还没有。他父亲跟我提起准备买,但是觉得话费依然很贵,特别是对于他们"大多都在病床上"的家庭来说,手机也没有多大价值。在生活中,他们不仅得不到爸爸和祖辈的照顾,反过来却要年幼的孩子照料长辈的生活,这些孩子的负担可想而知。他告诉我,现在他最担心的反倒是怕妈妈也遗弃这个家庭,因为妈妈是家里最重要的生活支柱。他想念母亲,却因为家中贫病交加的现实让自己不得不压抑自己的情绪和委屈，自己也变得越来越沉默。他也怕同学嘲笑他家境贫困，所以不敢跟同学交流，从不在学校提起家里的苦难。

  当然，并不是每个人都是我们心想的变得勇敢、独立、坚强，在无法获得父母的支持和帮助后，他们在独立面对生活的过程中会变得内向和冷漠，连自己的父母都将骨肉弃之不顾，还有谁会怜惜他们呢？表 3-27 的问卷结果同时也显示，63.2% 的留守儿童觉得自己讨人喜欢，这比非留守儿童 65% 的比例低了 1.8 个百分点，这说明留守儿童处于一个两难的境地，他们在生活上还没有做好独立承受的准备，也不能很好地适应父母离去后的家庭生活，无奈地接受父母的安排，冷暖自知，部分留守儿童觉得"父母心狠把我留在家，感觉心凉，默默难过，学习兴趣不断下降"，"自己比其他同学更缺少爱，在生活方面很孤独，不敢去面对"。前文中曾说到有 55.9%（见表 3-16）的留守儿童也想进城与父母生活，渴望亲子团聚，但为现实条件所限而不能成行，这会导致部分留守儿童因此自暴自弃，产生被父母遗弃的错觉和失落感，消极地面对留守生活。丹寨县兴仁中学有这样的一个留守儿童，他白天在茶厂做童工，晚上上网，刘老师对我做了这样的讲述：

  张×俊是我当班主任的 10 级 2 班的学生，也是班里唯一不怕我的。他在家与爷爷、爸爸和一个妹妹一起生活，爸爸出去打工，他是一个留守儿童，妹妹在读小学，听说妈妈打工时又嫁到其他地方去了。他本来今年已经毕业，但是由于初二时曾辍学，去年才又重新进校读初一。我们学校是寄宿制，所有的学生都要住校，吃住都在里面。学生一般周日到校，每周五回家。三年前，网络还没有今天这样普及，他是我们班第一个会上网的，而且每天晚上基本都是在网吧包夜。我是教师，他是我的学生，这样天天上网可不行，然后我就到网吧去捉他，但是被网吧老板骂我，说我不能这样干，要留点饭给他们吃。网吧里绝大多数是在校学生，我见了觉得比较痛心，于是跟老板说，这些就像你的孩子一样，他们不到学校里读书，天天到你这里上网，耽误了学业，我们也要失去饭碗。之后，我再去网吧找学生时，老板再不也好意思撵我说我破坏他的生意了。我给他爷爷打电话,叫他少拿钱给小孩,够生活就行了,不要养成他花钱大手大脚的习惯,但他爷爷跟我说只拿了点生活费30元,往返的8元车费也是按数目给,外加三元的零用钱,他根本就没有多余的钱呀。然后我就想,那他白天不上课,每晚都去上网的网费从哪里来,莫非是去盗窃?然后我就把他找到并揪来办公室,我说我知道你爷爷并没有给你多少钱,你是从哪里得到的上网的钱,做小偷是要坐牢的。他挺委屈,于是告诉我,学校附近有一家茶厂,白天旷课跟这个茶厂的工人一起到茶叶基地去采茶,然后把摘来的生茶叶卖给茶厂老板,然后就有钱去上网了。他每天可以采毛尖一斤或两叶一心生茶叶三斤,收入30—40元,上网白天一小时2元,晚上包夜才10元,他是以自己的辛苦工作来"养活"网吧的开支。于是我第二天就给他爸爸打电话,把孩子在校情况给他讲了。听说自己孩子因特别喜欢上网而去给茶厂采茶以换取上网费用后,他爸爸马上回来了,希望孩子能够继续读书,但表示自己对管教孩子也是无能为力。我故意刁难家长,说你现在先回家考虑清楚是让孩子下学期读初三还是转到别的班级,你的孩子我是讲了不听了的,比较严重。他们父子回家商量后回来跟我说,学业已经荒废了两年,如果升到初三,怕跟不上。一年过去了,我向他现在跟读的初一的英语老师询问他目前的情况,这个老师说,还是老样子,继续去给茶厂采茶,然后又继续去上网。因为每天看他不上课,课桌老是空着,影响其他同学,就把他的课桌搬到办公室里。过了几天居然也没有来要,老师又去网吧找到他。他直接跟老师说,自己知道晚上上网后白天上课也没有精神,上网影响学习成绩,也知道老师对他好,但是爸爸已经不怎么管他,妈妈已经不要他了,就请老师对他也放弃了吧。

(2013-8-18,丹寨县兴仁中学刘老师讲述,根据录音整理)

第五节｜黔东南农村留守儿童家校合作

家庭和学校无疑对儿童的成长和发展起主要作用，是儿童最重要的社会化组织。促进家庭与学校之间的联系和合作，共同形成教育合力是世界各国教育界乃至社会各界人士的共识。"在广大的黔东南农村地区，留守儿童的父母外出打工，家庭衰落，家庭抚育功能退化特别是教育功能严重弱化使这一弱势群体的发展处境艰难，前景黯淡；乡村学校里的教师素质有待提高，工作条件艰苦，教学负担重，教学质量大都难如人意，使他们的生活和学习处于内外交困的苦境中。"[1]可以说，父母在家庭教育中的缺位，学校教师在教育管理中不完全到位，家校合作不力，加剧了留守儿童在成长和发展中的困难。客观把握和深入了解黔东南农村留守儿童家校合作的真实情况及存在的主要问题，是探索更加有效的、合理的、符合黔东南农村地区实际情况的家校合作教育方式，开展积极的家校合作的前提。

一、双方对合作存在认识偏差而缺乏责任共担意识

家校合作的目的，是紧密学校和家庭的联系，明确各自在儿童成长和发展中的责任，协调双方的教育力量，为促进儿童的发展共同形成教育合力。也就是说，家庭和学校，作为儿童发展的利益相关方，必须切实担负起各自的教育责任，并积极联动以积聚双方力量。

笔者在调查中发现，黔东南农村的学生家长对自己在留守儿童教育管护中的角色缺乏正确的、全面的认识，教育责任感比较缺失，缺乏与学校教师共同做好留守儿童教育工作的意识。几乎所有的留守儿童父母都反复强调自己之所以走上外出打工这条路，就是为了孩子能够接受更好的教育，使孩子能有一个好的将来。但是，接受访谈的留守儿童家长中，绝大多数家长并不清楚孩子在学校的学习情况，对学生班级里的任课教师配备及课程开设也了

---

[1] 杨建忠. 家庭的衰落与农村学生的困境：一项基于乡村教师教学与家访生活的田野调查[J]. 教育导刊，2012（11上）.

解得很少。参加家长会或学校活动、与教师谈话是重要的与教师了解学生的学习和在校的行为表现的重要渠道，但留守儿童的家长或临时监护人每次都能够参加家长会的仅有27.5%，经常到学校找老师获取学生在校信息的只有可怜的3.3%，到学校参加活动以了解学校管理情况的只有5.0%（见3-34），绝大多数留守儿童父母或临时监护人很少光顾学校，都不了解学生的在校情形，更别提学校的教育教学管理情况了。家长的教育责任意识比较淡漠，认为教育就是学校和教师的职责，没有认识到自己肩负的教育义务。特别是在贵州省实施农村义务教育学生营养改善计划（简称营养餐）和农村学校寄宿制建设工程后，他们对学生在学校里的生活情况也不怎么关心了，就知道"现在是义务教育，学生在学校里管吃管住，有老师我们比较放心"，"孩子的学习就交给老师了，不听话的话打也可以，老师们晓得怎样教小孩"，于是很少询问留守儿童的在校情形：他们与谁交往、学校生活质量如何、学得好不好、发展得怎样、有什么困难、希望给予怎样的帮助等。家长们由于长年在外打工，与学校的联系不多，也缺乏与学校共同做好学生工作的意识，大都认为自己缺乏教育经验和能力，没有认识到教育好孩子是自己的天职之一，缺乏责任共担意识，对学校的期望值普遍过高，希望学校能够包办孩子学习和生活的所有问题。

表3-34　家校合作的认识与态度

问题	选项、百分比（人数）（N=3057）				
老师经常和你父母联系吗？	经常联系 12.8%（391）	很少联系 60.7%（1586）	从不联系 26.5%（810）		
老师在什么情况下与父母联系？	平时有联系 15.0%（460）	出事时才联系 85.0%（2597）			
老师到家里家访吗？	经常来 1.8%（54）	有时 7.9%（243）	很少 23.5%（718）	从来没有 66.8%（2042）	
你对老师来家里家访的态度是？	非常喜欢 14.3%（437）	喜欢 48.8%（1492）	无所谓 27.3%（836）	不喜欢 7.7%（236）	很不喜欢 1.8%（56）
家长或监护人参加家长会吗？	每次都参加 27.5%（840）	一般都参加 25.5%（779）	有时参加 23.6%（720）	从来不参加 23.5%（718）	
家长到学校来找老师吗？	经常来 3.3%（100）	有时 39.6%（1210）	从没来过 40.3%（1231）	不知道 16.9%（516）	
家长是否参加过学校活动？	经常来 5.0%（152）	有时 22.1%（676）	从没来过 55.7%（1704）	不知道 17.2%（525）	
你对老师向家长反映你的在校表现的态度是？	喜欢 44.8%（1370）	不喜欢 25.0%（763）	反对 5.2%（159）	很反感 5.5%（168）	无所谓 19.5%（597）

和学生家长相比，笔者在对老师的访谈中感觉到，多数教师特别是班主任对留守儿童的处境有直观的感受，于是产生强烈的与留守儿童家长进行联络和接触的愿望。但实际上教师对留守儿童的教育并没有采取积极措施，也没有广泛地与留守儿童家长联系，并不在工作中积极与家长合作开展留守儿童教育工作。对留守儿童的问卷调查中发现（表3-34），黔东南农村教师经常与留守儿童家长取得联系的仅占12.8%，联系比较少，也不主动与家长沟通，了解孩子的家庭情况；也难以与家长进行坦诚的交流，对家长的要求也多是要配合好学校教育，在口头上提醒家长要注意关照孩子，但很少给家长提出有针对性的留守儿童教育方法，使得家长不能及时从教师的指导中得到一定程度的教育帮助。教师基本上都是在发现留守儿童不到学校，在校发生学习纪律问题、安全问题时才联系家长，希望家长到校帮助解决现实问题。尽管有63.1%的学生表示对教师的家访行为表示"非常喜欢"或"喜欢"，但能够在工作之余经常到学生家里家访的只占1.8%，不定时对学生进行家访的也只有7.9%，而这极少数能够促使教师来家访的往往都是"有问题的学生"，不是因为面临辍学就是违反学校纪律，在很多家长心里，"老师来家访，肯定没有好事"。留守儿童的留守家乡的家长或临时监护人平常忙于农活或知识有限，对自己的教育职责认识仅限于为孩子提供基本的饮食起居，他们的任务就是把孩子送到学校，而学习与教育就完全是老师的事了，有位家长对此种状况进行了形象的总结："家庭和学校分工比较清楚，我们在家管吃喝，老师在校管学习。" 在调查中也发现，不少教师以时间和精力不允许推诿，有的甚至于将开家长会、与留守儿童家长联系等作为累赘和不得不做的例行公事。特别是黔东南农村地区教师缺额多，教学负担过重，难以有额外的时间与家长进行交流。留守儿童对教师与家长的沟通持怎样的想法呢？问卷调查结果表明，44.8%的人对老师向家长反映自己的学习和行为问题持肯定的态度，25.0%的人表示"不喜欢"老师向家长告状，5.2%的人反对老师这种做法，5.5%的人比较反感老师这种沟通方式，而有19.5%的人对此持无所谓的态度，这说明，多数留守儿童对教师与家长的家校合作持一种肯定态度，学校和家庭共同承担起留守儿童的教育职责必定会对他们的发展产生积极的作用。当然，在调查中我们随时随地都能体会到的一点是，学校教师更能清醒地摆正自己的教育者地位，明晰教育责任，对留守儿童教育特别需要得到家长的参与表现出强烈的合作意识,每学期开学初都进行留守儿童调查,建立档案进行管理,大部分班主任都有留守儿童家长的电话,对自己班上的留守儿童情况如数家珍。在与教师的访谈中,笔者更多听到的是教师及班主任们对学生家长不能履行留守儿童监护职责的报怨,他们可能还没有意识到提高家长的教育意识和能力也需要教师的帮助,需要他们承担好在家长与学生之间的中间人角色,一手抓好学生在校管理,一手抓紧联系家长督促。

留守儿童的父母迫于生计,他们中双方或者一方到城市打工,不得不令他们的孩子"留守"家乡,使留守儿童生活失管、家教缺位、亲情缺失、安全失保。对他们的成长来说,不只是生活上需要得到保障,还需要在教育上得到更好的指导,做到教育与管护并重,通过家校合作避免出现父母为孩子外出打工挣钱、下一代却在留守中荒芜的不利局面。学校教师则认为家长们远在外地,难以联络,就是联系上也多是告状式地给家长反映学生的"问题",很少交流彼此的教育经验,有的问题说了也没有什么作用,家长也不会照办,而且家长受教育程度大多比较低,对留守儿童的教育基本也没有什么办法,加上教师工作量大,整天忙忙碌碌,难得找到与家长联系的时间,且觉得与家长也没有什么"共同语言"。因而在这方面,家庭和学校双方明显认识不足,缺乏共育意识;也不能更好地扮演好各自的角色,共同承担教育与管护两方面的责任,缺乏责任共担意识。

二、内容狭窄而难以满足留守儿童需求

自学校作为专门的教育机构产生后,学生自进入学校起受到的就是来自家庭教育和学校教育的双重影响。教师与家长良好的双向沟通与共同决策能使学生具有较强的自主性和独立性,学习成绩也相应会得到提高。[1]对留守儿童来说,他们之前与父母共同生活所形成的习惯不得不改变,在家里再也不能得到应有的父爱母爱,再也无法享受父母提供的比较细致的照顾和全面的家庭教育,生活与发展环境的变动使他们比其他儿童更容易出现安全、健康、

---

[1] Epstein, Joyce. L. Longitudinal Effects of Family-School–Person Interactions on Student Outcomes[J]. Research in Sociology of Education and Socialization, 1983(4): 101-127.

教育和心理问题，他们所面临的人身安全、行为偏差、心理创伤及其他成长风险明显增加。对家庭来说，父母缺位和抚育方式的改变所造成的家庭教育缺失要求留守儿童父母要尽可能地投入更多的金钱与精力频繁沟通、交流情感，督促临时监护人要加强管教和引导，提高养育质量；对学校教育来说，要针对留守儿童的家庭教育缺失和亲情抚慰弱化的情况来主动加强对他们的学习、生活的教育与管护并重的专门教育管理工作，强化监护和指导，积极关爱留守儿童。

表3-35 家校合作的内容

问题	选项、百分比（人数）（N=3057）				
教师的家访常针对什么问题？	学习成绩 56.8%（1737）	在校纪律 17.9%（547）	督促家长 5.6%（170）	个人表现 19.7%（603）	
老师的家访对象常是哪些人？	全部同学 19.5%（595）	大部分同学 17.1%（522）	有问题同学 34.8%（1063）	极个别同学 28.7%（877）	
最希望老师帮助解决什么问题？	学习 71.0%（2170）	生活 4.4%（133）	资助 5.3%（163）	帮父母改进 10.2%（311）	说不清 9.2%（280）
老师了解你的家庭情况吗？	非常了解 4.5%（137）	了解 22.5%（688）	不怎么了解 53.2%（1626）	很不了解 10.2%（313）	完全不了解 9.6%（293）

留守儿童的生活，最主要的特征是因父母外出务工，本人不能与父母共同生活造成亲子分离。父母外出这一事实，影响到留守儿童的各个方面；家长远离，缺乏亲情依赖，容易导致留守儿童情绪的波动和不稳定性，留守儿童的孤独感和无助感日升。对留守儿童来说，生活得不到很好的饮食照料和日常帮助，学习中无法获得及时的督促和辅导，情感上没有倾诉对象，缺少亲情沟通和人生指导，安全没有得到足够的保障，他们迫切需要得到生活、学习、情感中的支持，渴求得到较多的关心和关爱。从表3-35可以看出，关于"最希望老师帮助解决什么问题"，71.0%的学生回答是"学习"，10.2%的学生回答是"帮助父母改进"，5.3%的学生回答是"资助"，仅有4.4%的学生回答是"生活"，这显示在实施农村义务教育阶段学校营养改善计划后，留守儿童的饮食困难得到了较好的解决，他们最为迫切的愿望是教师更多地指导自己的学习，帮助提高学习成绩；希望教师指导父母改进家庭教育和积

极寻求社会各界人士的资助以改善自己的求学环境也成为他们的重要需求。调查发现，家访作为亲身了解留守儿童家庭实际情况和放学回家生活学习情形的重要方式，对了解家校合作的内容可以得到比较全面的信息。但问卷调查结果同时显示（表3-35），有34.8%的留守儿童认为教师的家访对象是"有问题同学"，有28.7%的人认为只有"极个别同学"是教师去家访的对象，这表明，仅有少数留守儿童因为出现了学习和发展问题而推动教师不得不去家访。对家访的内容，56.8%的留守儿童认为教师的家访活动指向自己的学习行为，17.9%的人认为是针对在校纪律，19.7%的人觉得教师家访是自己在校表现不好，只有5.6%的留守儿童认为"老师到家里来，是发现父母的教育有问题，来监督家长"。从上述资料可以看出，教师与留守儿童家长的家校合作内容似乎仅仅局限于对学生学习的关心，学习成绩是焦点，而对他们的家庭生活与监护情况、品德行为表现、家庭教育方式和方法、心理状况、面临的困难及其应对措施都不太了解，特别是对于留守儿童的人际交往、心理与行为改变、能力培养等关注极少。教师与留守儿童家长的沟通，其话题也主要集中在孩子的不良行为和学习表现上，往往对留守儿童的进步和自立自强等方面却忽略不提。家校合作关注的内容狭窄，双方对学生的在校情况或居家情形的了解也都比较片面。

在留守儿童学校里对教师进行的访谈中，许多教师表示学校布置的家访任务根本无法完成，家长会记录乃至留守儿童后进生转化等教学档案有时就是编造的结果。因为家长不在家，各种家校联系陷入停顿状态，而这些东西却都是教师绩效考核的依据，造假也是不得已而为之的事情。学校对留守儿童的管护，在日常教学管理工作中并没有与非留守的学生有明显区分，但是在留守儿童生病、发生意外伤害、生理卫生指导、心理障碍、解决困难问题时，大量的困扰和难题就会涌现：急救时的责任承担、青春期指导、孤独感或抑郁状态的排解、遇到困难时是放弃还是坚持的抉择……当这些问题发生时，谁能为他们做决断，解忧愁？换言之，在现有条件下，通过家校合作，帮助留守儿童解决物质或生理方面的问题相对容易，而给予他们以精神上的鼓舞或满足心理方面的需要则难以做到。由于家校合作内容狭窄，浮于表面，缺乏深入的家校合作，家庭和学校双方对彼此之间缺乏交流对话，了解不深，在回答"老师了解你的家庭情况吗"时（表3-35），有53.2%的留守儿童认为"不怎么了解"，有10.2%的留守儿童认为"很不了解"，有9.6%的留守儿童认为"完全不了解"，合计达73%，仅有4.5%的留守儿童认为"非常了解"。虽然学校为教师制定的工作指标中提出开家长会、家访、联系家长和对学生进行个别指导等各种要求，但是这些家校合作内容却往往浮于表面，有的开展得不好或根本就没有执行，所以多数教师并不了解留守儿童家庭的实际情况，就是进行了解了也很不全面，对留守儿童们面临的各种困难和他们的需要也不完全清楚。

对农村留守儿童的家校合作来说，不能仅仅是家庭保证满足子女的需要或学校提供一些职责范围内的家庭教育指导，还需要规避家长外出对留守儿童的不利影响，关注留守儿童的各方面需求，在家校合作的内容上要积极回应他们的需求并千方百计予以满足，不断扩充合作的范围和内容。家长要重视子女教育，向学校汇报留守儿童情况，切实承担起孩子的教育责任；学校要更加深入地了解每一位留守儿童的学习和生活情况，教育家长关注留守儿童，以利益相关者的态度提供和实施一系列从物质支持到心灵抚慰的更加全面的管护措施。

三、交流少且方式单一而相互支持程度低

为了给留守儿童营造正常的教育环境，减轻父母单方或双方外出给其造成的不利影响，家长和教师应该是鼓励和督促学生努力学习、快乐生活的合作者。但是，家长和教师大多由于工作繁忙而很少联系或从来没有联系过，关系疏离，这一方面表现为家长认为自己不懂教育，他的任务就是将孩子送到学校，然后做教师的默默支持者，少给教师的教育工作平添麻烦；另一方面则表现为教师对积极联系家长、请家长帮助共同做好学生教育工作持一种无所谓的态度，觉得是否与家长联系得看自己的时间、精力和兴致，与家长联系就是留守儿童在学校"出事了"或者将之作为一种"赏赐"，是我给你面子，关心你的孩子，我把你家里的教育问题放在心上，其间体现出的教师

与家长是一种主角与配角的关系。从家长与教师的关系来看，家长在留守儿童教育中对教师往往保持一种距离，只是想尽自己的努力满足教师的要求和假装接受教师对自己家庭教育失败的指责，对教师言听计从，甘当听众。在笔者对家长的访谈中发现，对留守儿童的教育问题，家长们更多地是从家庭方面找原因，认为是自己残缺的家庭环境造成孩子不利的发展局面，他们对学校和教师大多是赞扬，极少发表自己对学校工作的不满意见，"老师们很辛苦，每个月工资不高，对我的孩子照顾得还可以，既教学，又给吃的"，加上自己长年在外打工，与教师的接触是少之又少，而在家照料留守儿童生活的人根本就不具备给留守儿童提供带有一定的知识深度的家庭教育和与教师交流的能力。从教师与家长的关系来看，教师认为家长平时不在家，对学生的了解还没有老师全面，对学校工作的支持也就是给孩子点钱，让孩子生活无忧，家长们的文化水平低才去打工；自己在学校里既要给学生上课，是他们的老师，又要在实施营养午餐工作后要陪餐，是留守儿童的爹妈。在教师眼中，家长们几乎对学校就是"全托"，只管自己打工挣钱，对孩子的教育工作很少过问，孩子教育好了，觉得是孩子聪明，自己打工有钱给了动力；孩子教育不好，就指责教师教学质量差，认为教师对工作不上心。教师的言谈里理解家长们的打工行为，深切地同情留守儿童的苦境，但对家长当甩手掌柜颇有怨言，自己对留守儿童付出的很多辛苦和心血却不能被理解，觉得自己冤屈。

表3-36 家校合作的过程与方式

问题	选项、百分比（人数）（N=3057）				
老师通过什么方式与父母联系？	打电话 80.2%（2451）	家访 3.3%（101）	叫家长到校 4.4%（133）	家长会 11.1%（339）	其他 1.1%（33）
老师家访与家长交流什么问题？	学习问题81.6%（2494）	生活问题7.0%（214）	纪律问题 9.6%（292）	工作问题 1.9%（57）	
你违纪了，老师怎样处理？	直接找我28.9%（885）	在班上批评 41.5%（1268）	告知家长 27.2%（831）	基本不管 1.5%（46）	从来不管 0.9%（27）
家长是否提过意见或建议？	有 26.0%（794）	没有 28.1%（858）	从来不提 20.0%（610）	不知道 16.9%（516）	

学校与家庭的联系主要是通过教师与家长、学生的沟通来实现。从表3-36中可以看出，留守儿童的父母多数身处异乡，教师主要通过电话与家长取得

联系，占80.2%，对学生家访了解家庭实情（3.3%）、召开家长会传递学生信息（11.1%）、叫家长到校私下交流（4.4%）等传统的家校沟通方式已经式微，这是父母不在家和电话普及率提高的综合反映。可以看出，教师与家长通过电话联系已经成为主要的家校合作方式，合作方式比较单一。电话联系方便、快捷，节约时间，成为家校联系的首选。但在实地调查中发现，教师与留守儿童父母极少联络，能够接到教师的电话的毕竟是少数，而且往往是学生违纪或出现了教师难以协调解决的问题时才会直接给他们打电话，绝大多数留守儿童家长与教师特别是班主任没有联系、互动的机会，彼此之间互动、交流少。教师对少数学生的家访，与留守儿童的单亲或临时监护人交流的问题，主要是学生的在校学习情况（81.6%），学生的在校纪律（9.6%）、生活（7%）及征询家长对自己工作的意见（1.9%）只是偶尔提及。留守儿童在校出现早退、旷课、迟到等各种违反校纪的情况，45.1%的人认为教师会在课堂上批评，28.9%的人认为直接找违纪学生本人进行教育，27.2%的人认为会找家长反映以商量处理措施，1.5%的人认为"基本不管"，0.9%人觉得老师"从来不管"，对学生的不良行为采取听之任之的态度，说明教师与家长不经常联系，很少与家长交流，互动少，因此对学生的违纪行为往往采取简单、粗暴的处理办法，而不是从根源上全面、客观、冷静地全面分析之后再实施自己的处理措施。留守儿童的家长根据家庭实际情况和孩子的表现，给学校提出切实有效的教育与管理意见和建议，这是对孩子的成长和发展负责任的表现，但问卷调查结果发现仅有26.0%的留守儿童家长提出了自己的意见和建议，绝大多数家长都没有这样做。教师平时不与留守儿童家长沟通、互动，家长也未和学校取得联系，没有给留守儿童教育管理提出自己的建议，家庭与学校之间交流少。加之沟通方式单一，因而造成家长和教师之间针对留守儿童教育问题的相互支持程度低，难以给他们提供积极有效的教育和管理。

在黔东南的调查中进一步发现，教师与学生父母的交流也是单向的，平时家长与教师之间沟通少，教师往往在出事的时候才与家长取得联络，一位副校长这样说：

> 一般是在学生出了大问题需要家长解决时，远的就电话联系，

近的就直接到家里去，得告诉他们实情，叫他们派人来帮助处理问题。学生逃课，不到学校，你无法找，家长又不在，你又没空也不知道到哪里找，不能因为一两个同学耽误更多的人。我的处理方法是联系家长和监护人，要他们联系人去找，派人催学生来校，当然自己没课时也会去找。

四、关系疏离且缺乏系统性合作而效果不尽如人意

家庭和学校既是学生生活和学习的两个主要环境，又是影响学生发展的两种教育力量，它们有共同的教育对象、教育目的和使命责任，双方应该建立互动、共享的合作关系。特别是对于身处不利的生存和发展环境的留守儿童来说，家庭中的父母共同养育缺失，家庭教育功能严重被削弱，密切的家校合作更是责任重大。家校合作由家长参与学校教育和学校帮助家庭教育两方面的活动构成，有效的家校合作通过提高家长对学校教育活动的参与程度，并强化学校对家庭教育的帮助、支持得以实现。

表3-37 家校合作的作用与评价

问题	选项、百分比（人数）（N=3057）				
教师的家访对你有帮助吗？	非常有帮助 18.2%（555）	有帮助 60.8%（1858）	没有帮助 5.0%（154）	说不清 16.0%（490）	
父母不在，有困难你找谁帮助？	老师 23.9%（731）	同学 14.3%（437）	祖辈 39.4%（1205）	邻居 12.8%（392）	其他人 9.6%（292）
你在街上遇到老师主动招呼吗？	主动打招呼 59.8%（1829）	多数打招呼 17.5%（534）	喜欢就招呼 5.9%（180）	偶尔 13.0%（398）	从来没有 3.8%（116）
你觉得父母和老师的关系好吗？	很好 11.8%（360）	好 43.2%（1322）	比较差 9.9%（302）	很差 2.5%（168）	说不清 29.6%（905）
假如你违反纪律，老师与家长联系有作用吗？	作用很大 35.4%（1082）	有一定作用 50.3%（1538）	作用不大 5.9%（180）	没有作用 8.4%（257）	
你觉得老师对家长的影响大吗？	影响很大 9.0%（276）	有一定影响 28.6%（874）	影响不大 30.1%（920）	没有影响 17.0%（519）	说不清 15.3%（468）

留守儿童的父母与教师缺乏频繁、真诚的交流，这一状况使得双方没有主动积极地吸纳对方为合作伙伴的态度，也不经常把各自的想法和行为告知对方，开展实际的合作行动，因而难以在家庭和学校之间建立起良好的合作

气氛。家长与教师是影响学生发展的重要他人[①],本应该结成一种联盟,形成统一战线,事实上,家长与教师联系并不密切,关系疏离。在调查中,留守儿童认为父母与教师之间的关系"很好"或"好"的占 55% 的比例,认为他们之间的关系不好、比较差或无法说清其关系的也有 45%,家庭和学校之间存在合作的隔阂,联系与协调也不如预想中那么好(表 3-37)。在向留守儿童询问"父母不在,有困难你找谁帮助"这一问题时,他们首选的求助对象是自己的祖辈(39.4%),其次才是教师(23.9%),这充分说明家庭是留守儿童最重要的生活保障,教师大多没有表现出为留守儿童提供帮助的热情,也没有特别给予留守儿童以特别关爱,教师的职责仅局限于教学和管理,学校对家庭教育的帮助和支持仅限于教育职责的履行,留守儿童教育与养育的界限比较分明,责任分离。因而在进一步对家长与教师关系的确认中,发现教师对留守儿童家长的影响并没有预想中那么高,只有 9% 的人认为教师对家长"影响很大",而有 28.6% 的人认为"有一定影响",47.1% 的人认为教师对家长"影响不大"或"没有影响",还有 15.3% 的留守儿童表示"说不清"。活泼好动的学生有时不免会在某些方面违反学校规定,教师这时与家长的联系会多一些,85.7% 的留守儿童认为教师与家长的联系对自己改正错误行为"作用很大"或"有一定作用",仅极少数顽劣者(14.3%)认为"作用不大"或"没有作用"。家长没有从教师那里得到孩子发展情况的提示和改进家庭教育的方法,在与教师的一点联系中所获知的只是关于子女学习成绩不好或问题不断的坏消息,家长心里产生了对教师和学校工作的怀疑和忧虑。

留守儿童的疏离型的家庭教养方式给家校合作造成了更大的困难,有碍家校合作,家校合作缺乏系统性,效果不尽如人意。在学校的日常工作中,普遍都缺乏整体的家校合作计划,联系家长、家访、开家长会也常常变成教师个人的事情或者是临时决定的事项,大多家校合作活动的开展基本上是零散而不系统的,很难形成一套结构完整的、常规化的观念和活动体系。留守

---

① 重要他人是美国社会学家米尔斯(C.W.Mills)首先提出的概念,指在个体社会化以及心理人格形成的过程中具有重要影响的具体人物,分为互动性重要他人和偶像性重要他人两类,重要他人可能是一个人的父母长辈、兄弟姐妹,也可能是老师、同学,甚至是萍水相逢的路人或不认识的人。

儿童的父母身处异乡，不能亲自管教子女，借助电话向教师询问孩子在乡的实际情况已经成为主要的家校合作方式。仍以家访为例，调查中有 79.0% 的留守儿童认为教师家访对自己的成长和发展有促进作用，可见多数人对家访持肯定的态度，只有 5.0% 的人觉得家访"没有帮助"。由于黔东南农村地区留守儿童居住分散，人数较多，教师对学生的家访不可能是全班普访，只能是个别家访。孩子在学校生活中，与教师的交流也不太多，除了上课时间，难有其他时间相处，师生关系也并不亲密，当留守儿童们遇到教师时，主动与教师打招呼的只有 59.8%，偶尔或从来不与教师打招呼的占 16.8%。当留守儿童的父母离乡外出打工时，他们大都对学校加强孩子的教育寄予重托，但现实中因教师大都教学任务繁重，班级人数较多，与家长联系需要付出更多的时间、精力和情感。加之家长自己在打工地工作辛苦，经常加班，家长们也难得与教师电话联络，即使通上电话也不过进行一番近似敷衍的客套话，主要是因为时间和费用关系，更重要的是家长觉得自己文化程度低，对孩子的教育也不太懂，在电话中说的也只不过是请老师费心教育，孩子有不对的尽管批评，打都可以之类的表态。笔者根据调查中的所见所闻发现，疏离的父母不能当面教育孩子，对孩子的要求很少而且对其期望值也不太高。这种分离状态使家访、叫家长到校、家长会等形式的家校合作根本就无法开展，家校合作的成效自然无法再提起。

第四章

黔东南农村留守儿童家校合作教育实践探索

  针对留守儿童教育问题，根据黔东南农村地区自身的实际情况，学校通过食宿管护、家访、家长会、家庭教育指导、代理家长等方式主动帮助家庭教育，家庭通过家庭汇报、家庭互助会、家长经验交流、亲子交流、教养改进等方式积极参与学校教育，在黔东南农村学校开展了家校合作教育实践，在行动中研究，在研究中行动，减轻因父母双方或一方外出打工对留守儿童教育的影响，促进他们的平安健康成长，增强生活幸福感，取得了明显成效。

第一节 | 教师家访是弥补留守儿童家庭教管缺失的有效方式

一、"最牛家访老师"的生活

景阳布依族乡（注，该乡已经于2013年撤销，原辖地与谷硐镇合并，设置新的谷硐镇）①位于麻江县西北部，距县城18公里，辖景阳、大坪、河边、茅草、茶山5个村22个村民组63个自然寨，居住着布依、汉、苗等12个民族，2010年全乡有居民2051户，9025人，农民人均纯收入3200元，是一个多民族杂居的布依族乡。

景阳中学是这个布依族乡唯一的中学，全校现有6个班，学生274人。多年来虽然因教学成绩在全县位居前列而吸引了不属该校服务范围的周边乡镇（杏山镇、谷硐镇、坝芒乡）乃至邻近的贵定县、福泉市的学生前来就读，但始终其影响力也极为有限，仍然只不过是一所地处偏远、学生人数不多而时刻面临着被撤并的乡村中学而已。几年之前，我认识了这个学校的教务主任兼语文教师——高华方老师。高老师固守家访这一传统的家校合作形式，从他任教学点教师开始，以后在村级完小，直至2001年进入景阳中学任教，23年来长期坚持深入学生家庭进行家访，并将自己寒假家访日记发表在个人网易博客上，这些家访日记的访问量达到144万人次之多，唤醒人们对久违的传统家访的怀念和乡村教师质朴生活的感动，引起比较大的社会反响，成为网络名人，在网上被捧为"最牛家访老师"②。

---

① 省人民政府关于同意撤销黔东南自治州麻江县景阳布依族乡谷硐镇合并设置新的谷硐镇的批复（黔府函〔2013〕115号），贵州省人民政府网站，https://www.guizhou.gov.cn/zwgk/zfgb/gzszfgb/201305/t20130524_70517290.html。
② 王橙橙，周之江.贵州麻江县一乡村教师被网友誉为"最牛家访老师"[N].新华每日电讯，2009-6-22（1）.

高老师工作的景阳，人口较少且多数是少数民族居民，居住分散，农业生产水平低下，农民收入主要靠外出打工。景阳中学的学生，大都是留守儿童。在工作时间，高老师每天的生活都是相似的，以下是他的每日工作大事：

6：00　带领学生出操，在学校操场上跑若干圈

7：00　到学校食堂陪吃早餐

7：30　检查学校课程安排表，看是否有教师出差或请假，有的话及时通知并安排其他教师代课

8：00—12：00　上课

12：10　到学校食堂陪学生吃中餐

12：40　到学校宿舍检查午休情况

14：30—17：00　上课

17：10—18：00　教师集体学习（例会、教研、继续教育、政治学习）

18：10　到学校食堂陪吃晚餐

19：00—21：00　监督学生上晚自习，备课、批改作业

21：40　到学生宿舍检查学生就寝情况

22：00　以后　回宿舍总结一天的工作，继续备课或改作业，就寝

到星期五下午放学前，高老师的工作发生变化，内容主要是对留守儿童提出交通安全要求，进行安全督促和提示，忙着给留守儿童交待回家的注意事项：

在路上要注意安全，不准在公路和山路上嬉戏打闹、追逐，不准搭乘农用车或摩托车，不准在回家途中或上学路上下河游泳或玩耍等；女生们必须要结伴走，相互关心，团结互助；坚决不坐没有安全保证或证照不全的车辆；回家后生火、做饭时要注意防火安全，晚上就寝前要查看门窗是否全部关好；要安全用电，发现照明线路异常要寻求大人帮助，不得擅自打开电源开关或自行维修；晚上不准通宵看电视而不睡觉；提高自我安全保护意识，发生意外情况要及时求救或拨打110；要保管好自家的钥匙，不与陌生人接触、同行或随便让其进家；不准上坡攀爬树木、上屋顶。

送完学生后检查教室门窗并锁门。周日下午，高老师16：00从家里出发。他必须在19：00之前回到学校，清查学生返校情况，尚未到校的及时电话联系学生本人或家长，问明原因，然后安排学生的晚自习。

高华方老师从教23年来，做过少先队辅导员、小学校长、初中政教主任、教务主任，但是最重要的事还是给学生上课，觉得自己的价值就是给山区的孩子教好书、学习本领，育好人使学生成为一个堂堂正正的社会有用之人。他最喜欢的工作就是当班主任，20多年来一直都是这样过来的，尽管工作很苦、很累，特别是现在初中班主任的工作量是普通老师工作量的两倍还多，但留守儿童越来越多，家庭教育问题和形势越来越严峻。

高老师中师毕业后被分配到杏山镇比较偏的小堡小学，1993年因为教学成绩不错调回到家乡靛冲小学任校长。2001年参加中学教师培训后调到景阳中学工作至今。

他在麻江街上修了楼房，当时买地基就花了八万多元，由于买了宅基地后没有钱建房，所以现在的房子是和同事一起合资修建的。当时工资只有300多元，买地和修房的钱都是妻子积攒下的。由于父母长年生病，请不起医生。他从读初中时起，就开始买一些医学书来看，中医、西医知识都略懂一点，所以在小学工作时还兼做乡村医生，调到靛冲小学时，靛冲没有卫生室，老百姓进城治病很困难，很多人知道高老师懂一点医道，经常请他跟村民治病。久而久之，他就成了校长兼医生了，还曾经撰写了一副对联来形容自己的工作和生活："学校医院小卖部，老师医生售货员。"

2009年，高老师将自己寒假进行家访的日记发布到网易博客里，引起了一些人的共鸣，于是有记者到景阳来采访他并将家访的事情进行了报道，以后贵州教育视窗称高老师为"最牛家访老师"，他成了所谓的网络名人。在这之后，不断有媒体相继对他的情况进行了报道。而他对学生进行家访的事迹在贵州电视台《人生》栏目播出专题节目后，贵阳一中的同学及家长为高老师任教的班级捐献了一套多媒体教学设备。他自己制作课件并在教学中使用多媒体教学，信息丰富、方法新颖的多媒体教学既提高了教学效果，也使教师的工作负担也在某种程度上减轻了许多，每个学期的期末考试成绩平均比别的没有使用多媒体教学的班级高出十多分,有时甚至是二三十分。不少老师看到使用多媒体教学出现的惊人变化后,纷纷也改变了自己惯常的教学方式,积极制作各种教学课件,争抢学校的多媒体教室上课,现在在学校里采用多媒体教学已经蔚然成风,并且在麻江县也很有影响。

家访本来是老师和学生、家长之间进行沟通的一种常用方式,很多学校也对班主任的家访次数、方式等进行了规定,每个学期也填写有家访记录表。高老师只不过继续发扬了家访的好传统,做了些一个普通教师应做的事,平常得不能再平常,平凡得不能再平凡,普通得不能再普通的事,也想不到有什么轰动效应。可是,由于家访在变化迅猛的时代已经逐渐失去了它本来的面目,他始终坚持对学生特别是留守儿童长年进行家访,给予传统家访赋予了现代意义,于是网络和报刊将他封为"最牛家访老师"。对于家访的价值,他这样说:

> 在今天手机逐渐普及,联系也更加方便,大事小事都可以在电话里解决的社会环境里,家访却仍在深入了解学生家庭情况和为学生提供更加周到的服务方面依旧具有它独到的优势,所以家访还能够得到大家的认同和共鸣。传统的家访不能丢,学生家庭的基本情况及学生的发展实情,在电话里讲要费半天口舌,但通过家访到学生家里走一走,看一看,什么家庭地理位置、发展环境、家庭情况、在家表现及存在的发展困难和问题,只要老师一进学生家就会一目了然,这是任何先进的现代通信工具所不能比拟的。

(2012-7-21,根据高华方口述录音整理)

二、家访使教师深入留守儿童家中体察实情

在父母双方或一方外出打工的日子里,留守儿童平时在家里由父(母)亲或临时监护人负责管护,不仅难以获得比较周全的生活管理,而且在家的学习指导几乎是空白,留守儿童的教育似乎已经变成了学校单方面的工作,他们的学习和生活好像已经变成了学校和个人的事情,反而与家长无关了。

家庭联系教师往往是留守儿童在教育中发生了家长难以解决或不方便解决的事情，当家长不在家或不能给留守儿童提供全面的教育和管护时或难以承担留守儿童教育的职责时，教师到留守儿童家庭进行走访，现场了解留守儿童的家庭结构、亲子关系和家庭教育条件等已经变得更加重要、更加迫切。同时，教师家访还能直接拉近师生感情，触动留守儿童脆弱的心灵之弦，觉得在父母外出后还能继续感受，从到来自学校和教师的关爱，教师也能更加设身处地地替留守儿童着想，更加深入地了解留守儿童，知晓他们的想法，对他们的教育问题和困难也有了直观感受，从而更加深切地认识学生，理解家长。另外，教师家访还能使家长知道学校并没有因家庭教育的缺位而忽视或放弃自己的子女，反而更加重视对留守儿童因材施教，真正把留守儿童的家庭困难放在心上，从而让家长感受到学校的重视，不断提高家长的留守儿童教育责任感和能力。

留守儿童父母平日大多不在家，要进行普遍家访只能选择在寒假，尤其是春节前后，这也是留守儿童难得的家庭欢聚一堂的时间。这个时间到留守儿童家里家访一般都可以直接与家长见上面，能够更全面、深入地了解留守儿童的各方面情况，同时还可以对留守儿童进行合适的教育和引导，顺便征求家长对教师教学和班级管理的意见和改进工作的建议。以下是高老师在寒假骑摩托车或步行累计近400公里对留守儿童家访的路线及时间安排：

表4-1　家访的路线及时间安排

时间	骑行或步行路线	走访的留守儿童
正月初三	麻江—谷宾村—水落洞—大坪	从麻江出发访杏山镇谷宾村一组的王永红、王永森（兄弟留守），大榜组的王家伟（母亲监护），景阳布依族乡大坪村一组的杨会会、杨佳佳（双胞胎，祖辈监护），大坪村上寨组的陈国琴、陈家磊，共5家
正月初四	麻江—独田—白水—谷顶招—楼梯村—下拥—万家冲—景阳村	访罗招林（祖辈监护）、赵庭敏（父亲监护）、罗银松（父亲监护）、张钦与张建飞兄弟（父亲亡故，母亲改嫁人，二人跟爷爷奶奶过日子）、瞿忠泽（母亲监护）、胥厚云（祖辈监护），共6家
正月初五	麻江—河边村—坳口—烂田—汪山村上寨—汪山村下寨—新院一组—新院二组—景阳村背街组—景阳村下排组	访罗书音（与舅舅生活，亲友监护）、罗传武（祖辈监护）、聂进财（祖辈监护），共3家

续表

时间	骑行或步行路线	走访的留守儿童
正月初六	麻江—黑泥田—靛冲	到黑泥田访杨昌勇（自我监护），经景阳新街到干坝王访朱发金（父亲监护）；然后回景阳新街，经大坪到上黄花寨访范光艳（姐妹自我监护）、周建兰（祖辈监护）；返回大坪，经水落洞，进靛冲村访蒋发财（祖辈监护），共5家
正月初七	麻江—茶山村	访杨显会（母亲监护）、李时菊（父亲监护），杨显海（祖辈监护），共3家
正月初八	麻江—杏山镇小堡村—靛冲村—福泉市黄丝镇马鞍村—景阳布依族乡阳村—大坪村—楼梯村	专访居住分散，不在某一条路线上的留守儿童5家和以前平时多次家访未遇的1家
正月初九	走山路到靛冲村蜂塘山组	访莫显梅（母亲监护）

家访是真实了解留守儿童教育状况的主要方式，有时可以解决某些电话联系中无法解决或想不到的问题，可以说，没有进入他们的家庭，没有与他们的父母或临时监护人进行深入交流，根本不可能获得他们对于留守儿童教育的真实想法或难以理解的做法，有时甚至于起到了很好的控辍保学的效果，或者说是挽救了一个留守儿童的未来。

在寒假里进行的这次家访中，就发生了这样的及时对留守儿童的家庭教育与管护缺失进行纠正的事例：

正月初五，当高老师来到新院一组的罗书音家时，已经是人去楼空。经打听，才知道他来晚了，罗书音在家过完春节后，初三时已经跟着父母到外面打工去了。罗书音辍学了，导致高老师班里流失了一个学生，这对他这个爱生如命的老师来说是一个不小的打击。

根据过去对罗书音家庭的了解，她的父母都在浙江务工，她被寄养在舅舅家里，由其看护，以前高老师对她的家访也往往是在她舅舅家进行。就这样，高老师又跨上摩托车风驰电掣地赶到新院村汪山组罗书音舅舅家了解情况，才知道年前她父母回来过年，觉得孩子学习成绩不理想，不如去打工，反倒能减轻家庭经济负担还增加了收入。经过与她舅舅进行交涉后，高老师已经大致了解了罗书音的情况，最关键是从她舅舅那里得到其父母的电话号码。高老师连忙打电话去浙江，电话是罗书音的母亲接的。她在电话里感谢高老师对她女儿的关心，但强调目前的家庭条件不允许孩子再继续上学，再说孩子成绩也不太好，继续上学也没有多少意思。高老师反复给她母亲说了一些不让孩子上学太可惜，错过了时间可不再有，打工等毕业以后再去也不迟等道理，但还是不行。后来又打电话给她父亲，也是固执地坚持不再让女儿读书，认定了女孩早打工早挣钱，书读多了也是嫁出去的姑娘泼出去的水，不能给家里带来多少好处。在万般无奈的情况下，高老师觉得不能再跟这些打工的父母摆事实讲道理，必须得加点威胁才会有效果。他连续通过电话警告罗书音的家长，哄骗他们说政府会在开学时到学校核实情况，了解到你们不让孩子读书，强迫自己的孩子不能完成义务教育，这是违法行为，政府会上门罚款 5000 元，而且还会收回所承包的土地。如果不交罚款还会抓父母去坐牢，更何况不让孩子读书以后当父母的心里会总觉得对不起自己的女儿，让自己一辈子内疚。通过这一番死磨烂缠，软硬兼施，终于在开学前罗书音又回校报到了。

家访是教师与留守儿童相互深入了解、彼此之间加深感情的重要途径，可以给教师带来更多的留守儿童发展信息，对他们的教育状况和在家表现了解得更加全面而真实。高老师的家访就见到了一些平常并不引人注目的学生的令人感动的场景，发现了一些留守儿童教育中的问题，也获知了他们身上的进步和优点，从而改变了教师和学生、教师与家长对彼此的看法，从如下他发表的个人博客中的家访日记可以看到其深入留守儿童家庭进行家访的收获：

勤劳、孝顺的好学生

下午三点四十分，家访进行到第九家——陈国琴同学家。她家的门开着，我一眼就看见陈国琴同学正在与一家人用手工洗一大盆衣服；大年初三啊，其他的孩子都在玩，而这个孩子却在为长辈做家务，这个女孩子在学校时成绩不怎么好，又不爱说话，说良心话，在这之前，我还经常叫错她的名字，可是我敢保证，从今天以后，我肯定会永远记住她。她真是一个勤劳而又孝顺的好姑娘。

我家的家务全是女儿做的

我们父女俩到黄花寨的时候，是下午两点。范光艳同学正在与爸爸、妹妹挖沼气池。范光艳同学看见我们来了，打招呼让我们去他家坐，进家一看，家里打扫得干干净净。范光艳同学马上把假期作业呈上来请我检查。作业做得认认真真，都按进度完成的。她的爸爸告诉我："范光艳同学的妈妈已经亡故了，范光艳同学每个星期五回家，把全家五口人的衣服全洗光，把家里家外打扫得干干净净，过年期间，烧菜做饭，更是忙得不亦乐乎，晚上还要坚持写完当天的日记。"听了范光艳同学父亲的话，我很惭愧，因为我平时评价学生是只看分数的，范光艳同学的学习成绩并不好。看来以后评价学生还是多元一点好，不要太单一。

你是第一个到我家的老师

杨海的爷爷说："我的孙儿学习成绩不好，从来没有老师来过我家，你是第一个。"

听了这"第一个"，我心里那个乐啊，甭提了。我跑了这么远，总算没有白费力气，但心里仍是有一种莫名的伤感：娃娃成绩不好，老师不上家门，孩子是个单亲家庭，母亲早与父亲离婚了，父亲长年在外打工，自己在家与爷爷相依为命。所有这些情况，不上家门怎么知道，不上家门又怎么关心，家长们看中分数，领导们也只看分数，我们老师教学生如果也只看分数，这孩子肯定辍学定了，不是吗？这孩子正要与父亲去打工，刚好我来得及时，不然的话，开学再来请就晚了。

（以上资料来源：高华方网易博客《寒假家访日记》）

不管社会资讯如何丰富、通信手段如何发达，但心与心之间直接的情感沟通及真诚的情感表达仍然有赖于面对面地沟通交流。家访对促进教师与学生及其家长之间的相互理解仍具有不可替代的价值，对于密切家校合作，形成教育合力的"黏合剂"作用依旧不可偏废，不能低估。正如高老师所讲的那样：

> 家访这种面对面交流的传统沟通方式，无论资讯多么发达、科技多么进步都不能丢弃。因为有些东西，只有当我们面对面的时候，才能感受到这种东西的真实存在。这东西，叫做感情。面对面，我们才能握手、拥抱，感受彼此掌心的温度或是心跳的速度；面对面，我们才能看见对方脸庞的微笑……

三、留守儿童家访困难比较多仍须尽力而为

家长出门打工，看似能与教师进行交流的家庭成员已经不在家而显得家访也不再那么重要了。情况恰恰相反，因为家长双方或一方不在家，留守儿童所面临的困难和问题更多，特别需要教师进入家庭中与在家监护的父（母）亲或其他人员以及自我监护的留守儿童本人直接沟通，通过一对一地实地观察发现留守儿童的教育问题，并采取相应措施来帮助他们。另外，通过家访可以与家长进行面对面地交流以了解家庭教育情况，并了解监护人的教育观念与教育方法，以便改变他们错误的教育观念和不当的教育方法，促进家庭主动积极地做好留守儿童教育工作。小 M，景阳布依族乡万家冲人，生于 1999 年，父母都在福建打工，小 M 与爷爷生活。下面，以高老师对小 M 这个留守儿童的家访个案故事来分析一次复杂的痛苦经历：

我不欢迎您来家访

> 高老师对留守儿童的普遍家访已经进行了三天，虽然并不怎么如意，但还算是顺利。想到明天还要继续骑摩托车走 30 公里到河边村去，准备睡早点，为明天的家访提供好一点的精神状态。这时，手机响了，是小 M 发来的短信，里面写道："高老师，我看见您确实来家访了，但千万不能来我家，我不欢迎您。"看完短信，高老师的满腔热情瞬间冰消瓦解，心想：我不辞劳苦长途跋涉，不就是想与你亲近一点，与你接近关系？大新年的不在家享受生活，打打麻将，与亲友推杯碰盏，专门利用春节来你家看看，不就是考虑到

你的问题和困难,给你一点帮助和支持吗?我何苦来着。

他不知躲到哪里去了

万家冲,地如其名,两边两座大山,中间一条深谷,村子就在山谷中央,一个二十来户的布依族村寨。进村的土路虽然仍旧泥泞,但村子里的漂亮房子不少。打工的确改变了村容村貌,很多农民都在村里大兴土木,住上了贴着白瓷砖的楼房。

高老师把摩托车先寄存在村口的一个农户家,然后步行一百多米来到小 M 家。小 M 不在家,只有他父母和爷爷在火坑边烧柴禾烤火。高老师先是给全家人带去新年祝贺,然后询问了爷爷的健康情况和父母在外面打工的情形。得知小 M 父母每个月在福建打工的月工资有近 7000 元,开玩笑说你们夫妻一个月都抵我两月了,而且我还要自己付生活费,基本没有积蓄。当问到小 M,父母说,"刚才还在,听说你要来,现在不知道躲到哪里去了。"

混个毕业证,学技术才有钱,读书有什么出息

高老师又一次来万家冲,进了小 M 家后,发现全家人正在火炕边嗑瓜子。由于上次已经与他的父母有过一些交流,于是直接叫小 M 拿寒假布置的作业来看看。小 M 的寒假作业,一点都没有动,日记才写了一篇,而且内容很少,不过就是记一些流水账。他本人也毫不在意教师对他的失望,可能在他眼里,学习实在是没有意思。从他和他的家人对老师前来家访的态度看,我们明显是不受欢迎的人。小 M 的父亲先是给老师介绍了他的在家表现,也向老师说明自己在外面打工也辛苦,留下小孩在家里给老父亲带着也不怎么放心。当进一步了解小 M 的在校成绩不好,其中主要的原因是他的心思不在学习上时,父亲表现出一种对小 M 的学习成绩满不在乎的态度,而且希望老师不要过多干涉小 M 的学习,显然他也知道自己的孩子就不是学习的料,成绩肯定是很差的。小 M 的父亲表示自己和妻子两人一起外出打工,一年的打工收入在七八万左右,收入用于供两个孩子(小 M 的哥哥已经上大学)上学没有什么困难,但是他却直

接流露出对上学的不屑,当着我们的面指着小 M 说:"读书有什么用,先让孩子在你们学校混个初中毕业证。反正现在是义务教育了,即便他学习成绩不好,你们也不能开除他。关键是等他到了年纪(指学生毕业),就送他到山东蓝翔(电视广告里的职业技术培训机构)学技术。我花个四五万在你身上,学修车,保证你一辈子吃不完,用不尽。"

先读好书再学技术也不迟

看到家长比较固执己见且显然已经对小 M 影响很深,高老师只能表示理解,但出于一个教师的职责和职业要求,他善意地表达了自己的教育观点:"读书不可能让每个人都有很大的出息,但是不读书不可能有出息。我不反对学技术,这也是我们农村人提高自己的就业能力和求职机会的重要方式。对于一个尚未完成基本的义务教育的未成年人来说,他的任务还是要在学校学习基本文化知识,形成一生发展的基本条件。如果你总是直接在孩子面前反复灌输不读书的这些所谓好处,使孩子误会你的前提,即目前先上学,等毕业了再考虑学点技术来防身。如果孩子误解了你的意思,理解错了你的想法,那么孩子从现在开始就会放弃学习,整天就在学校里混日子,一点都不学习。这么差的文化基础他怎么接受职业技术教育,就算技术学校的教师再厉害,接近文盲那么低的文化层次他又怎么教呢,孩子怎么会学得好呢?如果文盲都能上技术学校,那我们完全不用上小学、初中了,人家何必要求要初中毕业证呢。"

留守儿童接受教育的观念深受父母打工的影响和冲击,这对教师的家访是一个挑战,增加了家访的难度。同时,在国家实行"两免一补"后,农村学生的就学经济压力基本解除。但是他们外出打工的父母寄来的钱在提高了学生的支付能力的同时,也使学生家庭对教育的期待值降低了。家长是孩子教育的启蒙者,是对孩子发展影响最为持久的教育者,为孩子创造有利的成长环境是家长的职责。但是,大多数农村家长明确知道农村学校中能接受大学教育的毕竟是少数,加上就业形势严峻,他们对自己子女的教育需求也基本上仅限于义务教育阶段，并不时在与孩子的交流中直白地流露出来，有的甚至在孩子面前诋毁教育的价值，揭露教育的种种"无能"。由于教育投资回报的迟滞以及在高校扩招后大学生就业困难的直接现实，不少留守儿童的学习积极性受到打击，一股"读书不如打工""早弃学早致富"的潜流正在吞噬着相对纯净的校园生活，对他们来说，继续读书还是毕业（辍学）就业是摆在他们面前的两难选择，读书意味着一个不可知的未来，而打工则以快速摆脱贫困窘境的生动实例引诱着他（她）。当然，他们也期待着扭转其父母身无长技唯有出卖劳力的局面，通过读书去改变这一切。于是，在农村学校中，留守儿童对教育怀着一种极为矛盾的心情：在家缺人照顾，无从看管而衣食住行很不如意，生活辛苦；学习吧，时间长，回报遥遥无期；放弃吧，却是要结束难得的受教育的青春年华，余下一片惋惜，一声叹息。

四、与家长建立攻守同盟解决留守儿童问题

家访是双向的信息沟通过程，在家访中教师可以真实地了解留守儿童的生活和学习环境，家长可以直接给教师说明留守儿童的发展困难，进而可以通过家校合作来帮助解决某些具体问题。在家访中，高老师了解到一些留守儿童存在生活困难，他在网络上发布这些贫困留守儿童信息，积极为他们寻找自愿帮扶他们的爱心人士。以下是笔者陪同高老师进行某次家访的真实经历：

从县城出发，经景阳后，高老师驾车爬上一条仅能容纳一部车行走的进村公路，车子剧烈颠簸，放在座位上的物品滚来滚去，有的还掉在车厢里。我准备去捡，高老师说，反正你无法捡完的，由它们跑好了。一路上，除了车子在崎岖不平的山路上行进中发出的"哐哐"响声外，就是那些物品在车厢里滑过来滚过去的哗啦啦的声音，演奏着别有一番风味的车子摇晃交响曲。

车外阳光灿烂，两边的山林沐浴在春天的清新中。车子在盘山公路里左右晃动，反复地上坡下坡，弯弯曲曲地在山间行进。我发现，沿路的河边村、米桶村、电山寨的人都跟高老师打招呼，看得出高老师经常到这些村子里来，比较熟识。经过两个多小时的颠簸，在

一个叫芭芒坪的地方,他好不容易找了一块两平方米左右的小块平地停了车。下了车,我们爬了大约十五分钟的山路,看到一个仅有七八户人家的小村子,他对我说,这就是罗玲所在的村。罗玲是今天他要家访的第一位学生。这个村,可以说是山上的世外桃源,一棵高大的银杏树就在村口,不远处还有三四棵大银杏树。高老师表示这里的银杏树估计有几百年了,有的甚至上千年,那么多的野生银杏树集中生长在这里,足可看到这个地方虽然偏僻,但却是人杰地灵。站在这里,可以俯瞰四处,远近的村寨尽收眼底。但是,看着近,但要到对面的村寨去,得先从这里重新下到谷底,然后再爬坡直到顶,真是"近在咫尺,走上半天"。

罗玲家是进村的第一户人家。房子是新修的,院里养了十余只家禽,还有一只带着两只幼崽的母狗。进了院子,一位小女孩正在刷洗各种鞋子,有运动鞋,有解放鞋,也有水桶靴;旁边的洗衣机在哗啦啦地清洗衣物。高老师指着那个小女孩说,她就是罗玲。

罗玲长得清秀,见到我们进来便放下手中的活,热情地招呼。而那个比她小的妹妹可能因为害羞只问候了一声就到大银杏树底下玩去了。进家后,堂屋的墙壁上贴满了罗玲和她妹妹因成绩优秀或参加各种比赛获得的奖状。

高老师今天来主要是给罗玲录像,然后传给资助罗玲每月100元的上海爱心人士陆先生,让他了解罗玲的生活和学习情况。他已经是第五次到这里了,首次到她家来是为了送初中录取通知书。罗玲对我说:"我小学是在茅草村(在这座山的谷底中的村子)小学上的,成绩还可以。进入初中后,到了景阳中学。我每个周末都要步行三个小时回家,一是没有钱坐车,二是山路上也没有车走。现在每个月都能收到陆叔叔(一位与高老师在网络上联系,愿意资助罗玲的爱心人士)给我寄来的钱,每个星期也就花费十元左右,有时甚至一个星期一分都不花。陆叔叔给我寄的钱,我都存了一千多元,等到毕业时可能会存上两千元,可以存够高中的学费。母亲去犁土了,我爸爸前年出去打工受了工伤,现在只能暂时在家里帮妈妈干农活,在受伤之前，爸爸常出去打短工来补贴家用。"

罗玲是景阳中学八年级第一名，还是学校举办各种活动的主持人，她活泼、开朗，是比较自信的学生。她的父亲是位老实巴交甚至于有点木讷的农民，脸上一直堆着笑。他与高老师比较熟识，回忆着高老师前几次到他家来的情景。他特别提到，由于目前腿尚未痊愈，无法出去打工以获取经济来源，使家庭生活受到了一定的影响。一旦身体康复，必须要出去打工，要不然，实在不知从哪里凑到孩子们以后的学习费用。高老师对女儿很好，给女儿联系到资助她上学的人，减轻了家庭负担。

家访是一种面对面接触留守儿童家庭成员，深入地了解家庭情况的有效方式。不亲自进入这些家庭，不与留守儿童家长交谈，就不能全面了解他们的具体生活状况，更谈不上有针对性地提供一些教育指导和帮助。

留守儿童由于缺乏父母看护，加上社会上不良风气的影响，以及强烈的孤独感，使不少人出现了早恋、偷盗、逃学、网瘾、学业不良等问题。家访能够促进学校和家庭之间良好的信息沟通和彼此更好地合作，帮助留守儿童解决一些疑惑或问题，共同监督和辅导他们的学业，及时缓解他们的心理问题，纠正他们的不良行为。对留守儿童家庭来说，他们对留守儿童的在校情况缺乏全面、深入的了解，家访是他们便捷地获知孩子在校行为表现的有效途径，这也可以促进家校合作，共同解决留守儿童教育问题，形成"合力"，真正成为促进留守儿童健康发展的攻守同盟。高老师就曾通过家访，与留守儿童的父（母）亲或祖辈结成留守儿童教育的"同盟"，一起"拆散"了一对早恋的鸳鸯：

小顺和小英都是留守儿童，从小学起就是同班同学，又是同村，上学、放学都同路，学习成绩又都差不多。也许是共同的家庭境遇让他们之间产生了所谓的"共同语言"，因而走得很近。特别是景阳这里的少数民族地方还有早婚的习惯，他们的父母也曾在他们这个年纪就已经出双入对乃至已经结了婚。再加上同学们的哄笑，他们先是羞羞答答，神神秘秘，后来干脆是大大方方了，大方到在公众场合，公开叫老公、老婆。两人谈恋爱的事，是全校学生皆知的事情。据知情的同学透露，这两个同学热恋的程度，已基本达到以身相许的地步了。其实，早恋就经常发生在他们这种早熟而成绩又比较好的学生身上。

可能是把主要精力放在搞"地下工作"上，成绩一落千丈。通过家访，我了解到小英从小父亲就一直外出打工，与母亲一起留守家中，而小顺则是母亲病故，父亲出去务工，与爷爷奶奶生活。因为他们觉得自己被家长抛弃了，感到空前的孤独，而在孤独中又好不容易找到了一个与自己同病相怜的人，在对方的安慰和关心里自然萌生了一种彼此关爱的温情，觉得只有对方才是真正关心和怜惜自己、能够倾听自己心声的人。在家访时，小英的母亲心急如焚，但又觉得无计可施，而小顺的爷爷却觉得早恋也不是什么坏事，反正迟早也要结婚，更何况现在在景阳这个地方找个姑娘结婚还不太容易，反倒还心安理得了。我和小英的母亲看法却出奇得一致，觉得应该坚决把这份不成熟的恋爱扼杀在摇篮里。小英母亲表示自己以后要认真看管，多给姑娘敲警钟，严格要求她在规定时间回家和多给她布置一些家务事以消耗她的精力，而我自己则在学校采取一些措施来处理他们之间的亲密关系，家访让我与他们的父母结成反击早恋的"同盟"。

回来后，凭借多年做班主任的经验，我知道很多学生在这个年龄段会产生对异性的向往和追求。先是请了乡计生站的医生来给我们班的女生上青春期卫生保健课，同时请我们学校的校医给全班上生理卫生课，让学生多一些对异性生理的了解，少一些好奇心。然后就进入通过谈心来瓦解他们的思想防线，给他们分析早恋的利弊以认清自己的错误，我在谈话中，主要给他们摆了三个找对象的原则：一是超市购物原则。给他们说景阳是个小地方，卖东西的人少，品种也不多，没比的。买东西的人没有办法，如不如意都得要。但是到了县城就不一样了，东西多，能比质量，比价格，真是货比三家，如果在更大的城市或者超市呢？谈恋爱也跟进超市购物差不多，你在景阳这个地方，大家接触的人只有这么几个，如果你能有机会上高中、大学，你们接触的人多了，比一比，如果在景阳认识的这个还是最好的，到那时再托付终身也不晚哦。二是冰箱保鲜原则。冰箱是可以保鲜的，质量愈好的东西保鲜的时间就愈长。今天你们俩已认定对方了，可是不知质量到底好不好，能不能经得起时间的检验。我建议你们俩暂时把感情存放在冰箱里保鲜起来，如果经过三年五载以后，还能保持原有的色泽，那么你选择的这个对象就可以终身托付了。三是刺猬群居原则。一群刺猬挤在一起过冬，离得太近，身上的刺会蜇着对方，离得太远，又不能感受到对方的温度，于是它们找到了一个"黄金距离"，不远不近，刚好合适。男女同学在这个特殊年龄，一定要把握好刺猬群居的这种原则，这样才能既不伤害别人，也不使自己受到伤害。通过多次做"思想工作"，终于让这对"冤家"迷途知返了。在以后的家访中，家长再也没有跟我提起这些事情，看来是取得成功了。值得一提的是，现在的小顺和小英都已恢复了往日的生机，成绩也有了明显的起色，小英在这次统考中班上排名第七名，小顺排名第十二名，下学期还有望更靠前一点。虽然不知自己做的是对是错，但对一个老师来说，能够保证学生安心学习、健康成长就是最好的成绩。

（2013-8-9，根据高华方口述录音整理）

五、在家访中需持续给予留守儿童关爱和帮助

家访就是教师在学生家庭与学校间的行走，是一种心与心的交流。在老师眼里，是一种工作的真正投入，能带给他一种认真看望之后的踏实感。在留守儿童眼里，是一种真诚的心灵关怀，能使他因被人重视而暂时忘记孤独。在家长眼里，是一种专注的关心和体贴，能给他一种贴心的心灵感动。高老师对自己的家访经历有如下的心得体会：

我小时候读书时，老师从来没来过我家，看见老师去别的同学家家访，心里很羡慕，真希望老师能来我家一次。工作以后，我一

直把家访当成一项常规工作来做，争取每个同学家都去一次。这么一走就走了24年了。近年来，信息发达了，电话、手机普及了，本来完全可以不用去家访了，可是心里总不踏实，总觉得没有到学生家看一眼，不太放心，所以还是一如既往地去家访。很多老师都对我说："你在做无用功，打个电话就可以解决的问题，有什么必要亲自跑一趟呢？费时费力。"我也觉得他们讲得有道理，可还是觉得没到学生家，就是不放心。

家访主要是了解学生的家庭情况。在农村任何一个家庭，只要你进家，不用张口问什么，就什么都明白了。家庭经济状况，子女教育情况等一切你想要得到的信息都会获得。我去家访既从学生的角度，也从学校的角度出发，但主要是从学生的角度，学校有家访的要求，但完全可以不去家访，因为，那张家访表，任何老师都可以闭门造车。

我到任何一个学生家家访，都没有吃过"闭门羹"，至于家长怎么看待我的家访我无从得知，只能从家长的表情和语言上去推断，他们应该还是比较欢迎我的，而且我通过家访后，家长们跟我的联系增多了，关系也融洽了很多，家长跟我都仿佛形成统一的"攻守同盟"，所以很多家长对我言听计从，并且跟我学了很多"教子良方"。

（2013-8-20，根据访谈录音整理）

留守儿童的求学受到家庭的明显影响，在辍学、失学或厌学等不良学习态度和行为上，他们往往比其他学生出现得更多，程度更加严重。教师深入留守儿童家庭进行家访，与他们坦诚交流，了解他们对教育的真实想法，耐心指导和帮助他们解决问题和困难，这对留守儿童来说，的确是一种真诚的关爱和指引，也给他们灰色的生活带去灿烂的阳光。针对留守儿童的家访，笔者在与高老师的访谈中就有这样的体会：

家访是为了更好地进行因材施教，很多学生在学校是一个面孔，在家是另一副面孔，通过家访后，教师能全面了解这个学生的家庭情况，能更有效地对学生进行"思想偏差校正"，比如说：父母离异的、留守空巢的、父母宠爱的等,回校后,教师总会跟这些学生进行不同的交流,让他们能安心读书。最需要家访了解的是家庭贫困的留守儿童,这些学生由于父母亲不在身边,无论经济还是心理都需要关心,很多家长只知道在外面赚钱,然后打钱回家,孩子们从银行里取了就用,根本不会当家,钱多了就乱用,购物不分主次,同学之间进行攀比,有的家长在外赚不了钱,学生在家没有经济来源,结果就出现偷盗等不良行为,这一类学生是家访的重点对象。

农村学生,大部分渴望老师上门家访,当然任何事情都没有绝对,也有学生不希望老师家访的,高老师就曾遇到过。家访不是告状,关键是了解情况,对学生的优点、缺点要采取一分为二的态度,有选择性地跟家长商讨,而不是一味地把学生缺点和盘托出。通过家访主要是让教师更多的看到学生的优点,从而产生对学生的好感。教育这门艺术是很搞笑的,老师和学生就是物理学中的作用力与反作用力,你对学生的态度越好,学生对你也越好,真是"以心交心,以心换心";你对学生产生反感,学生也不会对你产生好感。

留守儿童存在较大的辍学可能,这也是常常给人最深刻的印象。留守儿童选择辍学,大致可以分为这么几类:自己不想读书的,家长不愿意让读书的,同伴邀约打工的,与老师或同学发生磨擦的等,要根据不同的情况对症下药。在对辍学的留守儿童进行家访时,对自己主动辍学的要让他看到读书只是人生的短暂经历且是在年轻时候才可能享有的不可多得的机会,至少先让自己抓住这稍纵即逝的青春再多学一点;对家长强迫辍学的,要软硬兼施,让他知道这是违法的事,而且还要罚款,更何况不让孩子继续读书会让子女一辈子不能原谅你;同伴鼓动辍学的,就要做好那个蛊惑者的思想工作,读书是长远利益,打工是眼前利益,提高他们对辍学危害的认识。留守儿童家访谈话也是有规律可循的,当然主要是临场发挥,没有一个固定的模式。

家访是一种责任,是一种将别人的孩子像自己的孩子那样进行教育管理、主动负责的情怀。家访需要投入,包括时间、精力、感情,当然还有金钱。家访能够使教师更加了解学生的真实情况,也能感受到自己工作的缺失和不足,从而明确自己下一步的改进方向和相应的提高教育水平的措施。同时,家访能够提高留守儿童及其家长对教师工作的肯定和支持,增加彼此之间的

信任,"亲其师,信其道",了解教师的苦心和家庭的责任。高老师就曾在家访中有如下的经历和感受:

> 教师的活路是个良心活,没有人逼你去家访。但是我个人认为,教师必须培养家访的习惯。因为通过家访可以直接走进学生的内心世界,更全面地了解学生。比如说我们班的刘太标同学,在学校非常调皮,没有去家访以前,我很烦他。有一天,我去一个同学家家访,顺路过他家门口,那时正好是收工时间,只见刘太标同学,前面赶着牛,后面牵着马,肩膀上还扛着一捆柴呢。我纳闷了,这么乖的孩子,在学校里面为什么就这么调皮呢?我们的学校教育到底有什么问题呢?我们教师的教育方法又有什么问题?带着许多困惑,我思考了很久,觉得家访对教师的专业发展有促进的作用,他能促使教师认识到一个孩子学好对一个家庭是多么的重要,认识到教师肩膀的责任重大,从而努力提高自己的专业素养。
>
> 教师和家长是合作的伙伴关系,双方的利益焦点就是学生。有人说,只有永远的利益,没有永远的朋友,教师与家长之间的利益是永远的,任何一个家长都愿意与教师结成"攻守同盟",教师要把握和利用好这种关系。教师和家长的共同愿望都是让孩子成人,让孩子成才。所以这种关系可以维系很长时间,至少可以从孩子进校维系到孩子出校。从这个意义上讲,家长对教师是言听计从的,教师可以通过与家长交流、开办家长培训班等途径构建一种稳定的家校合作关系。这种关系愈稳定,学生的成长就愈优秀。家长觉得你把学生放在心上,家长易与教师结成同盟,即使教师有时严格一点,家长也会谅解,从而减少师生间的磨擦。

(2013-8-20,根据访谈录音整理)

农村进城务工的家长在不断增多,留守儿童占的比重越来越大,隔代教育、空巢教育,成了普遍现象,家访对黔东南农村地区留守儿童的教育显得更加重要。在家监护留守儿童的人通常都是知识程度较低的或者是能力较差的,对孩子的生活和学习也不怎么关心和专注,家访能够提高家长教育责任意识和能力方面的突出作用和优势就马上显现出来，走进留守儿童家庭家访理应成为每个教师关爱留守儿童教育行动的重要环节。对于自己长期坚持家访，高老师这样表示：

> 家访让我重新审视教育，人与人之间的沟通是多么重要，亲其师才能重其道，教师不是水平高才能教育好学生，而是让学生敬重你才会学得好，通过家访学校的巩固率提高了，学生的学习态度改变了。
>
> 我与一些爱家访的老师经常交流家访经验，在交流中我从他人的经历里吸取了很多经验。例如，我们有个老师说他不想家访了，他的学生很反对他家访，我问他是怎么家访的，他说他把学生的在校表现和不良行为向家长汇报。我听后就了解了症结的所在，他这种所谓的汇报不良行为，其实就是告状，这是学生和家长都不想听的，当然他的家访就吃了闭门羹，我从中总结出了经验，就是家访不告状，只了解情况。家访最重要的是"育人"，多教学生做人的道理。
>
> 当然，家访也要随着时代的变化而变化，改进是必须的。现在的家访必须电话家访与实际家访相结合，电话家访能了解家长态度和家庭的教育情况，实际家访才能了解学生生活的环境。如果没有家访，我会通过电话，以及和周边的学生及家长去了解学生。但是，家访是必要的，哪怕你就是到他家里坐一分钟，或者只是在他家喝了一杯水，那他对你的亲近感自然也就产生出来了。
>
> 家访是肯定要坚持下去的，现在我反倒觉得不去家访，不出去和留守儿童家庭交流，还有点不舒服，因为在教学时发现没有全面地了解过学生而自觉心虚。家访，这是教师不可多得的重要的人生阅历和极其珍贵的人生财富。

（2013-8-8，根据访谈录音整理）

第二节 | "留守儿童之家"寄宿管护

在黔东南农村地区，学校建立寄宿制的"留守儿童之家"，通过学校的食宿管护，留守儿童尽可能在学校里学习和生活，以获得比较周到的生活照料、学习上得到督促和指导、安全上有可靠的保障，从而使留守儿童生活无忧、学习有助，成为留守儿童生活和学习的"快乐家园"。下面以麻江县隆昌小学的"留守儿童之家"为例来了解寄宿制学校开展的留守儿童的食宿与学习管护行动的情况。

麻江县杏山镇隆昌中心学校是一所村级寄宿制中心小学，719名在校学生中有96%是畲族，学校所在地也是畲族传统节日"四月八"的聚会地。现在的隆昌片区在撤乡建镇以前曾是一个建制乡，因而隆昌小学的服务区域除了隆昌外，还包括仙、坝、六堡、中山、长冲、茅坪、仰古等其他自然村。现在的学校是通过撤并了3个教学点和4所村级完全小学而建立起来的，有教职工83人，其中专任教师72人，现有20个教学班。学校正逐步建设成为名副其实的寄宿制学校，成为"留守儿童之家"，已经建好两层近400个座位的餐厅和2栋学生宿舍，包括宿舍40间，有床210铺（上下铺）共计420个床位，在校寄宿的学生540人，留守儿童占70%以上；留守儿童活动场地650平方米，浴室正在加紧建设中，还配备了相应的体育锻炼器材和图书，基本可以满足学校留守儿童活动需要。

在没有"留守儿童之家"以前，留守儿童每天都要往返于学校和村寨之间，生活艰苦，食宿没有人照料，学习没有人督促，上学或放学路上的交通也不安全。留守儿童教育由于缺乏有效管护，导致生活习惯不好、学习态度不端正、学习行为存在诸多偏差，且经常出现迟到、早退、旷课、不做作业等学习问题。学校实行寄宿制，建设为"留守儿童之家"，成立以校长为组长的"留守儿童之家"领导小组，学校安排12名年纪比较大、管理经验丰富、热爱留守儿童的教师担任宿舍管理人员，安排教师代理学生家长，做到精细化管理；建设学生食堂并配备9名后勤人员，从周一到周五，留守儿童在校统一上课、统一在食堂吃饭、统一在宿舍住宿，上课期间安排有班主任、科任教师守护，放学后班主任将寄宿生带到宿管部,点好交给宿管老师守护;结合学校实际,根据留守儿童特点,在"留守儿童之家"开展民族文化进校园活动,开设舞蹈、美术等兴趣特长班,开放电脑室、图书室和篮球场等活动场所,丰富校园生活,对留守儿童进行素质教育;配置"亲情电话""亲情聊天室"和"悄悄话信箱"等设施,设立心理咨询室并配有兼职的心理辅导教师,便于留守儿童联系亲友、倾诉心声和定期对有需求的学生进行心理辅导;"留守儿童之家"里的宿舍每层楼都有卫生室,安装了热水器和饮水机,使留守儿童早晚都能用上热水,饮用水为符合卫生标准的桶装水;加强各种制度建设,实行精细化、保姆式、代理家长制的留守儿童"半军事化"的规范管理。

一、学校供餐为农村留守儿童提供饮食保障

"留守儿童之家"是利用贵州省农村寄宿制学校建设攻坚工程和农村义务教育学生营养改善计划建立起来的,实行学校食堂供餐,留守儿童在食堂里就餐。

在国家实施农村义务教育学生营养改善计划每生每天补助3元、贵州省每天追加寄宿制贫困生补助1元,即留守儿童在校每天生活补助标准4元/天的基础上,寄宿学生每天再补交2元钱和6两米,由学校自办自管的食堂给寄宿的留守儿童提供一日三餐。每天早上的早餐学校食堂供应米粉、馒头,中餐、晚餐供应两菜一汤的餐饮,中餐还加有一个水果。以下是一份食堂公示的一周供餐食谱:

表 4-2　学校食堂供餐食谱

供餐日期	早餐	中餐	晚餐
星期一	米粉	米饭 豇豆炒瘦肉 干豆腐炒瘦肉 排骨白菜汤 苹果	米饭 洋芋炒瘦肉 干豆腐炒瘦肉 排骨白菜汤

续表

供餐日期	早餐	中餐	晚餐
星期二	馒头	米饭 香菇炒瘦肉 白菜炒瘦肉 排骨海带汤 香蕉	米饭 洋芋炒瘦肉 胡萝卜炒瘦肉 排骨白菜汤
星期三	米粉	米饭 黄豆芽炒瘦肉 木耳炒瘦肉 排骨冬瓜汤 苹果	米饭 洋芋炒瘦肉 木耳炒瘦肉 猪脚萝卜汤
星期四	米粉	米饭 黄豆芽炒瘦肉 木耳炒瘦肉 排骨冬瓜汤 苹果	米饭 莲花白炒瘦肉 木耳炒瘦肉 猪脚萝卜汤
星期五	馒头	米饭 豇豆炒瘦肉 香菇炒瘦肉 白菜豆腐汤 香蕉	

（资料来源：麻江县隆昌小学）

学校的食堂分上下两层，各有一个可同时容纳400多人就餐的大餐厅，两层坐850个师生。一楼是一、三、五年级，二楼是二、四、六年级。下课后的就餐由本班值周教师带队到食堂，学生先到食堂窗口领取食物，然后对号入座到自己的位置上用餐。学校教师每餐要自己缴纳4元的陪餐费用，师生同吃，确保食品安全。陪餐教师负责监督就餐秩序，督促学生吃好饭并养成良好的就餐习惯，而且规定就餐时间在40分钟以下，中餐时还要监督学生的伴餐水果发放。食堂的大宗食品都由县里的粮油公司统一配送，学校安排专人管理，加强资金的监管，建立食堂账目，公示采购和就餐情况，公示菜谱，并根据市场价格预算出所需经费，接受上级部门、师生、家长及社会各界的监督。食堂人员由政府公益性岗位安置，工资由政府买单，食堂的水电费等均由学校支付，不挤占学生的营养餐钱，让学生的营养餐钱全部吃进学生嘴里，装到学生的肚子里，真正是一分一厘都用到孩子身上。分管"留守儿童之家"的赵华甫副校长说：

> 留守儿童都喜欢待在学校，甚至于周末都不想回去。为什么？就是因为，光看那个菜谱，每个人都觉得安心，放心。即便父母都在家，以黔东南农村地区的家庭生活水准，一般的人家都不可能达到学校的这个生活水平。不仅每餐都能吃上肉，而且还有两个炒菜，一个汤菜，还加上午餐的水果，能有几家可以每天给孩子这么多东西？学校的营养餐，不仅保证吃饱，还要让学生吃得好，吃得有营养。现在，留守儿童在学校每餐都能够吃上高质量的热饭热菜，想吃多少加多少，几个月下来，人都长胖了，脸上也红润起来了，身体也更加壮实了。以前刚开始实行学校营养午餐时，留守儿童每顿都要吃一大盘米饭，现在有菜有肉，油水充足，饭量也逐渐减少，体质不断增强。入秋以来，感冒发烧、生病住院等现象已经少了很多，家长和教师看着都十分高兴。

(2013-6-8，根据访谈录音整理)

二、学校寄宿解决了留守儿童的看护问题

在隆昌小学，"留守儿童之家"的牌子就挂在学生宿舍门口，从学校和家长的角度看是因为留守儿童回家无人照看，特别是晚上无人陪伴或管理，因而成立"留守儿童之家"来提供一个小孩睡觉有人催促、晚间有人管理、早晨有人督促检查起床及上学情况的"家"。

学校不仅修建了学生宿舍，还精心布置了学生宿舍，安装上电热水器给学生洗脸、洗澡，每层楼安排有纯净水饮用，让学生能住进温馨、舒适的寝室。还在社会各界的帮助下，添置了床、被子、垫棉和洗漱用品等。留守儿童不需从家带任何物品就可以到直接入住"留守儿童之家"。在留守儿童入学前，

学校还组织在家看护留守儿童的父（母）亲或临时监护人来"留守儿童之家"参观，亲身体验"留守儿童之家"的住宿环境、生活条件及管护情形，检查"留守儿童之家"的设施设备条件，了解"留守儿童之家"的管理措施。"留守儿童之家"还从细节上强化对留守儿童的教育和管护：一是晚间安排教育管理经验丰富、有爱心、责任心强的教师负责宿舍管理，充当"留守儿童之家"的"家长"，每天督促留守儿童按时起床、上课、就寝，上课期间做好宿舍清查工作，不准留守儿童无故在宿舍里逗留，指导留守儿童养成良好的生活习惯并能合理安排自己的生活，留守儿童出现生病、生活费不够等困难时可向"家长"求助；二是在安排寝室的时候，尽量将不同年级的留守儿童的兄弟或姐妹住在一个寝室，使他们在"留守儿童之家"也像在家里一样兄弟姐妹间亲热地同睡一张床或同住一间屋，也尽可能安排来自同一村寨的留守儿童同住一间寝室，这样同一宿舍里的留守儿童相互之间有亲情感，能大小结合，便于相互照顾。以下是笔者在隆昌小学田野调查时观察到的"留守儿童之家"宿管教师一日工作流程和寝室门口公示的成员名单：

宿管教师一日工作流程

6：00 起床—指导学生洗漱—督促学生搞好室内外卫生—检查内务

7：00 集合学生进行安全教育—发早餐票—协助食堂维持秩序—陪学生吃早餐

8：30 送学生上课—打扫卫生—整理资料—接待来访家长

11：50 到食堂帮助分餐—维持就餐秩序—等学生吃好并整理好餐具后，再就餐

12：30—13：30 督促检查学生午休

13：30—16：30 送学生上课，检查寝室，接待来访家长

16：30 从班主任处接管学生，清点人数，督促安全

17：00—17：30 组织学生看电视节目、参加体育活动

17：40 集合学生到食堂晚餐，督促检查宿舍卫生

18：30 组织学生到教室上晚自习—分层管理学生自习，维持

秩序和指导学生学习

20：00　下晚自习—集合并清点人数—对学生开展安全和卫生教育

20：20—20：50　督促检查学生洗漱

21：00　督促学生就寝，查房并要求寝室熄灯，不准再继续聊天，督促安静睡觉

22：00　填写《留守儿童之家管理日志》—值班

24：00　查夜并提醒学生晚上起夜

2：00　第二次查夜

4：00　第三次查夜

表4-3　留守儿童宿舍名单（202寝室）

床位号	睡铺	学生姓名	班级	家庭住址	家长姓名	备注
1	上铺	赵华丽	六（1）	六堡	赵祥富	室长
	上铺					
	下铺	赵钟香	二（2）	小塘	赵华昌	
	下铺	赵华兰	一（1）	紫竹	赵祥忠	
2	上铺					
	上铺	赵忠芝	六（4）	小塘	赵华贵	
	下铺	潘凤菊	六（4）	中山	潘德富	
	下铺	王佳英	一（1）	中山	王光忠	
3	上铺	张功雪	四（4）	中山	张义华	
	上铺	赵忠梅	四（4）	六堡	赵华军	
	下铺	赵晓妹	二（3）	紫竹	赵琴亨	
	下铺	赵华婷	二（1）	六堡	赵祥飞	
4	上铺	赵祥英	四（2）	紫竹	赵通文	
	上铺					
	下铺	赵琴小	二（3）	小塘	赵文慧	
	下铺	赵鑫	五（3）	六堡	赵祥福	
5	上铺	王桥筛	五（2）	六堡	王国清	
	上铺	赵明秀	五（2）	紫竹	赵祥光	
	下铺	赵祥丽	二（3）	六堡	赵通美	
	下铺					

（资料来源：麻江县隆昌小学）

在隆昌小学调查的日子里，一个周一早晨，几个留守儿童来找赵副校长，分别递给他4—10元不等的人民币。他跟我说，在学校，他不仅是分管"留守儿童之家"的校长，也是教师，还当学生的"财政大臣"：这些孩子的爹妈都在外面打工，由于怕他们不会支配而一次花掉，每周一他们就把前一天爷爷奶奶给的零花钱交给他保管，然后由他每天发给这些孩子0.5—2元以购买学习生活用品或零食。

六堡是一个畲族村寨，原来建有全省唯一的"六堡畲族女子学校"，赵副校长就曾长期担任那所女子学校的校长。后来，由于适龄入学的儿童减少，全校六个年级仅有100多人，后来不得不撤并到隆昌小学。来自六堡村的赵钟慧同学，现就于隆昌小学五年级，但以前在学校要撤并的时候，开了一个并校动员大会，她爷爷不同意送孙女到"留守儿童之家"寄宿，原因是担心孩子没有饭吃，也吃不好，特别是晚上睡觉没有人给孩子盖被子，担心孩子有个三长两短不好给还在外面打工的儿子和儿媳妇交代。过春节的时候，赵钟慧的父母从浙江回来，赵老师代表学校把入学通知书送到赵钟慧家，给孩子的父母宣传并校的理由及党和政府对留守儿童寄宿生的好政策，告知他们孩子在"留守儿童之家"不仅可以三餐无忧，晚上还有老师负责管理照看孩子的睡眠，同时还要在上自习时督促检查学习情况，特别是在讲到孩子在学校寄宿也能得到比较好的照顾和学习指导时，孩子父母特别高兴并积极支持。开学的时候，赵钟慧和同学们来了，还带着妹妹一起来上学。她们的父母认为，现在大女儿读五年级，小女儿读一年级，大女儿还可以带小女儿两年，过两年大女儿读初中去了，小女儿也逐渐适应了"留守儿童之家"的寄宿制环境。

关于留守儿童到学校寄宿的问题，笔者在与长冲村一位留守儿童的祖父访谈时，他说：

孩子到隆昌去上学，虽说不如在长冲小学（指还未撤并前的长冲教学点）这么方便，但是要是让这么小的孩子每天来回跑，又特别辛苦，而且还很不安全。学校的这个"留守儿童之家"，不仅有床、有铺，每天还能有热水洗脸、洗脚，家里还没有这样的条件呢。去上学的话，每天要早早地起床，冬天里天还没有亮就要出门，晚上要黑灯瞎火时才能回到家，倒不如住在学校。能够住进"留守儿童之家"这样的宿舍我们放心！我的孙子还对我说，在家里，要用热水的话，还得自己生火烧，搞得烟熏火燎的，眼泪汪汪的才得一点热水，而在学校拧开开关就来水，很是舒服，住在学校比家里好得多了！现在孩子们住到学校去，就像家里一样，晚上还有老师帮忙看护，特别安心和放心。

（2013-6-10，根据麻江县杏山镇长冲村村民访谈录音整理）

三、学习和心理问题及时得到学校指导

对留守儿童教育来说，缺乏学习督促和指导是影响其学业成绩的主要原因，不能和父母进行经常沟通是影响他们的行为表现和心情的重要因素，而放学后常常与电视结伴到深夜而很少从事其他活动是导致他们生活世界缺乏应有的青春多彩的直接原因。对这些问题，"留守儿童之家"的成立，自然成了留守儿童生活成长的一个比较好的环境，在"留守儿童之家"里，课后由教师把他们重新组织起来上自晚习，晚餐后集中起来看电视或参加打篮球、踢毽子、荡秋千、下跳棋、看课外书等活动，与其他留守儿童相互合作、相互交流、共同活动，笑声在校园里回荡，歌声在宿舍间飘扬，矫健活泼的身影在操场上运动……他们在"留守儿童之家"得到了发展。

"留守儿童之家"的学习督导主要是两个方面：一是周一到周四及周日的晚自习，让留守儿童到各班教室做作业、看书学习，各班都安排有值日教师负责巡视和个别指导；二是留守儿童出现学习问题就近向教师请教。在"留守儿童之家"，教师和留守儿童一起在校园里生活，可以随时随地加强对留守儿童的学习进行督促检查，还增加了留守儿童的学习时间和向教师请教以获得指导和帮助的机会。

"留守儿童之家"专门设有"亲情电话"和"亲情视频聊天室"供学生与父母联系沟通，让留守儿童每周都能与在外打工的亲友通一次电话或进行一次视频聊天，让留守儿童与父母之间的情感得到及时的交流，消除了他们

之间的代沟，在家长和留守儿童之间架起了一座相互沟通的"连心桥"。这种定期让留守儿童与家长在网上"碰面"的方式在一定程度上缓解了他们的亲情渴望，让学校成为留守儿童的温馨家园。同时，还配备了专门的心理辅导教师及时给留守儿童解决心理疑难问题，以缓解留守儿童对父母的思念之情和心中的苦闷。"留守儿童之家"的"亲情电话"中写有："各位同学，如果你想家，想念爸爸妈妈，或其他亲人，如果你的家人想了解你在校的学习的生活情况，请拨打下面的亲情电话或登录QQ聊天。以下是心理辅导教师填写的一份《心理辅导记录表》：

表4-4 教师心理辅导记录表

学生姓名	王XX	年龄	10岁	班级	三（2）
辅导教师	张丽		辅导时间	2012年10月20日	
心理问题	经常无缘无故躲藏起来，不管家人有多急，他都不肯出来。找到后问其原因，就是不吭声，使得父母、教师烦恼不已					
心理问题分析	该孩子从小体弱，经常被别的孩子欺负，父母教给他的应对措施就是"惹不起，躲得起"。其父母均外出打工，爷爷奶奶忙于农活，无暇顾及她的生活，除去在校时间，她几乎是一个人独处，性格变得非常内向，反应有些迟钝，心里没有自信心					
心理辅导内容	1. 实施个别辅导，缓解心理压力 2. 实施家庭辅导，提高家教水平 3. 实施体育疗法，培养良好的心理品质 4. 实施了交往辅导，培养自尊、自信					
心理辅导效果	通过几个月的辅导，我发现这个孩子比以前开朗多了，她在平等自由的伙伴交往之中，交往能力、心里自我评价能力得到了进一步提高					

（资料来源：麻江县隆昌小学）

每天课余时间，"留守儿童之家"都要安排合适的活动来丰富留守儿童的生活，提高他们的素质。除了每天安排学生看电视，了解国内外大事以增长知识和见闻外，还定期组织留守儿童开展各种活动：开放图书室、阅览室让学生多读书、读好书（周一、周二），开放电脑室进行信息技术教育（周三），开展文体活动让留守儿童积极参加体育锻炼（周四）。为了增加活动的机会和体现工作的系统性，"留守儿童之家"制定学期活动计划开展各种各样、多种形式的活动来不断提升留守儿童的各方面素质，以下是一个学期的活动安排计划：

表 4-5　隆昌小学留守儿童之家活动安排

（2013—2014 学年度第一学期）

周次	活动内容	目标	部门	负责人
一	打扫活动室卫生		留守领导小组	赵通本
二	建立体育活动计划	做好留守儿童晨练活动、做好课外体育活动安排	留守领导小组	张　丽
三	家长联系活动	个别家访、组织写信汇报学习、生活情况	教导处	王天祥
四	结对帮扶活动	关注关爱、解决困难	教导处	王天祥
五	诵中华经典诗文大赛	学习掌握传统文化	少先队	文治叶
六	开展亲情关爱活动	通亲情电话、写亲情家书、汇报学习情况、献亲情爱心	教导处	王天祥
七	生活指导讲座	培养良好生活卫生习惯	教导处	王天祥
八	班队关爱活动	班队生活关爱、提高学习能力	少先队	文治叶
九	举办爷爷奶奶讲座	如何教育留守儿童、留守儿童心理教育	少先队	文治叶
十	期中复习		教导处	王天祥
十一	留守儿童学习小结	总结留守儿童学习情况	留守领导小组	赵通本
十二	留守儿童法制讲座	让留守儿童掌握法律常识	教导处	王天祥
十三	留守儿童阅读活动	培养留守儿童良好阅读习惯	少先队	文治叶
十四	卫生安全教育	掌握卫生安全知识	少先队	文治叶
十五	留守儿童体育比赛	庆"六一"活动、踏青活动	教导处	王天祥
十六	亲情联系、心理咨询	掌握留守儿童心理活动	留守领导小组	张　丽
十七	留守儿童互动活动	进一步培养留守儿童的学习方法	教导处	王天祥
十八	阅读能力展示活动	"爸爸、妈妈，我想对您说"演讲比赛	教导处	王天祥
十九	个别走访活动	班主任利用休息时间对学生进行家访，并作好记录	少先队	文治叶
二十	期末复习、工作总结	写出书面总结	留守领导小组	张　丽

（资料来源：麻江县隆昌小学）

四、健康和交通安全得到保障

"留守儿童之家"十分重视留守儿童的身体健康教育，要求家长或临时监护人要给留守儿童备足一星期的米、日用品等，负责孩子在往返学校与家庭路上的安全，教育留守儿童要讲究卫生，不喝生水不吃变质等不卫生食品，不暴食、不喝酒、不吸烟；主动帮助食堂分餐，让学生吃得饱，吃得好，供应足学生开水、洗漱水，同时还要对学生进行安全、生活、卫生指导，要求学生搞好宿舍卫生，棉被要叠好，生活用品必须摆放整齐。留守儿童若生病，"留守儿童之家"及时送医院就医，并尽快通知家长到校，赵副校长给笔者讲述了一件"留守儿童之家"宿管教师凌晨送留守儿童去医院治疗的事：

  2012年12月14日凌晨5时，403寝室的王承勋同学生病了，肚子痛得厉害。接到同寝室学生的报告后，在男生寝室值班的王星华、赵通本、吴如军立即从床上起来，披上衣服直奔403寝室，只见今年读五年级的学生王承勋同学在床上扭成一团，头上冒着冷汗，三位教师立即分头打电话向学校领导、家长报告情况。但是王承勋同学的父母远在浙江打工，一时联系不上，王承勋同学家住离学校最远的茅坪村，家里只有爷爷一个人在家，又没安装有电话，也没有联系上。校长王佳优电话接通后，他立即指令宿管教师吴如军开自己的私家车送学生往杏山卫生院医治，安排王星华老师陪护，赵通本老师留在宿舍值班。安排完毕，王佳优校长驾车到县城路口等候。大约20分钟后，宿管教师在县城与王佳优校长会合，并立即将王承勋同学送进卫生院。王星华老师垫钱为学生交住院费。经过医生一番诊断、输液，王承勋同学的痛感渐渐缓减了，这时天还没有亮。安排好学生住院治疗后，王佳优校长拨打王承勋同学家邻居电话，几经周折，才联系上王承勋同学的爷爷，把情况告诉王承勋同学的爷爷，叫他爷爷天亮后带"合医卡"来卫生院结账。病情好转的王承勋同学渐渐地进入梦乡，而校长、宿管教师却静静地坐在病床前守护，一直到天亮。天亮后，校长安排二位宿管教师回学校管理学生，自己在卫生院守护，一直等到王承勋同学的爷爷从几十里外的茅坪村赶来，交代好各种事项后才回学校。王承勋同学的爷爷知道校领导、宿管教师为孩子的健康奔忙了大半夜的情况后，非常感激。说真的，要不是住在这里（指"留守儿童之家"），要不是教师及时送医院，这个同学可能会比较危险。

（2013-6-11，根据赵华甫口述录音整理）

为了更好地促进留守儿童健康发展，"留守儿童之家"开展安全教育，在课堂上或全校集会上给留守儿童进行预防诈骗、引诱、防狗咬、防火、防溺水、用电安全、防雷击、防冰雹、防震知识和流行病防控等方面的知识教育，增强学生的安全意识，提高学生的安全防范能力。同时，还要求留守儿童回到家里也不准玩火、玩电，不爬高，不准到小溪、公路边玩或游戏。

黔东南农村地区交通条件差，不少留守儿童时常乘坐农用车、搭乘摩托车上学或放学，面临着很严峻的交通安全风险。"留守儿童之家"积极通过家长与县运管所联系，由运管所安排有客运资质的客运车辆周五、周日接送留守儿童，并专门按留守儿童的家庭住址对放学与上学的乘车地点及人数等作了比较细致的安排，以保证他们的交通安全。以下是一份学生乘车安排表：

表4-6 隆昌"留守儿童之家"2013—2014学年度第一学期学生乘车登记表

线路	中山—大坪—隆昌		班次：2	负责教师：李庆碧、陈红	
序号	姓名	班级	家庭住址	乘车地点	备注
1	王正松	五（1）	大冲	大坪	路队长
2	张勇	四（4）	大冲	大坪	
3	王治颖	四（3）	大冲	大坪	
4	王正强	四（2）	大冲	大坪	
5	张功雪	四（4）	大冲	大坪	
6	王雪雪	一（3）	大冲	大坪	
7	潘胜祥	二（3）	大冲	大坪	
8	杨仁宇	四（3）	大冲	大坪	
9	潘凤林	四（3）	大冲	大坪	
10	王家英	一年级	大冲	大坪	
11	潘凤菊	六（4）	大冲	大坪	
12	杨福英	五（1）	螺丝塘	大坪	路队长
13	杨乾龙	三（4）	螺丝塘	大坪	
14	王宏波	五（2）	螺丝塘	大坪	
15	杨义龙	二（2）	螺丝塘	大坪	

续表

线路	中山—大坪—隆昌		班次：2	负责教师：李庆碧、陈红	
序号	姓名	班级	家庭住址	乘车地点	备注
16	杨仁鹤	四（4）	螺丝塘	大坪	
17	罗德福	二（3）	螺丝塘	大坪	

（资料来源：麻江县隆昌小学）

第三节 | 学校指导家庭教育

父母对儿童进行教育既是一种自然权利，也是与生俱来的义务。留守儿童教育除了父母要给予生活照料以保证其身体健康外，还包括其人格的养成、知识的获得和技能的形成等方面的教育。《国家中长期教育改革和发展规划纲要（2010-2020年）》提出，"充分发挥家庭教育在儿童少年成长过程中的重要作用。家长要树立正确的教育观念，掌握科学的教育方法，尊重子女的健康情趣，培养子女的良好习惯，加强与学校的沟通配合，共同减轻学生课业负担。"《未成年人保护法》明确规定"父母或者其他监护人应当学习家庭教育知识，正确履行监护职责，抚养教育未成年人。有关国家机关和社会组织应当为未成年人的父母或者其他监护人提供家庭教育指导"。这说明，父母是儿童的监护人，是儿童教育的第一责任人，应该积极参加留守儿童教育。学校是留守儿童成长的重要环境，应该采取措施支持和指导留守儿童家庭教育，为留守儿童父母或临时监护人提供学习机会和信息，帮助和支持家长提高家庭教育水平。

留守儿童的父母双方或一方外出打工，与孩子长期分离，家庭中面对面的教育关系断裂，对孩子的成长极为不利。学校对留守儿童的家庭教育指导，主要可以通过以下三种形式采取措施。

一、家长学校传授科学的家庭教育知识和方法

家长学校一般附设在学校里，是学校对留守儿童的家长进行教育的长期

机构。学校把在家管护留守儿童的父（母）亲或临时监护人召集起来，举办留守儿童家长学校，给家长说明"留守"这一不利生活处境对留守儿童的影响，让他们了解留守儿童教育中可能出现的问题及其表现，提醒他们必须重视留守儿童教育并切实担负起教育好留守儿童的责任；传授科学的教育知识和方法，丰富育儿知识，使家长在进行留守儿童教育时得到可以利用的教育资源，少走弯路，有章可循；指导家长树立现实的留守儿童教育发展目标，既不天真地过高预设不可能实现的教育期望，也不自轻自贱地降低对留守儿童的发展要求；了解基本的与留守儿童进行沟通的方法，学会正确表达对孩子的关爱，懂得如何疏导留守儿童常见的心理困扰；学会如何在家里督促检查留守儿童的作业，当孩子出现学习困难时怎样向教师求助；指导家长如何开展留守儿童安全教育，怎样提高留守儿童自我管理、自我保护能力等。以下是台江县老屯乡报效小学张长江老师写的一份"如何正确地教育孩子"的留守儿童家长学校学习材料的观点摘要：

1. 不要对孩子轻言"生下你真是我的悲哀，有你这种孩子是我人生的最大失误"；

2. 经常对孩子说："你喜欢什么，有你在家里和我一起生活真是很快乐"；

3. 经常对孩子说："你真是好样的"，"出现这种糟糕的状况也没有什么了不起，至少你仍有我"；

4. 不要轻易给孩子承诺，你对孩子许诺的事要千方百计做到；

5. 要求孩子做到的事，父母首先要做到；

6. 父母不要在孩子面前争吵，不要当面数落你的丈夫（妻子）；

7. 不要跟孩子说祖辈的隐私或过去的错误，不说祖辈的坏话；

8. 自己犯了错误时或误会了孩子时，要勇敢地向孩子说"对不起"；

9. 不在其他人面前说自己的孩子"真是差劲""蠢货"；

10. 当别人指出自己孩子的过失时，绝不护短，要积极帮助改正或挽救；

11. 向孩子坦诚自己的无知，不要装作自己是一个万事通；

12. 经常带孩子去享受大自然，感受天人合一的世界之美；

13. 每天都给孩子自由支配的时间和空间，那时候要尽可能不要打扰孩子；

14. 鼓励孩子自主决定，自主管理，让他"吃一堑，长一智"；

15. 围绕共同关心的问题一起协商，促进平等交流和沟通；

16. 孩子与你说话要耐心倾听，不要让他为自己找不到说话的人而伤心；

17. 要理解和宽容，批评孩子时要允许他辩解和反驳；

18. 不强迫孩子做他不愿意做的事，给他自主选择的机会，学会自行决断；

19. 欢迎孩子的朋友来家里做客，允许孩子和他人积极交流，学会与其他孩子一起玩；

20. 注意孩子的心理变化，及时发现孩子的异常行为，了解孩子的心理需求；

21. 家里有大事，听听孩子的看法和建议也无妨；

22. 不要骄纵孩子，也不要打击孩子；

23. 孩子有困难，要真正地放在心上并帮助解决，切忌不管不问；

24. 不要让孩子没有安全感，不要让孩子养成攀比心理；

25. 孩子犯了错，不要新账老账一起算。

留守儿童家长学校的主要目的是丰富留守儿童家庭的教育知识，提高留守儿童家庭的教育方法。麻江县谷硐中学为了给留守儿童家庭提供一个家庭教育的指南和可行的操作方法，编制了一本《留守儿童家庭教育指导手册》给家长学习。以下是《留守儿童家庭教育指导手册》目录：

一、留守儿童的生理、心理、品德发展特点与常见问题；

二、家庭对留守儿童发展的作用与影响；

三、留守儿童的学习问题及改进策略；

四、塑造留守儿童健全的人格；

五、留守儿童的人际交往与能力提升;

六、留守儿童的偏失行为及其矫治;

七、留守儿童的心理健康问题及其调适;

八、帮助留守儿童搞好学习;

九、留守儿童的青春期教育;

十、加强安全教育,预防留守儿童的意外伤害;

十一、留守儿童的升学与择业指导

另外,黔东南农村地区家长的儿童保育、保健意识普遍较差,有的甚至于不知道国家实施的免费医疗保健和防疫手段。在这方面,家长学校还具有帮助家长增长儿童卫生保健知识,提高家庭的疾病预防意识和能力,重视及时使留守儿童得到应有的卫生免疫措施等功能。下文是由黎平县平寨中心学校通过家长学校发放给家长学习的《中小学生卫生知识》学习宣传材料的目录(部分):

1. 养成良好的个人卫生习惯;

2. 及时剪指甲、理发和经常洗头;

3. 多吃蔬菜,不挑食,不偏食;

4. 养成健康、营养、及时的饮食习惯;

5. 正确刷牙,保护牙齿;

6. 怎样预防感冒;

7. 科学用眼,保护视力;

8. 正确饮水,科学洗手;

9. 什么是甲型 H1N1 流感,如何预防 H1N1 流感?

10. 什么是毒品,如何远离毒品,怎样预防毒品犯罪?

11. 什么是艾滋病,艾滋病是怎样传染的,如何正确地对待和防治艾滋病?

12. 做好家庭的灭蚊、蝇、鼠、蟑及其他害虫的工作;

13. 什么是计划免疫,在哪里获得国家免费的计划免疫,怎样打预防针?

二、家庭教育讲座针对突出问题提供实效措施

留守儿童的家庭教育基本上处于一种自然、自发的状态中，留守家乡看管孩子的父（母）亲、祖辈或者其他监护人首要任务是干农活养活自己及孩子，第二位的任务才是担负留守儿童教育职责。留守儿童不能与父母共同生活，双亲理应扮演的教育角色的家庭教育仅残存一角或由他人来勉力为之，而在学习指导方面由于留守家乡负责监护留守儿童的人往往文化程度低因而对留守儿童的学业无法也无力给予有力的帮助。他们能够给孩子的不过是让他的肚子吃饱，"看着点，不让他出事"，而对留守儿童的思想、品德、知识等方面的重要性认识不足，关心不够，致使留守儿童的家庭教育直接陷入一种自由放任的状态。同时，黔东南农村地区脱贫任务艰巨，农民大多长期饱受贫穷落后之苦，要求通过打工而快速致富以免再继续受饥一顿、饱一顿的饥饿威胁的愿望十分迫切，加上受到严峻的就业形势的影响，看到自己孩子很不乐观的学习成绩，对留守儿童的期望值也逐渐降低。"能读就尽量读，不能读的读完初中就算了"，"不读书了，马上去打工还可以存点结婚钱，读完书了没有工作再打工存钱结婚就晚了"，"不上学反倒省不少钱，你看XX的孩子读完大学还不是一样打工了……"，诸如此类"读书无用，打工有理"的直白话是田野调查中时时都可听见的话语。同时，留守儿童教育中出现的很多问题是家长们很头疼却无法解决的，往往也觉得求教无门，这就需要通过开一些留守儿童教育讲座来帮助家庭教育。

家庭教育讲座应紧紧抓住留守儿童教育中的突出问题、主要矛盾、焦点关注、管护范例等诸方面来举办，能够给留守儿童家庭教育提供范例，丰富知识，得到启发。留守儿童家庭教育讲座以知识性、教育性、示范性、启发性为主题，以帮助留守儿童家长提高教育的责任心和信心，掌握留守儿童教育的科学知识和方法，特别是获得现实的方法支援。对留守儿童家长举办的家庭教育讲座可以由教育专家、教师或学校领导主讲，也可以请留守儿童家长现身说法。以下是一位教师所作的专题讲座的要点：

《今天，怎样当好留守儿童的家长》

一、留守儿童的家庭教育特别重要

1. 留守儿童的身体心理特点

身心发展处于加速期，成熟感和发展意识进一步增强，学习的目的性、自觉性逐渐提高，但常孤独、心烦、焦虑、自卑、冲动，少年老成。

2. 留守儿童常见的心理问题

说谎、讲脏话、攀比与浪费、爱打架或欺负人、厌学与逃学、缺乏爱心、偷窃。

3. 家庭是留守儿童重要的发展环境

（1）父母是孩子成长的第一任教师，父母在家庭教育中的缺位对留守儿童社会化造成不利影响。

（2）单亲或祖辈要积极补位，尽量消除家庭结构不完整造成的影响。

4. 影响留守儿童发展的家庭环境因素

（1）经济条件。

（2）家庭文化环境。

（3）亲子关系。

（4）家庭气氛。

二、留守儿童家庭教育经常出现的问题

1. 放任溺爱。

2. 金钱诱导。

3. 隔阂忽视。

4. 内容片面。

三、留守儿童家庭教育问题的原因分析

1. 亲子教育缺失而代之以隔代教育。

2. 不能直接关爱而给予金钱等不恰当的"补偿"。

3. 娇惯护短而不严格要求。

4. 重养轻育，缺乏心灵抚慰。

四、给留守儿童家庭的建议

1. 应该尽量留下父母中的一个陪伴孩子

父母双方的爱都可以替代，但无法解决时尽可能留下一个人来关照孩子，最好是由母亲亲自照顾孩子。

2. 慎重考虑和选择孩子的监护方式

孩子是人，不是石头，要给孩子找到可靠而负责的托管人。

3. 多与孩子沟通信息，交流情感

电话常打，衣食住行常问，学习多关心，给孩子打气和慰藉。

4. 让孩子知道你也在积极向上地努力奋斗

家庭目前是困难的，但是作为父母的你正在尽力而为。

5. 多与祖辈或其他托管人联系

频繁过问孩子情况，了解情况，解决问题。

6. 主动向老师询问孩子的在校情况

关心孩子的德智体美的发展状况，不只是问"学习怎么样，闹不闹"。

7. 适度地给钱，有限度地消费

要让孩子知道金钱的来之不易，我们会尽量满足你的基本需要，但绝不允许奢侈浪费。

五、如何培养孩子与人进行交流沟通

1. 培养孩子的语言能力，学会理解别人并懂得如何表达自己的观点。

2. 多带孩子出去活动并与人交往。

3. 规范孩子的行为，使其他人喜欢与他相处。

4. 教育孩子珍惜和发展友谊。

5. 不要担心孩子吃亏、受欺负。

6. 要求并允许孩子也带其他人到家里来玩。

六、培养孩子生活、学习的自主能力

1. 不过分宠爱孩子，让他自己学会了解和体验生活的艰辛。

2. 给父母做小事，学会感恩父母。

3. 让他学会"节约出财富，勤俭有好家"。

4. "管"好大事，"放"手小事，让他自己做主。

5. 自己的事自己做，懒汉只能饿死，勤劳才能致富。

（资料来源：黄平县谷陇镇滚水小学吴彪编著《家长教育材料》）

三、个别咨询帮助解决家庭教育特殊困难

个别家庭教育咨询是家长通过面谈或借助各种通信手段获得教师一对一的帮助，以解决各种特殊问题的一种家庭教育指导方式。对中国人来说，脸面普遍具有极其重要的社会价值，是全方位的生活方式和最重要的社会理想；也是国人性格的第一特征，是中国精神的纲领，也是统治中国人灵魂的女神。[①] 所谓"家丑不可外扬"，面子是关乎个人和家庭生存与发展的大事，爱面子和保守家庭秘密是人之常情。家长要不是碰到了自己无法处理的事情或无力解决的问题，往往是无计可施乃至于走投无路的情况下才不得不向教师求助，才想到向教师讨教教育或加强管理孩子的方法。因而，教师往往也会对家长直接向自己请教的举动特别重视，并根据自己所掌握的学生情况及具体表现向家长通报，适当并及时给家长提供改进家庭教育的若干建议，并积极协助家长做好学生的教育工作。

家长要获得教师的个别帮助，可以通过到学校面谈或在某一地方约见教师的方式进行。一般来说，现在随着黔东南农村学校教学条件的不断改善，多数学校都会在门卫室、教师办公室或学生宿舍设有专门的接待家长来访的活动场所，这是最主要的个别家庭教育咨询的地方。同时，随着经济社会条件的改善，黔东南农村地区农民群众多数也安装了电话或购买了手机，极少数人家里还添置了电脑，使得他们可以更多地借助于打电话或上网等方式与教师取得联系，直接在电话里或网络上向教师请教。主要针对留守儿童家长的这种个别化的家庭教育指导，教师一般会比较详细地向这位家长询问一些

[①] 翟学伟. 中国人的脸面观：形式主义的心理动因与社会表征 [M]. 北京：北京大学出版社：2011：343.

留守儿童教育中存在的问题和困难,结合留守儿童的在校表现一起分析导致这些问题出现的原因,然后再给家长提出合适的解决问题的办法或建议。在留守儿童教育中经常会发生各种意外,但问题的关键在于父母有无促进问题解决的意识和为之努力,并积极取得教师的帮助和支持。

第四节 │ 家长会共商管教方法

家长会是教师特别是班主任联系全体家长,帮助家庭教育的一种有效途径。由于留守家庭环境的特殊需要,家长会一般不可能采取学期初、学期中、学期末等不同方式多次召开,这一方面是受家长在家时间的限制,另一方面是在农村地区因交通、农活等因素难以同时召集到这么多的人。所以,留守儿童家长会的召开时间及内容的选择就显得特别重要,要选择一个合适的时间和方便的地点有利于家长尽可能到会。黔东南农村地区留守儿童家长一般在春节前一个星期回到家里,过年后再留在家乡一周走亲访友,然后出门。对班主任或教师来说,过年前三天或过年后三天是召开家长会的最佳时间,这个时间段家长比较空闲,教师召集的话会到得齐,仅会有极少人不到场;而且心情也比较好,能够特别投入地听教师通报情况和尽情地就某一问题发表观点,畅所欲言。

为了搞好留守儿童教育而召开的家长会,目的一般有三:一是通报全班学生在校的学习和生活情况,主要汇报学校教育情况、已经取得的留守儿童教育管护成绩及存在的不足、特别需要家庭支持的方面;二是向留守儿童家长提出强化监护和管理责任的具体要求,争取家长尽力为留守儿童能够接受到良好的学校教育创造条件,积极支持学校的教育工作,解决班级教育中的困难;三是围绕留守儿童教育中的典型问题交流经验,商讨如何改进留守儿童的在家监护和学校教育管理,共同探讨改进措施。

召开留守儿童的家长会,要有明确的目的和主题,应该以通报留守儿童教育基本情况、反映留守儿童突出问题、要求家长提高教育管护责任意识和能力、宣讲有效的留守儿童教育管理经验作为家长会的中心议题。作好充分的准备，打印好相关材料并撰写讲话提纲，理顺思路，在对留守儿童作出公正评价的同时让父母看到留守儿童的教育希望。要尽可能使更多的家长参加会议，与每位留守儿童联系，掌握父母的回家时间和待多久，要求他们提醒父母务必出席或者直接通过电话与每位家长联系，郑重提出邀请；要布置好会场，并安排学生做好接待工作。要尊重家长，态度积极，在家长会上尽可能认识每位家长并介绍留守儿童的优点和不足，积极调动家长发言和提出问题建议，在家长说话时要认真倾听。要讲究语言艺术，要多肯定成绩和介绍留守儿童发展中的闪光点及些微进步，要激励而不责怪，要平实而不刻薄，要开放而不封闭，特别是不公开批评、嘲讽成绩不好的留守儿童。以下是一位农村学校教师所做的家长会从筹备、组织、召开到影响的比较周全的记录：

一位乡村教师的家长会日志

2012 年 12 月 22 日　星期六

今天把学校资料室里的任小艾《教师素质与班主任工作艺术》DVD 看了一遍，了解到她的班主任工作艺术的要旨主要在于"一则（尊重学生，以爱动其心，以言导其行）""二感（对本职工作要有责任感，对教育的事业要有使命感）""三言（三句话"没有不合格的学生，只有不合格的教师"；"没有教不会的学生，只有不会教的老师"；"教师最大的成功与快乐是培养出值得自己崇拜的学生"）""四通（通晓班主任工作，通晓学科教学，通晓相关学科，通晓教育科研）""五心（爱心、信心、专心、恒心、虚心）""六法（六个教育技巧：优良环境的感召法，虚功实做的导行法，捕捉兴奋点的磁性法，抓住教育时机的功倍法，三位一体的互促法，自我教育的内驱法）"。根据她的这些成功经验，对照检查自己的班级工作，联系自己的学生的实际，难道我就眼睁睁地看着这些留守家乡的孩子也一直像他们的父母一样不可避免地要走一条打工之路吗？这种恶性循环什么时候是个头？

总是怨天尤人地认为目前手里的学生太差了，父母外出留下的这些人怎样教啊，把这些留守儿童也送给任小艾试试？这是不可能的！事实上，我们（包括家长）曾经又对他们费了多少心思，想过多少有效的教学法子呢？况且，调动起学校、家庭、社会三者的力量，使三者成为一个整体共同参与教育的"三位一体互促法"，我还真是没有认真执行过，每个学期的家长会记录都是造假而成。是啊，什么时候我能把他们请到学校里来相互了解也好。

于是，在分析了留守儿童教育的现状后，发现问题不少。我决定，在这个假期，召开一次留守儿童家长会。

2013年1月21日　星期一

学生成绩已经完整地登记在《素质手册》上了，这个学期还特地研究了学生的平时表现和可能的发展方向，在手册上写的评语也不再像以前那样全班都"该生在校遵守纪律、团结同学，待人有礼貌……但上课有时开小差，希望改正"之类的敷衍了事地写一些话套、空话，里面有更加多样、客观、激励性的内容，以认真负责的态度，根据学生平时表现与优缺点都让家长了解的评价为出发点，给每个学生都写上了比较具体而客观又有针对性的改进建议的学期评语，这样的评语拿到手里，也许真是让长期外出的父母掌握了孩子在家的真实可靠的信息。

上午发《素质手册》，并根据班级排名情况评出了"三好学生""优秀班干部"等常规奖项。这次还专门增加了获奖名额，不再让所有的奖状和奖品都被那几个"得奖专业户"所囊括，过年了，让大家都高兴高兴。为此，我花了不少心思，设计了许多"全班之最"，设置了"劳动小卫士""卫生积极分子""成绩进步奖""杰出贡献奖""乐于助人奖"等多种奖项，让每个人都得奖，都有奖品，都能感受到学期丰收的喜悦。但这些奖状和奖品，除了常规的"三好学生""优秀班干部"外，暂时都没有发，我要留着有用。

在学期班会结束前，我要求同学们回家后，最主要的任务是快乐过节日，完成假期作业，但是要注意安全，要提醒自己的父母大年初三到教室来开一次年度家长会。每个家庭至少要到一人。家长过年前回到家要给老师打个电话，让我了解留守儿童家长回家过年的情况，以决定家长会的规模和范围。

2013年2月7日　星期四

因为明天是年前的"乞场"（笔者注：黔东南农村地区农村购买东西要等五天轮一次的赶场天，即赶集。但是若在年前轮不上，就在除夕前一天打破常规开场一次以方便群众购齐过年物品，往往会在上一次赶场时就通过广播告知民众，称为乞场），要来个大采购，所以今天叫上几个"劳动积极分子"和全体班干部到校收拾教室卫生，同时布置家长会会场。

学生和家长不断打电话来"汇报"家庭情况，往往说××已经到家了，感谢老师关心之类，当"领导"的感觉真好，要是天天都是家长主动这样汇报而不是我死乞白赖地上门问话，多好！据了解，家长们已经陆续回来过年了，有的还是为了这个家长会而专门回来的，当然也是为了抽个时间团聚。杨娇等八九个同学的父母本来为了省钱不准备回家过年的，但是在小孩的强烈要求下，也从浙江回来了，听说不论是火车还是汽车都很挤。今天来的几位"留守儿童"因为父母回家而改变了身份，看起来特别高兴，一进来就跟我说，父母回来了，还给他们带了什么什么。

我对教室劳动作了安排分工。"劳动积极分子"们平时成绩都极其一般，有的甚至于较差，但这次被老师"点将"，有点受宠若惊，扫地、擦黑板、搬桌椅、擦窗子、拖地等都一丝不苟，不再像往日的懒散、推诿，干活特别卖力，真是为自己的"妙招"感到自得起来。是啊，平时自己还真忽略了若干学生的"亮点"，没有尽到教师责任：尊重、关心、信任每一个学生，让每个学生都同时得到平等关爱。以后可真得注意！几位班干部则给我布置教室，把几个气球吹满肿胀，然后分别挂起来，在墙上还粘了些彩条，并用大的红纸分裁成几个大心形借助透明胶固定成一个更大的"爱"字……最后，我自己用粉笔在黑板上写了几个大字：新年家长会。

2013年2月9日　星期六

　　过年了，准备的东西大都由老婆亲自出马来料理。我也不过是给她烧水、开电之类，一个大男人，就只做这些事，是不是有点太轻松了？

　　事实上并不轻松，我得准备过几天家长会上的讲话稿，因为估计明后天要出门去拜年、喝酒、打牌……今天要理清楚。于是在工作日记本上写：

　　一、欢迎各位家长在新年百忙之中参加这个有意义的家长会；

　　二、总结上学期工作，通报全班成绩，特别是要表扬留守儿童的进步和新的、好的发展动向：自理、自觉等。我班这学期的成绩在全片属上等，但与城市的学校班级差距太大了，还得继续努力抓好学习，重视督促检查学生的学习情况。

　　留守儿童的主要问题就是学习没有人监督，平常做作业、参加考试结束后有不懂的题目也没有人来问，也没有家长帮助纠正，使老师不能及时发现存在的问题。小孩太过于自由，爷爷奶奶、外公外婆讲根本不听。

　　当然，我也要做自我批评：我也不主动联系大家，只是在留守儿童出现感情波动或违反纪律的时候才联系，以后要加强这方面的工作。

　　三、对家长提要求：家长们虽都有苦衷，但这是你的孩子，不能靠别人给你管，想管好是很不容易的。首先，身在外地也不能忽视或放松教育，尽可能每天与小孩联系，问他的学习和生活情况，有没有不知道的作业题，有的话要设法帮助解决；其次，要关心在家的老人和小孩的生活，要注意小孩身体发育情况，不要总是以过去你也是这样过来的来忽略小孩的生长，要提醒老人督促小孩学习，特别是要注意安全用电、用火；再次，家长间要相互询问小孩监管情况，要提示同校的留守儿童家庭相互帮助照看，相互提醒重视留守儿童教育，不要为了省钱就不肯回家看望孩子，你们也可以把孩子在假期时带到广东、福建、浙江等发达地方去，让孩子见见世面，让孩子也知道你们的钱来之不易；最后，要"打工不忘孩子，致富更需家庭"，做到"两不误（不误孩子成长，不误家庭赚钱）""两促进（促进家庭提高收入，促进留守儿童更好发展）"，千万不要让自己留下遗憾或让孩子恨你。

四、给家长宣传寄宿制和营养餐政策，讲国家和学校给的补助情况，要求家长保证交足下学期的寄宿制费用。

五、相互介绍经验，特别是怎么联系孩子和教好孩子，怎样要求老人教孩子和怎样教孩子。

六、给家长说明家校之间沟通的重要性，要求留守儿童家长一起商量教育孩子的最佳方法。

2013年2月12日　星期二

今天下午两点整，家长会正式开始。46个学生，到会43家，共51名家长。43家怎么会有51名家长呢，有些留守儿童家庭还比较积极，来了两个家长，当然，可能是觉得在家也是吃饭、喝酒，不如一起去听听也无妨。有1个学生家长请假，有2个学生家长没有消息。家长们在会场上得到赞扬，有了忏悔，有了改进的想法，也得到了他人的好点子，好建议，不少家长也纷纷向我表决心、愿悔改，希望老师多多提示，多多教诲云云……不一而足。咱要的，不就是家长增强意识，增长能力，坚决执行吗？

按既定程序开完了，我拖着疲惫的双腿回到办公室。

今天的家长会还比较顺利，有许多感动：

感动之一："我的孩子也得奖了！"

我把任小艾老师评选"全班之最"的做法依葫芦画瓢在学期期末试行了。期末考试成绩排名一出来，我就在想不能只让那些成绩好的洋洋自得，要让成绩不理想的同学也能抬起头来，让留守儿童们一起享受学期结束的快乐，而不是有人欢喜有人忧。评选"全班之最",就是让每个孩子都能享受成功的欢乐,树立起不同的自信。全班所有人都人手一项地评出来了"奖项":总分第一名,单科第一名,作业最工整,写字最认真,字写得最好,劳动最勤快,最珍惜劳动成果,最乐于助人,跑得最快,歌唱得最好且最能鼓舞人心,最讲文明礼貌,最讲卫生等。总而言之,就是挖掘学生的优点,找到他的成长闪光点,表扬他的哪怕一丁点进步,让每个人都体会成功的喜悦。连成绩最差的张宗亮都给了一个"劳动小卫士奖",最调皮的杨小刚都给了一个"最积极助人奖"。这46份奖状和奖品的发放是本次家长会的高潮,家长们看到自己的孩子领到奖状和奖品,都很高兴,等于是在快乐的新年里也额外增添了一份不错的新年礼物,大家都一个劲地鼓掌。杨娇的爷爷有病,需要很多钱,于是父母不得不一起出门,因此在没有人管护的情况下,生活辛苦,学习成绩一直不好。这次她也得了一项"孝敬老人的好儿童奖",她的妈妈对我说:"张老师,你也知道我们家的情况,这是我女儿读了这么多年书以来领到的第一张奖状啊,也是对我家杨娇的辛苦的肯定。"我不得不对她的认真和激动感到内心愧疚,是啊,很多家长也是没有办法才让孩子留守家乡,我们也真的得仔细了解他们的具体情况,要深入家庭知晓他们的困难和孩子的付出才行!发完奖后我因势利导,给家长们讲了每个人都有自己的长处,不要只盯着分数,影响孩子的个性发展。我还打了一个比方:让兔子练习长跑才能发挥它的长处,如果让它练习游泳那不等于要了它的命吗?家长们都点头称是。

感动之二:"家长会真是让我学了不少东西!"

为了开好家长会,我是做了精心准备的。我给家长们讲了家庭环境对留守儿童成长的重要影响,亲子教育、家庭教育是不可替代的;讲了教育孩子不是学校一家就能做到的事情,必须双方共同合作才能使孩子得到进步,发展也更好。而且,留守儿童在不同的发展阶段,心理特点和需求也不一样,需要作出不同的教育努力,家长特别要注意保护孩子的自尊心,不要当着别人的面批评孩子,更不能当着别人的面打孩子(我们这一带的很多家长,教育孩子的方法失当,学校有什么事通知家长，家长一到学校不问缘由揪起孩子就打，仿佛他们教育孩子是教育给别人看似的；很多家长专讲自己孩子的短处，专拿自己的孩子跟那些大家都认为不行的人比："你将来就像×××"，结果这孩子果然愈长愈像×××了）。我还特意给家长们印发了著名赏识教育家周弘老师的《给家长的50个忠告》中的10条忠告，告诉家长们把教育孩子当一件大事来抓，教一个孩子成才，造福三代人，一个孩子在我这里只是1/46,而在家里就是百分之百了，任你当多大的官，任你腰缠万贯，只要你的孩子教育失败了，你就快乐不起来。我还请了几位当地教孩子比较成功的家长讲他们的成功经验，临散会的时候，几个近处的家长还不愿走，还要求我再讲一会儿。他们说这样的家长会我乐意开，能学知识，让我学习了不少东西，如果我早点知道这些道理，就不至于让孩子受委屈了。

感动之三："收费不再那么困难，家长们能够理解！"

多年来，学校收费看起来不是很难，但只是表象，很多家长误认为学校是乱收费，是为了搞钱。

今天，我给家长们算了账：一天收你们2元钱和6两米，加上国家补助困难寄宿生的4元和营养午餐补助3元，共9元钱6两米。学校一天要供应3餐，中午和晚上都是两个炒菜一个汤菜。现在肉每斤15元，每个小孩每天2两，要3元；白菜2元一斤，一个1斤吧，要2元；早餐要有米粉或馒头，要2元；炒菜要用菜油，要用盐，要用电，要用调料，算1元；午餐要发一个苹果或香蕉，至少1.5元等。总共算起来，早超过那9元钱了，这还不算人工费用。我们老师要在小孩吃饭时陪餐，自己垫4元钱，为的是怕小孩吃饭时争吵打架，或者乱七八糟地堆放，个别的还搞小霸王，欺负老实的或者小的，老师辛苦不？

账算得这样清楚，家长们反倒还同情起老师来了，觉得老师真是为他们的孩子费心得很，以前真不应该讲一些不负责任的话，不到处乱批评老师搞他们的辛苦钱……

在我讲完后，不少家长现场就掏出钱来要交给我，但我马上申明，我不收，等下学期开学时一起收，但你们得保证，就是许多家长出去了，也得支持学校的工作，让家里人有足够的支配生活的钱，要保证让孩子在学校里无忧无虑地生活和学习。出去了，还得天天问候家人，注意照顾好老人、小孩。以前为什么出现这样那样的学校和学生家长之间相互扯皮、相互拆台的问题，可能就是彼此之间没有进行这样开诚布公的沟通，没有做到将所有的事情都讲事实，摆道理。

看来，家长会，开得真是不错。

（资料来源：台江县老屯乡报效小学　张长江）

第五节 | 代理家长结对帮扶补缺家庭教育

代理家长制主要通过志愿者或学校教师与留守儿童结成帮扶对子，暂时填补亲情缺失以使留守儿童获得生活和学习管护、心理抚慰，已经作为一条比较具有代表性的留守儿童关爱措施向全国宣传和推广。特别是新闻媒体对政府或各级社会组织（如妇联、共青团、公益基金会等）主导的通过社会力量招募乡镇干部、教师、医生、退休干部、村干部及其他人士志愿为留守儿童当"代理家长"的行动进行了广泛报道，报道称这一举措满足了留守儿童的需要被关心、渴望情感沟通的心理需求，也使他们的生活得到了一定的照顾，呵护留守儿童成长，让留守儿童在父母外出时感受到"家"的温暖，得到"家长"的亲情关怀，使孩子生活上得到关心、学习上得到关注、心理上得到关爱，抚慰留守儿童孤独的心灵，收到了很好的教育效果。

本文的研究对象是狭义上的代理家长制，主要是在学校里由教师通过一对一或一对多的方式与留守儿童结成帮扶对子，当"代理家长"，在生活和学习中照顾留守儿童生活、指导留守儿童学习、疏导留守儿童的心理烦恼以补缺家庭教育的一种留守儿童关爱制度。

一、建立留守儿童档案掌握基本情况

学校为摸清"留守儿童"底数，掌握"留守儿童"的人数、经济来源、家长和代理监护的基本情况等信息，给每个留守儿童建立档案（联系卡），并作好保存、备案。这主要是由班主任为每个留守儿童建立档案卡（联系卡），档案卡包括六方面的内容：一是留守儿童个人基本情况，记录留守儿童的姓名、性别、出生年月、留守类型、现在住址等信息以及各学期学习成绩、思想品德、言行举止等情况；二是留守儿童家庭基本情况，登记家庭住址、人口、经济状况、家庭成员组成及某些家庭特殊困难等信息；三是留守儿童父母基本情况，记录父母亲姓名、出生年月、健康状况、工作地点及联系电话等信息；四是留守儿童现在1—2名监护人基本情况，登记现在监护人的姓名、性别、出生年月、职业、与留守儿童的关系、健康状况、联系电话、现在住址等信息；五是留守儿童帮扶人员基本情况，记录结对帮扶留守儿童人员的姓名、性别、出生年月、职业、所在单位、职务等信息；六是留守儿童受助情况记录，登记留守儿童受到的关于生活、学习、成长等的帮扶事项，涉及帮扶的时间、内容、效果等内容。每学期要对留守儿童进行调查，特别是对双亲外出且临时监护人不能对之进行有效监护的留守儿童开展追踪调查以掌握其实际的家庭生活情形，及时了解留守儿童的家庭变动情况以便将父母亲的外出务工情况和监护人变化情况逐一进行登记，对所建立的留守儿童档卡（联系卡）重新进行核实和根据实际情况进行更新，从而保证所掌握的留守儿童基本情况可靠、真实。通过建立留守儿童档案，学校可以全面掌握留守儿童的基本情况，详实记录留守儿童的成长过程，并及时更新，确保无一遗漏，使留守儿童入学率、巩固率和建档率均达100%。

为了更加全面、准确、真实地了解留守儿童生活与学习情况，除了通过学生在校登记的信息外，学校教师特别是班主任还要到各民族村寨走访询问留守儿童生活情形，深入田间地头实地调查留守儿童的监护情况。特别是那些自我监护或不能得到有效监护的留守儿童，要通过家访以获得可靠的监护信息，从而加强了学校与学生家长及其他监护人的联系，共同形成了以留守儿童为中心的关爱网络。以下是一份学校建立留守儿童档案的样表：

表4-7　XX学校留守儿童档案卡

班级：　　　　建档人：　　　　　　建档时间：

留守儿童个人基本情况																		
姓　名					性别						出生年月							
所属类别			父亲外出（　）母亲外出（　）父母亲均外出（　）离异单亲留守（　）死亡留守（　）															
学习成绩	1	2	3	4	5	6	思想品德	1	2	3	4	5	6	言行表现	1	2	3	4	5	6
现在住址																			
留守儿童家庭基本情况																		
家庭人口				家庭经济					特殊情况									
家庭成员关系			姓名																
家庭住址																			
留守儿童父母基本情况																		
父亲信息			姓名		年龄			工作地				电话						
母亲信息			姓名		年龄			工作地				电话						
留守儿童现在监护人基本情况																		
（1）姓　名			性别		年龄			职业				电话						
与儿童关系			住址																
（2）姓　名			性别		年龄			职业				电话						
与儿童关系			住址																
留守儿童帮扶人员基本情况																		
姓名			性别		年龄			职业				单位						
家庭住址						联系电话							职务						
留守儿童受助情况记录																		
受助类型			帮扶者		时间				帮扶内容				帮扶成效					
关心生活																			
指导学习																			
关爱成长																			

二、组织代理家长与留守儿童结对以提供帮助指导

由学校选择的代理家长有两种类型:一种是由有爱心、帮扶能力强的教师与无人管护而自我监护或临时监护人特别困难的留守儿童"一对一"结成爱心帮扶对子,组成代理家庭,成为留守儿童的代理家长,他们要与留守儿童多联系、多走访或时常将其带到家里接受一定的生活管护、学习指导和心理抚慰,从而增进了解,培养亲情;另一种是由学校指派"留守儿童之家"的管理教师与寄宿的留守儿童结成"一对多"的帮扶对子,关心留守儿童生活,对留守儿童的学习进行监督指导,主动与留守儿童谈心沟通,积极引导和参加留守儿童集体活动,帮助留守儿童成长。

代理家长的选任有严格要求:一是代理家长须责任心强,富有爱心,能够有充足的时间和精力来关心、照顾留守儿童的学习和生活;二是代理家长要有比较丰富的知识和教育管理经验,能够给予留守儿童学习和生活上的指导和帮助,在生活上主动关爱,在学习上积极指导,在情感上充分交流沟通,真正让留守儿童所丧失或残缺的家庭教育能够得到积极的补偿,为留守儿童提供一个关爱、友好、和睦、共进的成长环境。

代理家长要切实履行的职责包括:做"良师益友",代理家长要给留守儿童更多的关心、家护、照顾、鼓励和帮助,与他们交朋友。当"爱心父母",在安全上,要时刻提醒;生活上,要尽可能提供帮助;心理上,要细心观察,多方沟通;学习上,要多给予指导;交往上,要鼓励他们融入大集体,减少其心灵的孤独和寂寞,使其保持活泼开朗、健康的心态。促"亲情沟通",代理家长应常与留守儿童父母保持密切联系,相互沟通交流,让家长随时了解孩子的学习及成长状况。记"成长足迹",代理家长要真正做到为留守儿童提供各种方便或资助,及时了解他们的思想动态和生活情况,给予他们家庭的温暖,并给予必要的帮助和引导,以促进留守儿童的学习进步、生活得到照料、心理获得关爱,及时做好留守儿童生活和学习方面的成长情况记录,写下留守儿童成长的每一步。

对于实行一对一帮扶的留守儿童代理家长,一位在县教育局专门分管留

守儿童信息管理的老师说：

  宣威小学实行的以代理家长制为核心的留守儿童关爱工作得到前来考察的国务院副总理刘延东同志的高度肯定，她曾评价说这个学校的"留守儿童之家"管理很规范、很到位。这个学校有在校寄宿留守儿童298人（父母双双外出打工的164人，一方外出打工的134人），目前有30名校领导、班主任、科任教师采取"一对一"的形式，共代理了自我监护的67名留守儿童"家长"。在这个学校就读的文庆芝、文庆和姐弟俩，由于父亲死亡，母亲改嫁，无人抚养，韦仁全校长主动担任了文氏姐弟的"代理家长"。韦校长为了两姐弟的安全和上学方便，积极与宣威镇敬老院联系，把他们安排到那里居住，解决了姐弟的居住困难问题。他还像亲生父亲一样，每天都在关注他们的学习、生活。在学校里给他们辅导学习，帮助他们巩固知识，周末时常留在学校照顾他们或者把他们带到县里自己的家中，给他们做好吃的以改善生活，还经常给他们买文具和学习用品，给他们零花钱，买衣服给他们穿。每逢节日，还给他们送礼品。时常对他们嘘寒问暖，常嘱咐姐姐晚上睡觉要盖好被子，不要着凉感冒，要带好弟弟。（2013-11-11，根据麻江县教育局彭老师访谈录音整理）

  隆昌小学的12名"留守儿童之家"宿管教师或班主任每人都主动当了30名留守儿童的"代理家长"，他们将这360名留守儿童视为自家的子女，每天陪伴和照顾、细心管护留守儿童的生活、督促他们的学习、抚慰他们的情感，给他们带去父爱或母爱的温暖，为每位留守儿童积极营造和谐的成长环境，让他们的生活更加充实，学习更加努力，心理满足感不断得到提升。以下是这个学校的一份教师与留守儿童"一对多"结对帮扶的名单：

表4-8 隆昌中心学校2013-2014第一学期留守儿童花名册（女生）

代理家长：张丽 吴源兰

寝室编号	床位号	睡铺	姓名	班级	家庭住址	家长姓名
201	1	上铺	吴元秀大	五（3）	仰古	吴本怀
		下铺	喻婷婷	六（2）	下班山	喻朝阳
			喻婷霞	二（3）	下班山	喻朝阳

续表

寝室编号	床位号	睡铺	姓名	班级	家庭住址	家长姓名
201	2	上铺	吴深兰	四（1）	仰古	吴元德
			易才鸿	二（1）	岩头寨	易明生
		下铺	吴深菊	二（3）	仰古	吴源泉
			吴元秀小	二（3）	仰古	吴本辉
	3	上铺	吴霞	六（4）	仰古	吴元德
		下铺	陆吉英	三（1）	长塘	潘萍美
			梁海莲	二（2）	下班山	梁明金
201	4	上铺	王兴艳	二（3）	仰古	王玉强
			赵祥丽	五（4）	新玉头	赵通光
		下铺	赵通秀	五（2）	六堡	赵朝亨
			赵祥英	二（2）	六堡	赵朝亨
	5	上铺	王正鑫	五（2）	马坡	王治亨
		下铺	王秀花	六（4）	马坡	王治亨

（资料来源：麻江县隆昌小学）

代理家长对自己帮扶的 30 名留守儿童在学习上加强督促和辅导，在生活上细心照顾，帮助疏解思亲烦恼，在活动上优先安排。一位代理家长给笔者讲道：

> 我与他们（留守儿童）每个人都深入交流过，并根据他们的情况逐一进行分类、分组，具体分析学生的学业情况，制定学习帮扶计划，明确帮扶的目的、内容和阶段性效果。因为同时针对 30 个人，怕自己忙不过来，于是借用了以前教育学课上所讲的"导生师"，自己先教那个导生，然后再由他去教其他人，并且对成绩特别差又极缺乏学习主动性的专门给他明确一名学习帮手，结成互帮互学的学习对子。我还特别注意督促他们每天完成作业，认真预习功课，有不懂的地方及时问我。
>
> 在生活上重视养成教育和培养自理能力，为他们每个人都配备了比较齐全的生活用品以及床上用品，他们只需每周带换洗的衣服，而且我还专门给我当代理家长的留守儿童的每个寝室买了一大包立白洗衣粉供他们用，买了舒肤佳香皂给他们洗手，还和他们一起对

寝室进行精心的布置，还给小屋起了温馨的名字，让孩子们感觉住在学校里有我这个妈妈，有其他兄弟姐妹，这里就像在自己家一样。此外，每天我都让他们到卫生间的热水器那里去接水，保证他们早上有热水洗脸，晚上有热水洗脚。我觉得，自己既当他们的老师，又当他们的父母。

在日常生活中，与他们同吃同住，以一种家庭教育的方式教育他们，捕捉他们日常细小的心理变化，及时与他们交流、谈心，随时掌握他们的思想和生活的情况，让其感受到亲情的存在，感受到学校的温暖。同时充分利用"亲情聊天室"和"亲情电话"，让留守儿童想家时能与父母视频聊天、通话。

我有时甚至帮助他们管钱，有的家长每月都要汇款到我这里或者老人周末给他们钱后先交给我代管，然后由我每星期或每天给他们固定的金额，供他们买东西。我还给每个留守儿童记账，学生花钱的时候，我一次次地记录。他们花钱需要经过我同意，我认为可以花的才答应，这样可以约束学生，防止乱花钱，养成节约的好习惯。

我还为他们组建了丰富多彩的文体兴趣小组。例如，体育方面的篮球、粑槽舞（笔者注：一种畲族的民间舞蹈，每人各持一根木棒围着近似打年糕的木槽跳舞）、乒乓球、跳绳、踢毽子、拔河等兴趣小组；艺术方面的书法、绘画、舞蹈等兴趣小组，尽力培养他们的活动兴趣和运动习惯，使他们在校生活更加地愉快和开心，培养一颗活泼、爱动、积极向上的心。特别是我指导他们画了很多精美的画，展示在校园走廊上，成为我校的一大亮点，我心里还挺得意的。

（2013-6-11，根据隆昌小学张老师访谈录音整理）

三、动态管理代理家长以持续关爱留守儿童

留守儿童代理家长实行责任制，代理家长要保证每学期全面清查帮扶的留守儿童的家庭异动情况，比如父母回家自己监护、临时监护人变动、联系

电话变更等，要随时随地关心、关注留守儿童的成绩与学习行为变化特别是出现异常，要展开细致的调查工作与经常，倾听他们的心声，掌握留守儿童的心理动态与思想起伏状况，并作好记录和及时采取相应的管护措施。

当代理家长因出去学习进修或者工作调动而不能继续履行"家长"职责，学校就及时与班主任联系，及时为其所代理的留守儿童找到新的替代者以保证留守儿童得到持续的教育和管护。假如留守儿童因升学、转学或者父母回家监护则中断其与代理家长的帮扶关系。

代理家长还要到留守儿童所在村寨去了解留守儿童的校外表现情况，与其父母或临时监护人经常联系并与之座谈，以获取关于留守儿童的更加全面的信息，沟通情况，有的放矢地加强教育和管理。定期向学校汇报当留守儿童代理家长的具体情况、取得的积极成果与存在的问题，并与其他代理家长交换代理思想，交流代理经验，以便进一步做好留守儿童的教育、引导工作。

第六节 | 密切亲子交流为留守儿童成长助力

父母与孩子之间持续、亲密的亲子交流和角色互动是保证孩子健康成长的必要条件。亲子交流，一直是父母教育孩子的重要方式，家长必须与自己的孩子开展一定的交流，才能教育好孩子。留守儿童与父母由于时空阻隔，无法像其他孩子一样每天都能够与父母在一起嬉笑打闹，不能得到父母共同的生活照料，也不能在遇到困难或挫折时及时向父母求助。于是留守儿童的内心往往比别的孩子更加敏感，更加脆弱，特别容易受伤。当他们产生了困扰却难以获得来自双亲的积极支持或帮助化解时，他们内心的失望和失落可想而知，会感到父母没有用、没有能力也不重视他们的事，孤独感、无助感油然而生，安全感降低。留守儿童的父母，不能与孩子共同生活，不能时时亲自陪着孩子，但要注意和孩子的互动交流，要维系好彼此的感情纽带。在田野调查时发现，不少家长是在孩子全然不知情的情况下，偷偷地溜走的，这容易引起孩子对将来的不确定感，产生不安全感；有的家长回家时也不注意主动接近孩子，多和孩子相处，多与孩子交流，而是忙于走亲访友，继续将孩子弃置一旁，在孩子的心目中仿佛不过是多了一个过客，是住几天就走的旅人；在分离的日子里，虽然也彼此想念，但大多也是父母主动联络他们，询问的也多是学习好坏与钱够不够花等单调的话题，反复几次也就索然无味，有时甚至于是有口无心的应付了。

亲子分离造成留守儿童与父母的交往减少，交流的机会也大大下降，他们也渴望享受家庭的温暖，极其渴望得到父母的关爱，希望获得亲情的保护和关注，盼望父母能够多回家来看一看，盼望自己学业提升时能得到父母的赞许，受到挫折时能得到父母的抚慰。可以说，由于不能与父母同住，不能共同生活，不能得到学习的督促和指导，更享受不到什么亲情慰藉，因而他们对拥有父母的爱、对能够与父母积极地互动和交流的愿望才显得特别迫切和强烈。

一、家长经常回家看望孩子

留守儿童对自己在家庭中与外出的双亲或父（母）亲的关系的最直观感受是自己的地位被忽视，感情需要被忽略，自己的成长价值没有得到肯定，在他们心中常产生"与我相比，父母亲更爱钱，更关心挣钱"的误解。因此，父母必须增强对留守儿童的教育责任意识，重视孩子的心理感受，积极抓住一切可能的机会返乡看望孩子，增加与孩子进行面对面的亲情交流的机会和次数，尽可能定期特别是在春节时要克服经济和交通困难回家与孩子团聚，让孩子享受全家团聚的欢乐，感受到父母重视家庭、重视亲情、重视儿女成长。对留守儿童来说，父母回家与自己相聚，是最难得的快乐时光，虽然家庭贫困的现实使自己与父母长期共同生活成为奢望，但短暂的欢娱和暂时的亲情温暖也是值得珍惜的。以下是 2013 年 2 月笔者在黄平县苗陇乡开展田野调查时的一篇日志：

我宁愿少挣钱，也要好好地与他们相处

2013 年 2 月 3 日，春节快要到了，留守儿童们期待已久的全家

团聚的欢乐时光也将随之而来。苗陇九年制学校的潘明慧老师打来电话说，他们七年级（2）班的龙立英的父母终于从东莞回来了，今天杀年猪吃庖汤，叫我陪他去看望。

龙立英家住在离苗陇乡政府约13公里远的翁板村。那里居住的全是苗族，原来还流传了一句民间歌谣来说明那里的情况，"翁板十八寨，寨寨十八户，户户十八人"，人多地少，房少人多。

天气很冷，我坐在潘老师摩托车的后座上不停地打颤，终于到了"嘎斗呀（意为种满梨树的山坳）"。这里不只没有村名里所说的梨树，连草都没有，只有几块早收了玉米却没有重新翻土的玉米地，而且已经是公路的尽头，必须要爬上半坡去才有人家。一路上，潘老师告诉我，这几年，外出的农民回来过年的逐渐增多，不再像以前那样为了节约路费直接寄钱给家里而留在广东过年。但是龙立英的父母却已经三年没有回家了，为了等她父母，把往年常要提前半个月杀年猪的习惯改到现在。

龙立英的家就在村口，走进去，大门前的石阶上还覆盖了一层滑溜的浅绿色的苔藓。一个家族的人正在忙着砍猪肉，分类整理以便堆放或送给各路客人。堂屋里已经清理得比较干净，大门两侧还贴上对联"出外求财财到手，在家创业业兴隆"，看来这副对联是她父母带回来的，寄托了他们全家人的期望：打工的挣大钱，在家的生活好。可能是出门三年才第一次回家过年，来她家吃年猪庖汤的不只是本家族的人，还来了不少父母及祖辈的亲戚，显得也更加隆重而热闹。

龙立英在一间小屋里看电视，小屋里还有六个小孩，是她的弟弟妹妹和亲戚。看得出来，她很开心。平时父母还没有回家的时候，家里就是她、奶奶、弟弟、妹妹四人。她弟弟最小，还没有上学；小妹则在村里上学。由于她最大，家里的事情几乎是她一人干的，当她去苗陇上学时，照顾弟妹的就是她的奶奶了。几个小朋友刚才和大人一起鼓捣猪大肠，弄脏了手，龙立英打了水来，一边给他们洗脸，一边给他们擦宝宝霜，她召唤着他们，"来擦嘛，不然就生冻疮"。她还把小孩子们的手和脸翻过来转过去地看，看他们手和脸上生冻疮的情况，又每个给补擦了一点，俨然是一个小大人。

"平时有奶奶在家照顾我们，但是她身体不好，其实反倒是我照顾她比较多。"她还讲到，"前两年爸爸妈妈不回家，是因为路费太贵。东莞到谷陇（隔苗陇最近的一个大镇，平时有大巴车到东莞）平时350元，但是近年关时人多，价格也涨到七八百元，反正你不坐也有人坐。回家吧，光车费就3000多元，加上其他花费则要花上一万元以上，所以他们就和我约定几年才回来一次，以便节省路费来给家里人买更多的东西。"

看得出，这么一个乖巧懂事的孩子特别能理解父母的苦心。但是，当我打开她放在电视机旁边的一个周记本时，却看到不少"我想哭""我想念他们""我好难过"等字眼。

她跟我们说，虽然父母每次回家只能和她共处约半个月，但这是她期待已久的，也是今年中最快乐的时光，父母回来了，家里往日冷清的状况改变了很多，变得热闹起来，弟弟妹妹们也笑声不断，自己也觉得再没有那么多的担心和觉得压抑了。

"爸爸妈妈回来了，我们全家人又能够在一起生活了。奶奶和我们都觉得有了依靠，弟弟妹妹也不再那么不听话。当然，他们出去赚钱也是为了我们家能过上更好的生活，是为了大家以后有钱上学。对我来说，有没有好衣服，有没有大量的银项圈、银帽子，显得并不重要。我最想的就是回到家来有大人在家里，晚上有人陪我们看电视，有人和我聊天，说说我的学习中高兴的事、失落的事。我只想和他们在一起。每次看到人家有爸爸妈妈在家，家里充满了笑声，我真的好羡慕。当然，这对我家来说，是不可能的事。但是，我希望父母至少能一年回家一次看看我们姐弟一年来的变化，看看奶奶的病情，然后陪我们一起过个年，一起高高兴兴地过上十多天，减轻我们对他们的思念。我的父母总是在春天开始时出去打工，我真希望能把春天留住，这样我就能永远和他们在一起了。"

在与龙立英父母的交谈中，他们对自己过于看重金钱而忽视了孩子希望与父母团聚的渴望深表悔意，认为家里的娃娃更重要，自己再不经常回来看孩子，可能孩子就要废了，等他们长大了会恨死自己。应该在节假日或其他空闲时间回来看望孩子，让孩子开心，让孩子感觉父母在外打工仍然关心着他们，希望他们成才。

"为了孩子，我宁愿自己少挣点钱，也要好好地与他们相处，好好地培养他们"，龙立英的父亲如是说。

父母回家探望留守儿童是对留守儿童教育最有效的激励措施，父母与他们的短期共处会促进他们之间的情感交流，增进亲情，也体现了父母对他们发展的关注和主动满足他们的心理需求。父母与留守儿童共同生活，能对他们进行一定的家庭教育，如教给他们知识，教导他们做人，规训他们的处事，缓解他们的压力，沟通他们的思想，从而为他们的健康成长提供积极的支持和帮助。

二、亲子频繁沟通使留守儿童感受亲情关爱

良好的亲子关系是以父母与孩子之间有效的沟通为基础的，父母与孩子之间在生活上互相关心，感情上互相悦纳，思想上互相交流，一方面可以帮助父母了解子女情况，知晓他们的处境与所思所想，从而消除彼此间的隔阂，及时有效地开展家庭教育；另一方面可以使孩子懂得父母的爱，感受父母的情义，增加对父母的信任和依恋之情，从而理解父母的苦心，乐于向父母敞开心扉，衷心接受父母的教育。因此，留守儿童父母必须充分意识到与子女进行信息沟通的重要性，舍得在与孩子的沟通上花金钱、花时间、花精力；要耐心倾听儿女的心声，要想他们所想，急他们所急，不但要用心听进去，而且要努力思考如何帮助他们解决问题；要理解留守儿童的困难，发现他们的优点，要帮助他们克服他们身上的缺点和不足，调动他们的自主能动性以提高自理能力；要设身处地为留守儿童着想，不能因为自己身在打工地辛苦挣钱而对子女教育和引导有所忽略，要时时保持对他们成长的关注和提供强有力的支持；要始终保持坦诚、认真、负责任的态度来对待留守儿童的问题，让他们感到你无时无刻不在关爱他们，始终饱含深情地热爱和激励着他们。

外出务工的父母可以定期打电话，或者通过网络和孩子视频通话，以及给孩子写信、将自己和孩子的合照放在家里等方式来促进孩子更多地感受到来自父母的关爱。

　　为了准确、真实、及时地获得留守儿童教育信息，了解他们的发展情况，一是要配置必要的沟通工具，二是要保持沟通渠道的畅通。所以，如果父母都外出打工时，要在家里安装电话或给孩子尤其是长子（女）购置手机并要求随时交足费用，以便及时联系。只是一方外出时，负责在家看守孩子的父（母）亲必须经常询问孩子学校有关信息及留守儿童在校表现，并通过电话与外出的一方沟通以共商发展对策。为了保持顺畅的沟通，留守儿童家长不仅仅要从孩子这里探听信息，更要经常向学校教师详细询问孩子的发展情况，特别是发展中出现的问题和困难，并向教师寻求解决办法或建议。一旦留守儿童出现了某些特殊问题，则宁愿中断打工之路也力求要首先解决孩子的发展事务。沟通不只是频繁，还要内容深入、广泛，以便获取留守儿童在家和在校的比较全面的信息。要善于在进行信息沟通时表达对孩子的爱和关怀之情，主动询问孩子的成长烦恼，帮助解决各种问题，让孩子感觉到虽然父母不在身边，但父母的亲情关爱无所不在。以下是笔者通过一位教师得到的留守儿童与其母亲的亲情聊天记录（走出阴影是小孩的网名）：

　　日期：2012-11-12

　　妈妈 22：45：58

　　来了，在家好吗？

　　走出阴影 22：46：05

　　还可以

　　妈妈 22：48：58

　　想我吗，奶奶好吗？

　　妈妈 22：49：03

　　还不休息？

　　走出阴影 22：50：18

　　大家都好。我刚才喝酒了，有点多。现在刚醒

妈妈 22：53：04

少喝点酒，对身体不好，还影响学习

妈妈 22：53：09

喝酒误事

走出阴影 22：53：10

嗯，知道

妈妈 22：53：20

在哪喝的

走出阴影 22：53：44

同学家里

妈妈 22：54：13

能够喝酒了，但对学生来说是不允许的

走出阴影 22：54：54

今天同学家进新屋，是轮流喝的

妈妈 22：55：14

哦，这次就算了，下次可不能这样喝了，奶奶年纪大了，还要人照看呢

走出阴影 22：57：09

唉！一时糊涂了

妈妈 23：01：36

什么时候散客？

走出阴影 23：01：58

明天。

妈妈 23：02：13

要把礼送到，对人家表示祝贺。

妈妈 23：02：46

给你们的钱收到了？

走出阴影 23：03：04

嗯，得了，以前还剩下300。现在学校吃饭不要钱，只和妹妹花

学习用品钱

妈妈 23：03：53

但要吃得好一点，正在长身体。

走出阴影 23：04：21

知道，你们好吗？

妈妈 23：04：49

还可以，就是这几天加班有点累

走出阴影 23：06：49

累了要休息，要注意身体

妈妈 23：07：00

大人没有问题的，只要你们好

妈妈 23：07：45

你打电话给爸爸说你学习的事了？

走出阴影 23：09：22

我还没有，有点怕，怕他骂，但对你不怕

妈妈 23：09：37

为什么呀

走出阴影 23：09：56

主要是他常说我好玩，学习不努力！

走出阴影 23：11：54

成绩出来了，语文56，数学56，英语41，物理49，政治56，历史70，化学23

妈妈 23：12：35

多看点书，你的成绩都接近及格，比以前好了一些

走出阴影 23：13：55

我的成绩还是不明显

妈妈 23：14：00

还可以，老师怎么说？

走出阴影 23：15：12

我都没敢和他说，不敢同他交流？

妈妈 23：15：28

是吗

妈妈 23：15：56

但你不同他说，怎么知道他对你有什么建议

走出阴影 23：16：13

嗯，明天再说吧

日期：2012-11-22

走出阴影 21：37：54

妈妈，教师介绍我们去读卫校

妈妈 21：36：34

如果你愿意，我们支持

走出阴影 21：37：54

可是我不希望读卫校，真不想

妈妈 21：38：11

你想读什么

走出阴影 21：39：45

我想先读高中

妈妈 21：39：57

你能决定的，我只是想让你根据自己的情况来确定

走出阴影 21：40：36

我觉得下学期努力一点，还是有可能的

妈妈 21：41：20

可是你的成绩难以考起高中呀

走出阴影 21：41：32

嗯，但是我认为目前我还是没有尽力

走出阴影 21：42：25

我也知道，我的成绩是有点难

妈妈 21：42：28

我看你懂得很多，学习能不能加点油

妈妈 21：43：20

351减历史政治只有225

妈妈 21：43：42

你加油，考起高中，明年暑假我就回家，带你去旅游

走出阴影 21：43：41

嗯，我也想，但上课时总是喜欢想别的

走出阴影 21：44：17

真的吗

妈妈 21：44：43

考起了，好说

走出阴影 21：45：02

嗯

妈妈 21：45：31

坐火车，不要多少钱

妈妈 21：45：40

最便宜的旅游

走出阴影 21：45：41

费用爸爸能报销么

妈妈 21：45：57

我帮你出吧

走出阴影 21：46：17

嗯，那倒也是

走出阴影 21：46：39

那不行啊

妈妈 21：46：56

但你得考取

妈妈 21：47：58

安下心来学习，考高中应该不难

妈妈 21：48：11

这也是最后的机会

妈妈 21：49：09

你考起了，可以带你到花费1000元左右的省会城市走走

妈妈 21：49：39

住宿同我一起，只要车费、伙食费了

妈妈 21：50：27

但是你得考取哟

走出阴影 21：50：56

如果我考起了，还有爸爸的奖励，我想用那奖励来买台笔记本电脑

妈妈 21：51：23

行，你能考取，就是一个大收获，你爸爸会高兴的。

（资料来源：黎平县平寨九年制学校姜胜祥）

从这些聊天记录中，父母在外获得了留守儿童的一些在家信息，对孩子的失范行为表现理解，但更多地给予耐心的指导和帮助。在信息交流中要给予孩子更多的激励，虽然有时不免于物质刺激的俗套，但盼望子女成长的心情及其理解、尊重孩子的选择，对子女的发展期待形成了一种充满爱意的动力支持。

三、让孩子到打工地团聚增进亲子理解

为使孩子得到父母相应的照料，享受天伦之乐，也增加与孩子见面交流的机会，父母可以让孩子在放假时来打工地团聚。同时，通过到打工地来看看，也让孩子直观感受父母的生活、工作环境与工作的内容，特别是让他们切身感受父母为了给他们创造更好的生活而甘愿忍受这些恶劣的工作条件、艰苦的生活环境的良苦用心，体会父母的辛劳，了解生活的不易。从而让他们更深切、更直接地体会到父母离开他们是一种迫不得已的选择，父母深爱着他们，也不想离开家，更不想离开他们，使留守儿童增进对父母的理解，也使

他们更加勇敢和独立，更加加倍努力学习以回报父母的恩德。另外，让留守儿童前来父母打工地与父母团聚，也是一个让长期留守山乡的孩子走出大山，到外面的精彩世界走一走，看一看，让他们见见世面，进一步拓宽他们的生活和知识视野，与广阔世界进行接触的好机会。

去城市里"逛了一圈"的"候鸟"

黎平县肇兴乡肇兴侗寨，是一个著名的侗族旅游胜地。当炎热的暑期来临，外面的观光客纷纷来到这群山怀抱之中的侗族村落以暂时躲避酷暑时，隔肇兴不远的纪堂村的孩子们却出门了，他们要到广东、福建或者浙江等沿海地区去，"迁徙"到那沿海的城市与父母团聚。他们年轻的父母都在外地打拼，留下儿女在老家读书，每逢暑假，留守儿童们才在父母的要求下到打工地看望父母，与父母短暂相会。

孩子们从偏僻的内地去遥远的沿海并非易事，他们得先从肇兴坐车到黎平县城，然后转乘大巴去沿海，这样用时14—18个小时，可能每人要花800元；或者是从肇兴到邻近的从江县的洛香镇坐车到凯里，然后改乘火车，需要花20个多小时，虽然费用仅需400元，但比较麻烦，又不安全。

今年12岁的陆树芬，在纪堂小学读六年级，往年父母都在广东一带打工，只有到春节时才会回家与她团聚。但今年过年后，父母听说到浙江打工要轻松一些，且工资待遇比较高，于是父母辗转来到浙江省宁波市的一个制衣厂。由于老师经常要求家长要注意留守儿童教育，要与孩子多交流相处。因为长了这么大，还没有出过门，所以父母要求她和哥哥在这个假期里到浙江团聚一次。

她和哥哥从凯里坐火车到宁波时才早上五点，天还没有亮。可能因为半年不见，或者是想到父母熬夜在车站苦等，看到父母的那一刻，陆树芬的眼泪就哗哗地流了下来，母亲也哭了。

近30天的暑假，陆树芬和17岁的哥哥就一直暂住在宁波父母租的"新家"里。而在这之前，她连村都很少出过，去的最远的地方就是肇兴乡街上赶场。父母住的地方虽然只是简陋的城中村，但不远处就是平时只是在电视上看到过的高楼大厦。她还看见飞机在自己的头上飞过，噪声特别大，自己虽没能亲身体验坐飞机，可是也让她很兴奋。

父母在宁波的"家"就在打工的工厂旁边，是用水泥板、石棉瓦临时搭建的不足20平方米的简易房屋。这里却要住一家四口，幸亏东西很少。"家"里仅有两张床，一张权作饭桌的纸箱，几个小塑料凳子，炊具再加上因为他们的"光临"而新买的二手电视机，这就是父母的全部"家当"。平时，由于工厂附近常有车辆来往，害怕发生意外，陆树芬兄妹只能待在家里做作业，累了才看会儿电视。父母有空时，才带他们到街上去玩。

在宁波的日子里，父母下班时，带她去看了雅戈尔动物园，让她见到了各种稀奇古怪的叫不出名字的动物，多数在课本里也没有见过；还引她到码头去，看到了那个课文中常说的"一望无垠的"大海，亲眼认识了轮船，还有上面堆积如山的集装箱。在宁波街上闲逛时，陆树芬的爸爸还专门给他们吃上了街边热气腾腾的汤圆和小笼包，这是在家乡无法吃到的美味……

父母每天早出晚归，多数时间还是兄妹俩煮好饭等他们回来全家一起吃，但陆树芬还是觉得喜欢这里的生活，虽然吃得也没有学校的营养午餐好，但是看着父母吃自己做的饭菜，她觉得心里踏实，高兴。

虽然上班时间比较紧张，但父亲早上睁开眼睛的第一件事就是问陆树芬今天想吃什么，而且不管下班多晚他也要设法买回来。陆树芬后来对我说，"爸爸总是对我说，你第一次来宁波，有什么要求就提出来，爸爸尽量满足。可能是因为觉得自己多年来都没有能长期与我生活，不能亲自照顾我而觉得有点内疚吧。"

因为快要开学了，陆树芬和她哥哥像"候鸟"一样"迁徙"到宁波与父母一起待了一个月并"逛了一圈"后，不得不踏上了归程。母亲把他们来回的路费和在宁波的生活与观光费算了一下，将近

4000元。在妈妈说有点可惜的时候，爸爸说了一句，"见到孩子，多高兴啊，这是多少钱也换不来的，你存钱还不就是为了孩子？"

父母坚持把他们送到宁波东站，欢聚的幸福时光总感觉特别短暂，全家人在恋恋不舍中都落了泪。陆树芬心里也难过，但想到能争取明年又来这里时，还不由得激动了一阵。

当我在秋天里见到陆树芬时，"小候鸟"说，比起老家，宁波好一点，方便一些。当我向她提问是否愿意再去宁波时，她很直接地回答"去一趟太不容易了，但还是很想去，最重要的是见到爹妈，看见城市"。

（2013-9-12，黎平县肇兴乡纪堂村田野调查日记）

很明显，从留守儿童方面来讲，留守儿童对这种与父母团聚的生活是充满向往的，虽然仅是短短的时光，但却能极大地满足他们与父母共同生活的心理需求，也能让他们圆了城市观光梦。在父母的心中，他们也同样认为，能与孩子短暂相处可以帮助自己缓解对孩子的愧疚感，让自己稍微弥补对留守儿童的情感缺憾，给自己一个亲情补偿的机会，也使自己更加安心工作；同时，可以给孩子看看外面的城市，亲眼看下父母的生活实际而增进与父母的感情，在相处中相互沟通和促进彼此理解，从而更加勤奋学习。在父母的心底深处，自己外出务工不正是为了孩子的学习和生活，为了孩子不再像自己一样受苦，有一个更好的前途而付出努力吗？

第七节 家庭汇报承担教育责任

家庭汇报是留守儿童家庭向教师报告情况或者回复教师询问以便双方比较全面地掌握留守儿童的发展信息，及时发现存在的问题和困难，互商应对措施以促进家庭更好地参与留守儿童的学校教育的一种方式。学校教师面对的是全班乃至全校的留守儿童群体，人多面广，情况复杂，考虑的事项、因素及策略难以周全。所以，家长或临时监护人、留守儿童兄弟姐妹向教师汇报留守儿童发展情况或认真回应教师的询问，可以及时获得教师的有力支持和帮助，教师也能够及时针对留守儿童教育问题提出改进工作的积极措施。当留守儿童家庭向学校教师汇报或回复教师询问时，体现了他们对留守儿童监护承担了积极的责任，不再是直接将留守儿童教育的任务尽数交到教师手里，将留守儿童的发展希望全部寄托在教师身上。家庭和学校之间是一种信息交互、相互参与、相互支持的关系，留守儿童教育有了家庭的参与，家庭得到了学校的教育和支持，二者构成了较为密切的教育合作关系，体现了在留守儿童教育上的责任共担。

在丹寨县，雅灰是最边远的乡镇，三都、雷山、丹寨三县的交界处，辖9个行政村，53个自然寨，41个村民小组，2012年初共有2016户7304人。乡内居住着汉、苗、侗、水、彝、瑶族等民族，少数民族占总人口的84.6%。雅灰乡也是丹寨县最为贫困落后的农业乡，这里的人均耕地面积仅有0.76亩，降雨少，农田缺乏灌溉条件，农业收成差，多数时候就是乡内人畜饮水也较为困难，多数人往往在通过打工来缓解家庭的困难生活。这么多人外出打工，留在家里上学的孩子则成了留守儿童。

从这里到县城有65公里的路程，但山高、弯多，坐汽车要两个多小时。原来的雅灰中学有学生320人，教师20人，但已经撤掉了，学生被全部合并到丹寨三中就读，而教师则被重新分配，在丹寨各县城中学及乡镇中学、雅灰小学或教学点都有他们的身影。学校撤并对教师的影响比较大，不少人的工作环境一下子从中学变成了小学，其心理落差可想而知。对于学生来说，却是一下子从山旮旯跳到了条件更好、人气更旺的县城来上学，好像应该是可喜可贺的吧，但是，从合并的那天起，雅灰乡从乡下转到城里上学的学生中却有不少人选择了辍学。

陈仁凡就是人数不少的厌学（辍学）学生中的一个。陈仁凡的家在翁帮村，位于雅灰乡与三都县交界处的大山里，交通极为不便，进村的简易公路是刚通的，但大雨冲掉路面铺的细沙后，这条路上就变成坑坑洼洼的了，只有本村人因为"熟悉路"或"非走不行"而成为这条公路的专门用户，外面的人是很少去的。陈仁凡的父母在江苏省苏州市的一个电子厂务工，从学校由雅灰2012年9月撤迁到县城——龙泉镇后，他也随迁成为丹寨三中初二（×）的学生。但是从初二上学期开始，陈仁凡就经常与同乡的几个"感觉学习没有意思"的同学旷课到丹寨县各乡镇游玩、闲逛，但多数时间是待在家里。他的父亲从陈仁凡现在的班主任那里听说自己的孩子不上学而在家里"混日子"，三番两次在电话里苦苦相劝都宣告无效后，只得向陈仁凡过去的班主任蒙老师求救。

一大早，我和蒙老师骑上摩托车从雅灰出发了，开了约40分钟，就进了那条进翁帮村的简易公路。蒙老师还特别招呼我要坐好，摩托车在路上起伏不定，而左边就是一个陡坡，下面是极深的山谷。沿着这条蒙帮村人"专用"的村级公路大概走了4公里，然后上坡到一个山坳，翻过这个坳口，就看见了隐藏在竹林里的蒙帮村。蒙老师在村口找了一户人家，把车停在门前的水泥地上，然后回来叫我到陈仁凡家去。

走进陈仁凡家时，他爷爷正在门口剥玉米。可是不巧，陈仁凡不在家，我们白来了。但陈仁凡的爷爷倒是比较客气，给我们让过座后就开始做饭。蒙老师虽然客套地推托了一下，但水族的习俗是客人进家来却让他们空着肚皮回去是极不礼貌的事，就算你刚吃过了饭，主人也会给你煮饭，哪怕你只吃一小口也行。

在他爷爷做饭的时间，我和蒙老师进了陈仁凡的卧室。一进那个靠近大门右侧的小屋，很窄，摆进床铺后就只剩下一小点地方放着一个小床头柜，柜子下堆着几双鞋。在这么小的空间里，床里边木板墙上钉了两颗钉子，拉了条绳子挂衣物。床上很乱，堆有一些看起来是穿脏了还没有来得及洗的衣服，枕头边有几本过期的《故事会》。在陈仁凡的小屋里，蒙老师给我说起了陈仁凡的事：

陈仁凡从小学升到雅灰中学读初一时，成绩就很差，听说语文和数学总计才考了23分，但现在义务教育不准留级，也不准开除学生，反正就让你读完九年毕业了事，然后给你发个毕业证书，算是强制性地学完了所有课程并具备初中毕业的文化程度。

在雅灰时，陈仁凡可能是刚进初中，还有点学习热情，也算是对初一的学习有那么一点好奇心吧。一学年下来还比较老实，成绩不好，但是他不旷课，不早退，也没有见到违犯什么特别严重的校纪校规，这就不错了。现在家长大多出去打工，留下这些孩子在家给爷爷奶奶带，调皮捣蛋的很多，抽烟、打牌、喝酒的，都有。还有不少偷鸡摸狗、收保护费、谈恋爱的，各种各样的人，社会上看到的各种好的、不好的，在留守儿童身上都能够看见。

以前，他爸爸也给我说过，陈仁凡读小学时基础比较差，进了初中后也不可能有多少改善，能够让他读完初中，再去打工也就不错了，从来就没有怀有过高的期望。但是，对一个老师来说，只要你当他的老师一天，就得认真教好他，让他做一个好人，我们不可能把每个人都教成钱学森，那是不可能的事。但作为孩子的老师，我们的底线就是不放弃，不忽视，公平对待，让他们都成为一个对社会有用的人。

现在到了三中，我现在重新接手一个初一的班主任工作，已经不是陈仁凡的老师了，但是因为我过去在雅灰当过他一年的班主任，而且这个孩子好像还比较怕我，对我也算是信服，所以他父亲又希望我来做他的工作，我也尽自己的力量，但也不敢保证能够做得到。他爸爸给我说，陈仁凡从进三中后，开始与那些一起从雅灰合并过去的几个不认真学习的人往来，那几个可能早就没有学习兴趣，一天就在丹寨街上瞎闹。然后几个人天天在一起表达对学习的失望，表示再学下去也没有多少意思，还不如大家在一起寻点开心。于是他们经常哄骗家长寄钱来，然后不是到附近乡镇玩耍和游乐，就是回家来住上几晚后又觉得在家也没有意思，又回学校去住上几夜。与几个所谓的"狐朋狗友"一来二去厮混，陈仁凡也就更加没有上学的兴趣了，反而觉得现在先潇洒几年，等拿了毕业证后再去打工。就这样，学习不好，厌学，旷课，混日子……成了他的在校生活。当然，他爸爸也对我们寄予了很大的希望，希望能够说服他继续上学，至少不要像现在这样乱混下去，害怕出更大的问题，只要回到学校里去乖乖上课就好了。

（2013-9-4，根据录音整理）

从雅灰回来后，我也常常会关心陈仁凡的近况，但始终没有什么消息。有一天，他父亲打来电话说，蒙老师后来又去他家了，并说服陈仁凡不再游荡，回学校上课去了，他对我说了蒙老师的"神奇招数"：

蒙老师真可算是"三顾茅庐"了，几次到我家，才见到陈仁凡。他第三次来的时候，陈仁凡还躲起来了。蒙老师可能发现是陈仁凡不敢见他，于是假装走了，然后半路再折返回来，而我的小孩也以为老师走了就出来了，终于和陈仁凡见上面了，并认真地进行了掏心窝的谈话。

见到蒙老师时，陈仁凡直接跟他讲，实在是读不下去了，老师讲的基本听不懂，作业也不会做，就请老师不要在他这个"烂摊子"上浪费时间和精力了，还是麻烦您把这些时间和精力花到更有意义的人那里去吧，就不要再动员和劝我了。但老师却问他，你算一下，今年你多少岁。陈仁凡说15岁了。蒙老师就询问他，你15岁了，按我们农村的常规，到22、23岁你肯定会找对象，结婚吧？陈仁凡点头说是。那你结婚后会生小孩，生小孩你让不让他读书呢？他说肯定要让小孩读书，不读书怎么行？蒙老师进一步询问说，如果你的小孩跟你说，读不下去了，实在不想读了，那你怎么办。陈仁凡说，那只能逼迫他读，不读下去不行。见到这种情况，蒙老师就接着问他，那现在你爸爸逼你去读，你不是也不愿意去读书了吗？陈仁凡可能是自觉理亏，就不肯讲话了。

老师再继续对他说，我也知道你学习不好，学习不好也不单纯是你的原因，现在又不准留级，你成绩不好是从小学开始的，基础本来就差，补救起来比较困难。基础差，听不懂，也不要紧，只要你去听，还是有收获的。在你没有上初中之前，连有无英语这门课，你都不知道，你就更不清楚英语这门学科里面具体有什么内容了。那现在你学了英语，你会了多少？他说，真的不会。但蒙老师马上说，莫非你读了英语后，还不知道 ABCD 等 26 个字母？陈仁凡说，这个简单，我还是学会了的，我可以写给你看。看来，他对这英语中的 26 个字母的读写还是很自信的。于是蒙老师就说，那不就得了，证明你还是有了进步的嘛。如果你没有读过初中，那你就不知道有英语课，也不会知道 ABCD 的大小写的。你看，你还是成绩差的，你都知道了，你不能说你什么都学不会呀。而且，学习和考试并没有多大的关系，分数虽然不高，但你还是学习了不少东西的嘛。蒙老师还问他几个简单的英语单词，比如脸（face）、电灯（light），他都能够回答。

蒙老师对他的表现还比较满意，认为他还是懂了不少知识，还对他说，你读到初二，就增加了一门物理课，这门课程你学习了什么？陈仁凡说，有力的相互作用、惯性等。蒙老师就开导他，如果你上到初三，你将学习到一门新课程——化学。初三的化学只有一本书，内容少，万一你读到化学时，你突然间对化学有兴趣，喜欢学习诸如化学反应、分子式等知识，对化学试验也有悟性，那么你成为化学家也未可知哦，我们可能还会用上你通过化学实验制造出来的各种商品哪。不上那座山，肯定不会唱那首歌。你去上学，有没有学会，能不能写出来，那是一回事，听不听得懂，是另外一回事。比如，化学，你用的化妆品，家里用的化肥，过年时所放的鞭炮，打仗的火药，都是化学品根据一定比例配制出来的。如果老师讲什么东西，你马上就能听得懂，那你是天才。但万一打起仗来，你学过化学，才清楚子弹、炮弹怎样、怎么使用哦。看来，老师讲的，他听进去了。在我家里吃过晚饭，当前晚上就跟蒙老师骑着摩托车回学校去了。

（2013-9-13，根据录音整理）

没有家庭汇报，没有家长与教师之间相互的信息交流，假如家长缺乏参与留守儿童教育的意识，不发现留守儿童存在的问题，不分析出现这些问题的成因，不从老师那里得到建议，获得帮助，那留守儿童教育问题只会是越来越严重，这些问题所造成的恶果将越来越难以收拾。因此，家庭及时向教师反映留守儿童教育的各种情况和问题，主动参与留守儿童的学校教育，积极与教师合作，共同研讨搞好留守儿童教育与管护的对策，一起承担留守儿童教育的责任，这必然会使留守儿童所受到来自环境的不良影响大大降低。每个留守儿童家长要面对其孩子个别的教育问题，学校教师要同时面对班级里的所有孩子，没有汇报，没有质询，就不能共同商讨留守儿童教育问题的解决办法，难以体现教育中的责任共担。

第八节 | 家长间经验交流共享管护经验

留守儿童家长之间相互交流经验，共享留守儿童教育管护的有效做法或措施是家庭间接参与学校教育以为留守儿童更好地接受教育提供支持的重要手段。留守儿童各自具体的家庭环境可能有所区别，但不能与父母共同生活，难以同时受到较好的教育管护这一基本生活处境是相似的，留守儿童家长（包括父（母）亲或临时监护人）结合家庭特点，探索和总结的一些在留守儿童教育管护方面产生一定积极成效的经验对别的留守儿童家庭具有同样的借鉴意义和参考价值。

黔东南农村除了近三个月的农忙季节各个家庭忙于犁田、播种、插秧或收割、打谷、晾晒外，留守儿童家长多数时间均可抽出时间与其他村民一起聊天、赶场或走亲访友询问各自的留守儿童教育管护情况，交流管护经验和心得体会，总结一些比较有效的教育管护方法。留守儿童外出打工的父母双方或一方在紧张的工作之余也可利用休息时间向同事、老乡、亲友等询问其孩子的在家管护情况，咨询有无可以借鉴的好经验、好做法，从而推动大家共同商讨更加合理、有效的教育措施，彼此借鉴、共享一些改进留守儿童教育，更好地参与学校教育的方式、方法。

报效村皆薅寨是台江县老屯乡的一个苗族村落，地处苗岭腹地，四周大山怀抱，密林苍翠，巴拉河在这里拐了个弯，将皆薅寨塑成了一个半岛。皆薅寨所在的就是一个小山包，村寨里的各户人家依山建起了错落有致的吊脚木楼。随着外出打工的人收入的不断提高,村里也出现了越来越多的外面贴着白瓷砖的楼房。这里也是著名的"世界上最古老的东方情人节"——"苗族姊妹节"的发源地,民族风情浓郁。森林葱郁、溪水清澈,风光旖旎,真算得上是深山中的一处"世外桃源"。皆薅寨是报效村的"政治、经济、文化中心",这里是老屯乡报效村村委会所在地,也是周边各村寨去老屯赶场、去县城办事的交通换乘点,报效小学就设在村里一块较平缓的地上。

皆薅寨有164户人家,全部是苗族。这里的人们基本上都常年到外地打工,最主要的务工地是沿海的广东、福建、浙江、江苏等省。除了这些人外,部分在家的农户还选择在每年的10月至次年4月到广西砍甘蔗,这也是老屯乡那些因家有老小而无法长期外出的人,既不让田地撂荒而收获口粮以稳定家庭经济,又能挣到务工钱以提高家庭收入的一种广为当地人接受的短期外出务工方式。10月初,我第一次来到这里选择调查对象时,就在报效小学对面的小超市看见一份"甘蔗信息"。甘蔗信息写道:"我于10月2号—8号到广西北海片区,为我县甘蔗民工考察甘蔗。总的情况是:今年甘蔗比去年都好,数量也比去年多。但今年受两次12级台风影响:浦北、南康、十字路、福成、张黄、北海、飞机场、三合口靠海边一带的甘蔗倒得很厉害、很乱。乌家、星岛湖、沙岗、西场、钦州、防城区影响不大,倒的甘蔗很少,而且倒而不乱,甘蔗比前几年都好,也很好做活。有部分糖厂考虑到我们的困难,经我与糖厂协商,同意给报销车费。开榨时间:11月20日左右;上车地点:台江县汽车站。电话:151856127××龙坤。2012年10月。"

报效小学的杨华校长、张长江主任通过对本校的一些留守儿童进行了解后,觉得皆薅寨的部分在家负责管护留守儿童的老人有一定的体会,也积累了某些有一定借鉴意义的留守儿童教育管护经验,建议我到皆薅寨就留守儿童管护经验进行调查研究,以更深入地对经验进行总结。于是,2013年3月27日我第二次来到皆薅寨,在报效村各村寨之间所进行的田野观察中,已经极少看到青壮年,走进各家各户基本上不是老的,就是小的。还在报效上寨看到了去年张贴的、已经变色发黄且有小学生在上面乱写乱画过的"车讯":为方便台江广大农民工朋友赴广西务工(砍甘蔗),给农民工朋友提供一个安全、有序、舒适、温馨的乘候车环境，我单位本着"提前准备、提前安排、服务方便于农民工"的原则，直接联系调派客运车辆进站进行有序输送，欢迎农民工朋友进站购票乘车。联系人：王方凯（189085541××）、欧强（133124212××），台江汽车站，2012年10月16日。本村农民不是在年后返回沿海地区打工，就是仍然在广西砍甘蔗还没有回来，家庭里只有在家看护孩子的老人和留守儿童。在他们的帮助下组织了皆薅寨的五位在子女外出务工后在家照顾留守儿童的老人和一名留守妇女，进行经验交流。以下为会议记录：

时间：2013年3月28日下午4：00—5：30

地点：台江县老屯乡报效小学工会活动室

参加会议人员：

李婆婆（女，68岁，女儿女婿去砍甘蔗，在家管护外孙和外孙女各1名）

张婆婆（女，72岁，儿子儿媳年后去福建，在家管护孙子2名，孙女1名）

张大爷（男，68岁，儿子去砍甘蔗，与儿媳在家管护孙子、孙女各2名）

邰婆婆（女，66岁，儿子病故，儿媳在外务工，在家管护孙子2名和外孙女1名）

杨婆婆（女，61岁，儿子在东莞打工，与孙子2名在家生活）

李姐（女，44岁，丈夫外出砍甘蔗，与上初中的大儿子、上小学的小儿子及女儿生活）

杨华（男，报效小学校长）

主持人：张长江（男，报效小学教务主任）

会议记录：杨建忠

会议内容：

一、张长江介绍参加会议的人员，说明会议目的是为了推动留守儿童家长之间的教育管护经验交流，请大家相互介绍各自的留守儿童教育管理问题、困难及取得的经验。

二、家长围绕问题互动探讨，交流经验

问：你们家里都有人到外面打工或者是去砍甘蔗了，孩子在家里表现好吗？

李姐：大儿子大了比较懂事，会关心人了。但两个小的太调皮，感觉到没有办法。

李婆婆：两个小孩会帮我做活路，女孩天天洗碗、扫地，男孩给我砍柴、打东西，倒是比较乖巧，但学习成绩不好。

邰婆婆：可能是爸爸死了，两个孙子现在对学习不感兴趣，经常还在哭闹要爸爸，其中一个说要尽快长大去打工挣钱给我买好东西吃。外孙女的父母也去打工了，倒是比较老实，听话。

张婆婆：孙子很调皮，简直是没有办法。

张大爷：我和儿媳对孙子孙女管教很严。但孩子更听妈妈的话，我说的话经常当耳边风，调戏我。但成绩好像还可以，在家也不敢看电视，除非他们妈妈批准。

杨婆婆：两个孙子晓得大人的辛苦，比较努力学习。但我不会指导，数学可以，语文太差。在家也不太听我的话，看电视很多，爸爸常在电话里骂，但没有用，也不知道怎么控制他们看电视，除非没有电或收不到台。

大家问张大爷：怎么才能管理小孩看电视？

张大爷：其实我比较宠小孩，主要是儿媳比较厉害，常威胁小孩说，周末才准许看电视，谁敢偷偷地开电视看，就打断手，不准吃饭。过年时，儿子送了三千元回来。儿媳就说，谁的学习好，过姊妹节时就给买新衣，给穿戴银饰参加游行。另外，她还发明了一种方法，就是每天布置固定任务，女孩打扫卫生，男孩要去砍柴、劈柴。所以每天放学回来后，他们都要先完成各自的家务事，然后才做作业，等我煮好饭后，要他妈妈允许了大家才开饭。看电视时，年纪大的要照顾小的，不准看电视剧，防止他们上瘾。假如我也在看电视，他妈妈就要求小孩要先征求我的意见，如果我说就看那个吧，一般都不再换台。我们家的环境是比较开放，大家相处融洽，相互逗笑，可能好多人以为这样是没大没小，但也难得高兴，何必搞得很拘束？他们还是比较孝顺我的，我也对儿媳的这种管理方式比较赞赏。总之一句话，是他们的妈妈严格要求，比较厉害。

李婆婆对让留守儿童参加劳动有一套，管理的小孩子比较听话，所以问她具体有什么绝招？

李婆婆：他们的爸爸妈妈不在家，我的身体还可以，可以做不少活路。但是我就是要让他们晓得大人的辛苦，总是跟他们说，大人为什么要出去打工？还不是为了给你们赚钱，还不是让你们有个好的条件，为了让你们学习好，有出息。我平时不给他们零花钱，我都在赶场天去老屯批发一些豆腐干、糖或者饮料，放在家里，自己先藏好，等到时候了再拿出来给他们。比如，今天大家一起去抬柴，去挖红苕，回来后就给他们每人发一袋或倒一杯。其实，他们也看得见的，我从来不吃，总是拿给他们吃，关心他们，他们也知道父母出去了，我一个人看着他们，也很不容易，所以尽力帮助我做一些力所能及的事情。小孩嘛，不要让他们懒惯了，以后再想让他变得勤快起来就难了。

问：大家觉得学校和教师对留守儿童怎样？

张大爷：我的孙孙们学习很努力，听老师的话，老师讲的话是最管用的。以前我叫他读书给我听，但他不怎么热心，但这个学期，老师要求孩子在家里要经常背诵课文，所以他们经常让我拿着课本监督他们背诵，还让我给他们看考试成绩，因为他们成绩好，所以比较喜欢拿出来想听我的表扬，所以我也特别注意让他们高兴，看他们怎么学习。我的两个孙子和我睡，有时作业太多，做得比较晚，但我担心他们怕鬼，一般都陪着。其实我认不了几个字，也不懂这些东西，但我会坚持陪着他们，看到我督促检查，他们也做得比较认真。不像有些留守儿童回家哄大人说，没有作业，然后就看电视、玩或者早早睡觉。我有一个侄女在施洞小学（注：学校在台江县的一个大镇上，跟报效20公里）教书，我上次去施洞时，还从她那里拿了几本辅导书来，让他们多做练习，多做作业，这样可以让他们多学习，多复习。

李姐：两个小的太调皮，学校应该多要求他们必须做作业，不然不让读书。我又是文盲，不懂这些东西，没有办法辅导。这个学校有没有办法？

李婆婆：学习上老师要给帮忙，家长没有办法。生活上过得可以了，现在中午在学校吃饭，家里减轻了不少负担。老师还是要严格管教学生，特别是这些父母出去打工的，我见到很多人都很顽皮，在大路上都不怕车子，不怕危险，所以学校要警告他们不要在公路上玩，回家要听爷爷奶奶的话。

邰婆婆：家里条件不好，妈妈又去打工，女儿女婿每月给寄钱来，加上农村低保，勉强能够生活。他们的妈妈出去后，有好长一段时间没有消息，让家里人挺担心。现在几乎是一两个星期才有一个电话，她的文化低，工作肯定不好，收入不高，也没有钱寄来。但两个孙子在班主任的帮助下得到了困难补助，老师也给找了好心人来资助他们学习，每人每学期给400元。（指了指杨华校长）上个月，开学前校长和老师给他们购买了生活用品、纸笔，又送来200块钱给开学，我很感激。如果学校能够继续给这些支持的话，孩子们会更加安心学习。

张婆婆：孩子的父母在福建的运动鞋厂打工，每个月收入6000元左右。但我老了，对小孩有时也照顾不到。孙女还乖，两个小子就不怕我，只有反复叫他爸爸打电话来威吓。希望学校老师要教育他们听老辈子的话，不要太闹了。

杨婆婆：我觉得孙子们最主要的问题是看电视，有时吃饭时也盯着电视，所以我很生气地敲打他们的头，或者直接走过去把电视关掉。孩子们现在喜欢学校，可能是因为成绩好一点的原因。如果学校也安排他们和那些在学校住的学生一样上晚自习就好了。

杨华：今天大家反映的比较困难的问题集中在学习没有人辅导这一点上，说明这是一个突出的问题。我这里有一个建议，不知道行不行得通。我有一个亲戚也在浙江打工，留下两个孩子在排羊，成绩都还可以，有一个每年都是三好生。他们家的情况也和大家差不多，但是他们的父母主要是通过电话来辅导。比如每天晚上某个时间是下班时间，父母有空时，孩子就打电话过去问。其实现在多数家庭都有手机，可以把两个手机搞成亲情号码，一个月交三块钱就可以打600分钟左右。你想，平均下来每天都可以打20分钟，孩子就利用电话天天向父母问学习的问题，同时也可以加深父母与孩子之间的感情。当然，假如父母也不会，那我保证以后让班上每个同学都有班主任的号码，当他们有不知道的题目时可以直接打电话向老师询问，家长也可以问老师。

问：留守儿童在家想父母吗？怎样才能解决孩子的亲情缺乏的问题？

李婆婆：孩子肯定是想爸爸妈妈的。我对他们爹妈的要求是，不要怕花钱，要多打电话回来，等你把钱节约下来，可是与孩子的感情不好，不亲热，你有再多的钱，也没有多少意思。

张婆婆：我们家两个人一起出去，前几年孩子小，还经常回来，但后来小孩大了一点，就怕花钱，节约路费，三年都没有回来过，电话倒是时常有，但不见个面怕是不行。所以，我要求他们每年都要回来过年，与孩子多在一起，带他们去赶场，带他们去玩。你看，去年过年的时候，在我的一再要求下，回来了，觉得他们的孩子也很想和爹妈在一起，回来才有感情。特别是过年，没有父母一起过年，孩子们就觉得比较冷清，也觉得过不过年都无所谓。好了，你看，现在最小的那个，就开始问起我什么时候过年来了。所以，还是过年与孩子在一起，有很大的作用，大家都高兴，放的鞭炮就很多。

杨姐：真的是这样。这两年我丈夫都是过年前去砍甘蔗，不能与孩子过年。过年觉得不怎么热闹，孩子也感到很遗憾、失落。

邰婆婆：我们家是没有这种福气了，他妈又不知道在哪里，过年也不回来。孩子说想妈妈，我就对他们说，你们的妈妈在外面为你们存了好多钱给你们上学，只有你们好好读书了，她才肯回来。

张大爷：我们家要好一些，因为有妈妈亲自照顾他们。我力气也还可以，过年可以给他们杀鸡宰鹅，但过几年后就不知道了，等他们长大一点，会理解爸爸的苦心的。电话比较有用，我儿子经常打电话来，他们的妈妈就叫每个孩子都要和爸爸说上几句话，这样孩子和父亲的感情自然上升。他们知道父亲在外面打工辛苦，也了解母亲在家的辛劳，因此比较珍惜家庭生活，比较和谐。

留守儿童家长彼此之间相互讨教、争论、商量，交换意见，取长补短，不仅在日常监护中更加讲究留守儿童的吃穿，注重他们的安全，也更加留意和增进留守儿童的学习辅导、道德品行、心理情感等方面的家庭教育。从而不断提高家庭参与学校教育的责任意识和能力，努力改善家庭教育环境，优化留守儿童的家庭教养。

第九节 | 留守儿童家庭在管护中彼此互助

对遍布于黔东南苗寨侗乡的留守儿童来说，父母双方或一方外出务工，使他们的生活得不到很好的照顾，在家里往往是有啥吃啥，能吃饱肚子就不错了，身体发育受到了一定的影响；在日常生活中不能得到很好的监护，衣食住行和安全保障受到潜在威胁；没有经常与父母双亲交流，不能得到他们的关怀和情感支持，缺乏亲情又没有倾诉对象，还时常为在外的父母的安全和健康操心，心理健康受到影响；缺乏良好的生活和学习指导，与其生活的父（母）亲或祖辈监护人经常感到在教育管护上力不从心；多数留守儿童的监护人没有与学校教师及时联系，积极求助，没有主动参与留守儿童学校教育的意识，不了解留守儿童教育的具体情况，不能得到学校的教育关怀。留守儿童家庭之间主动合作、积极互助，共同解决一些留守儿童教育和管护中的困难，合力抵抗和降低留守儿童的成长风险，会对缓解留守儿童受到的这些不良影响具有一定的作用。

家庭在留守儿童教育上面临的困难主要体现在没有能力辅导学习、在生活照料和孩子管教上乏力、干农活与接送孩子冲突、没有人帮忙和没有时间照顾孩子等方面。同一村寨、同校的不同留守儿童家庭之间通过在生活照料、学习指导、孩子看管、安全督促以及留守儿童的人际交往中相互提醒、相互协作、相互支援、相互帮助、相互照看、共同管理，能够在某种程度上解决留守儿童教育中的一些困难，缓解"留守"这一不利处境对留守儿童的影响。

留守儿童教育的家庭互助其实就是邻里之间在留守儿童教育管护上的相互扶持、相互关照和互助。它遵循就近便利、自愿互助的原则，在农忙时节安排专人管理留守儿童，负责与学校联系和接送孩子。在平时则在留守儿童教育上相互提醒、相互督促、相互照应、合作互助，彼此在留守儿童的生活上相互照料、学习上相互指导、安全上相互提示，一起消除留守儿童的安全隐患，提供一些应急性的生活照顾等，共同促进本村、本校留守儿童的健康成长。

一个村庄的留守儿童教育互助行动

滚水村是我的家乡，也是无数次的田野调查中反复来回的一个苗族村寨。村里近三百户人家，百分之八十以上都有人在外面打工。在村里的石板路上走动，各个角落里都能看到留守儿童在玩乐嬉戏。在与外出务工的父母的交谈中，最熟悉的话就是，"没有办法，只得留他们在家里，希望他们好好学习，不要再受打工之苦。"

在滚水小学的校园，从孩子们的穿着、双手就可以基本无误地辨明他们的身份。衣着洁净、头发梳理整齐、手也洁白的就是有父母在家照顾的，而那些衣衫不整、满脸黑灰、手上指甲长而肮脏的无疑就是那些父母双双外出，与祖辈生活乃至由哥哥姐姐照看的留守儿童了。

村长告诉我，有母亲在家的留守儿童的情况相应地要好一些，但父母都出门去的就可怜了，这些留守儿童大多数没有人照顾，没有人怜惜，没有人管教。虽然他们的父母出门时也会要求祖辈细心、体贴地照顾他们的生活，讲究他们的衣着，注意他们的安全，但是老人们能够给的不过是一口吃的而已，而这些孩子也特别调皮，尤其是高年级的，村里所发生的入室偷窃、打架斗殴、翻墙越院等事情，多数都与他们有关。

面对留守儿童的这些问题，村里也采取了一些留守儿童家庭之间的互助措施：

留守儿童主动求助。村里比较重视留守儿童教育管理问题，积极争取到贫困农村道路改造工程，将村寨中的石板路改装了防滑设施，将土路进行了硬化；在村民大会或村里的"大喇叭"里要求留守儿童要主动向村里的村长、组长或周围的大人反映自己的困难和问题，并要求他们向自己提供帮助，避免造成更大的危害和影响；特别是一些留守儿童家庭里出现饮水困难或照明问题时，村里都派人去帮忙挑水或换装上了电灯泡，并要求他们不能玩水、玩电。

生活健康互助。邻近的留守儿童家庭要经常关心那些自我监护或由哥哥姐姐监护的留守儿童，当他们饮食和住宿没有着落时，要叫他们到家里与自己的孩子一起吃饭，结伴睡觉，帮助改善他们的基本生活。一旦发现留守儿童出现头痛脑热问题时，邻近的人要及时联系村里的医生来看望、治疗。在留守儿童管理中，这些家庭之间相互提醒、相互督促、及时纠正或制止留守儿童的不良言行。

交通互助。村民在护送自家孩子上学、放学的同时，携带其他留守儿童结伴而行，在步行或坐车时要提醒每个孩子注意安全，要互相监督，有安全问题要及时报告。每个周末，当在谷陇中学上学的留守儿童放学、上学时，要安排村里跑运输的车辆接送学生，步行的要相互进行安全提醒，保证留守儿童的交通安全。

学习督促与辅导上的互助。不同的留守儿童家庭之间，要注意纠正留守儿童的不良学习行为，端正他们的学习态度，特别是要努力扭转黔东南农村中"读书无用论""打工致富论"的不良影响，积极鼓励留守儿童搞好学习，通过努力学习改变自己的命运，更好地建设家园。有能力辅导孩子学习的家长、祖辈或年纪较大的留守儿童要组织留守儿童在一起做作业、做功课，主动为留守儿童们辅导学习，答疑问难，实现留守儿童学习上的邻里互帮互助。

  行为督导，困难互助。村里人若发现留守儿童说脏话、打架、欺负年幼者时，要主动制止并及时教育，帮忙留守儿童家庭加强管教，要求他们相互体谅、相互关心。在看见他们私自下水游泳、玩水或长时间看电视时也要帮助劝说、制止。留守儿童出现一些自己不能解决的生活困难时，邻里要积极提供力所能及的帮助。留守儿童家庭之间要相互走动，空闲时要拉拉家常，常敲门嘘寒问暖，常串门排忧解难，遇到留守儿童有行为问题要相互过问，发现可疑问题或危险情况要及时报告。组织村里的留守儿童积极参加各种活动，比如春节时的表演活动要鼓励他们参加，让他们展现留守儿童自强、自立、自理和积极应对生活的一面。

（2013-4-5，黄平县滚水村田野调查日记）

第十节 ｜ 改进教养为留守儿童营造良好成长环境

  尽管外出务工的父母更多地借助手机、互联网等现代通信手段与留守儿童进行交流沟通以联络亲情，避免亲子关系疏远。但父母都外出的家庭中双亲不能亲自照顾孩子，单亲出门的家庭对孩子的照料也常觉得一个人在家而深感困难。他们希望在家的孩子们学习成绩好，身体健康，道德品质优良，安全有保障，他们期待其付出能够让孩子们通过教育而得到一个更加体面的工作，从此不要再步他们的卖苦力的后尘。他们长期在外面打工、生活，深深地体会到"打工没有前途，生活没有希望"，在他们看来，他们所做的一切无不是为了孩子，他们的梦想就寄托在孩子们身上，他们也正在以不计代价的付出尽量为孩子创造更好的教育条件，营造更好的成长环境。

  对黔东南农村地区，人们的家庭传统观念仍然是"男主外，女主内"，父亲在家里更多地承担"干活、挣钱"的角色和任务，而给母亲分配的角色则是管好家庭、看好孩子。这种角色分工对传统农村家庭具有一定的合理性，农村女性外出务工收入一般都没有男性高，在照顾孩子生活和管教子女行为方面则比男性有爱心、更加细心和有责任心，抚育子女的能力也往往要比男性更有优势。更何况对被认为是一家之主的丈夫来说，他们外出打工也更有竞争力，也更能忍受打工地相对家里来说条件恶劣得多、生活水平也更差的食宿环境，他们也不愿意妻子继续外出受苦。于是，出于更好地承担留守儿童教育管护责任，让留守儿童也能过上好一点的生活、得到亲人照顾的目的，许多家庭逐渐选择了让母亲与孩子留守家乡而只是父亲一人外出打工的家庭出行方式。由母亲在家教养孩子，这对于改善留守儿童教育的环境和生活条件无疑具有典型的教养改进价值。

吴淑芳的妈妈不去打工了

侗族女孩吴淑芳，今年15岁，家住黎平县尚重镇绍洞村下绍寨，现在尚重中学读初二。下绍寨距尚重12公里，有通村公路，但路况很差，除了周末有接送学生的面包车出入外，平时都没有车去那里。今年年初我到下绍寨调查时，不仅看到了侗族萨岁祭典活动，还欣赏到琵琶歌演唱、踩歌堂、山歌演唱和广场舞表演。

尚重境内山峦叠嶂，坡陡谷深，沟壑纵横，自然条件极其恶劣，人多田少，是典型的"九山半水半分田"山区乡镇。随着改革开放的不断深入，人们改变了以往的生活观念，外出务工的人员逐年增加，人民生活水平也不断提高。大部分人员走出家门，南下广州、福建，北上浙江、上海等去打工的同时，也使村里大部分农田无人耕种。靠打工收入解决家庭温饱问题也非长久之计，而且家里的小孩、老人也需要照顾，于是一些原来都是长期到外面打工的人员返乡的逐年增多，不少人是为了照顾孩子而专门留守在家的，吴淑芳的妈妈就是其中之一。

我和吴淑芳一起挤在马老师的摩托车后座上走了近半小时才到她家。绍洞村有上绍、中绍、下绍、高规、高岑五个自然寨，有12个村民组。绍洞村的地形像一只大船，前面是高耸入云的文笔山，后面是龙山，五个村子就好像五只小船在大河里漂流。她就住在下绍寨，寨子就在绍洞这条大船的船尾。村前有一条都柳江源头的小河环绕流过，村后是一片古木参天的风景林。马老师在寨子前的木桥上把车停好，过了进寨的一座木桥，走进去是千磴青石板路。吴淑芳先带我们到寨子里一口的石镶水井接水喝，用葫芦做的水瓢接了清凉的山泉，喝下沁人心脾。

吴淑芳家有四口人，爸爸、妈妈、她和九岁的弟弟。爸爸在广东顺德的家具厂做木工，妈妈原来也去，但弟弟在上小学三年级，学校的老师说这个孩子实在管不了，你们家还是留一个人在家陪他读书比较好。于是，为了陪他们姐弟读书，妈妈就不去打工了，留在家里照看孩子。

吴淑芳的弟弟很调皮，自从我们进了他家后，不是鼓捣那个小小的鸟笼，就是缠着妈妈要一块钱买豆腐皮，还有就是抢姐姐手里的遥控器不停地换台。只有妈妈威胁他过一会儿看我怎么收拾你之后才安静几分钟。以前父母都去打工时，吴淑芳姐弟和隔壁的爷爷奶奶生活，但他们家已经与爷爷分家，只是在爷爷家吃饭，晚上则回家做作业、睡觉。

现在，妈妈回来了，吴淑芳觉得担子轻了许多。以前，她不只要给弟弟看作业、催促睡觉、监督吃饭，还要帮爷爷奶奶洗菜、做饭、打扫屋子，并洗全家人的衣服。妈妈不去打工了，这些事务都由母亲代劳，而且有母亲在家里，睡觉也觉得安稳了许多。最感到安心的是，现在不用她来管理弟弟的学习，她弟弟成绩不好，写字必须要有一个人"监视"，不然就偷懒。有时，妈妈很不放心弟弟去学校，为了看他读书的情况，还专门去过学校几次，在窗子边看他上课的坐姿和表现。

吴淑芳的妈妈对我们说，就是为了看孩子，让他们安心读书，自己才没有出去打工，不然就去打工了。不去打工，家里少了一份收入，现在过几个月就等着他爸爸寄钱来，而且尚重又没有农行，必须到榕江县的寨蒿去取钱，然后再存进信用社以便可以就近在尚重街上取。看得出来，妈妈对自己不能出去打工十分惋惜。她妈妈还说，等这个儿子上了初中，自理能力也更好后，再决定是否再次出去打工；到那时，吴淑芳就大了，上了高中，她们就不用管太多了。但是，儿子这个样子，让她的心里充满矛盾，不出去吧，缺钱；出去吧，又是对孩子尽不到父母的责任。于是，她只能对我说，唉，也管不了那么多了，到时再说。不过，吴淑芳告诉我说，这里的土地适合种杨梅，产出也不错，妈妈今年就种了几百棵杨梅树，也算是正在为家庭增收做点贡献吧。

吴淑芳却是不一样的感觉，家里有母亲在，每周回来就觉得家里到处是光明，到处是温暖。母亲做的饭比爷爷奶奶和自己做的好吃多了，而且油水也更好。虽说有时也还要帮助妈妈干点打猪菜、挖土、浇菜等农活，但心里却感到比较充实、满足。她不只是一次地对我说，的确就像歌里唱的，有妈的孩子像块宝，没妈的孩子像棵草。

（2013-6-26，黎平县尚重镇田野调查日记）

到黔东南各苗侗村寨调查，随处可见的是留守儿童与父（母）亲、祖辈一起生活。现在农民工外出务工，收入也在不断增长之中，加上祖辈或单亲还坚持耕种责任田，家里的产出足够解决温饱，因此务工的收入主要被家庭用来应对各种社会人情与农业生产支出消费（如婚丧嫁娶送礼、请人帮工等），购买一些表现经济地位的物品（如太阳能热水器、手机、坐车赶场）。外出打工的父母双方或一方也常在出门前或打工的过程中给孩子寄来数目不等的钱物，最常见的嘱咐是："不要舍不得花钱，要少做活路，多尽心照顾孩子"，"关键是看好孩子，不要做农活，不要太惯孩子，严格要求"。因此，留守在家管护留守儿童的父（母）亲或祖辈也不断提高留守儿童的生活照料与教育管理的意识和能力，注意督促检查孩子的生活和学习情况，尽力看管和教育好留守儿童。

她不怎么想父母，却离不开我们

这是我在黄平县谷陇镇大平村五组调查时一位留守儿童的奶奶给我说的话。由于从杨桃很小的时候，父母就一直在东莞打工，偶尔也回来几次，但得到爷爷奶奶比较周到照顾的她似乎对没有父母也就习以为常，反而更加亲近祖辈。

杨桃在大平小学读三年级，有两姐妹，但小妹与父母住在东莞，她却从小就与爷爷奶奶住在一起。学校老师对她的评价是："讲究卫生，学习优秀，得到祖辈很好的照顾，受父母外出打工的影响比较小。"

杨桃的爷爷是一位铁路退休干部，但却是一位比农民还更喜欢干活的农民。我几次到过他家，基本上都是杨桃或奶奶把他从干活的地方叫回来的，而且在与我交谈时还在不断地看表，可能是仍然挂念着地里的活路，等到与我结束谈话后，肯定会重新去干活。

奶奶对村里的留守儿童衣着不很洁净、饮食没有规律觉得不可思议。她每天上午起来的第一件事就是给杨桃洗脸，擦润肤霜，然后才做早餐。杨桃的早餐是变化的，有时是炒饭，有时是煮挂面，但更多时候是一包牛奶加一个蛋糕。虽然学校现在搞营养餐工程了，但奶奶总是担心学校的伙食营养不好，用她的话说就是"干一行，吃一行，哪有不克扣的？"当然，这是她没有足够了解营养餐工程保证每一分钱都吃进孩子肚子里的严格要求，但对孩子早餐的精心准备也可见到她的苦心和周到。

杨桃的午餐是在学校里用的，但奶奶还是不怎么放心，要给她塞一袋"草莓牛奶"的饮料。在一番叮嘱"走石子路上要防滑，要注意看有没有牛和人通过，防止撞上"之后，还不忘记再次摸了摸衣服的厚度之后，才准许杨桃出门上学。

杨桃放学后，奶奶早早地把做作业的小书桌和椅子放好。她一回到家，奶奶就给她做一个荷包蛋并要求她吃掉，然后催促她快点学习，并叫她把不会做的题目先放在一边，等爷爷回来后再问他。

在杨桃做作业的时候，奶奶开始准备晚上的饭菜。她先从冰箱里取出半边鸡切碎并放进锅里炖，然后就开始洗菜。我看见洗的菜里，不只是常见的白菜，还有菠菜和西红柿，就跟奶奶开玩笑说，莫非您家是开菜场的，怎么什么菜都有？奶奶说，除了白菜，其他都是买的，小孩的身体发育需要各种营养。晚上吃饭的时候，杨桃家吃的是炖鸡火锅。

爷爷回来了，肩上挑了一担红薯。杨桃看见爷爷回来，便给他取了一条干毛巾给他擦汗。她虽然还小，但是却知道心疼老人，真不错！爷爷休息了一会儿，就走到书桌前，伏下来问杨桃今天老师上课讲了什么内容，作业多不多，有没有不会做的。杨桃给爷爷指了一些不会做的作业题，爷爷戴上老花镜便给她讲解起来。

杨桃是比较幸运的，父母都出去打工，自己在家里仍然得到了爷爷奶奶很好的教育和管护。当我问她是否特别想念父母时，她点了点头。但是对我说，她曾去过广东，但父母租住的房子很小，一家人住在一起太挤了；而且父母上班了，就只能留孩子在家中，特别孤独和无聊，在家乡有奶奶照看，比广东要好很多；同时爷爷每次赶场都会买来许多肉、菜、牛奶、饮料和各种零食，这些东西在广东是没有的，现在她妹妹还哭着回家，想回来与爷爷奶奶一起生活，但爸爸妈妈可能是觉得家里人多，老人照顾不了，暂时还不让她回来呢。看来，孩子们更喜欢和爷爷奶奶住在一起，因为祖辈给了她们更多更好的照顾，而这是目前打工的父母无法做到的。

晚上，杨桃的父母打电话回来了，又在电话里对爷爷做过多的活路提出了批评，他们希望祖辈多花时间给他们照看好孩子，少做活路，没有钱了他们想法寄来。杨桃的妈妈想在电话里再跟她多说几句，但杨桃却说，明天再说吧。她偷偷地跟我讲，这些话耳朵都听出老茧来了，没有意思，有爷爷奶奶，她想父母，但不想和他们一起生活，她现在一个人独享两位老人的疼爱，日子过得真是很好，万一妹妹回来还多出了一个竞争对手呢。她最想干好的事就是把学习搞好，然后考上大学，让爷爷奶奶更加开心。

这是一篇肯定会被语文老师判定为不及格的流水账式作文，但它真实地记录了一位留守儿童在祖辈的良好教管下的一天的生活场景。这是幸福的留守儿童的一天，也希望这种场景真能成为每一位留守儿童的真实生活，也算是我的研究的最大梦想了。

（2013-11-5，黄平县谷陇镇大平村田野调查日记）

　　学校是儿童成长的重要园地，家庭是儿童发展的重要环境，充分发挥学校和家庭在留守儿童成长中的重要作用，使二者在留守儿童教育中相互沟通、密切合作、相互支持、有机联动，构建有效的留守儿童家校合作教育模式。采取主动、积极的家校合作行动，学校帮助家庭教育，家庭参与学校教育，形成学校与家庭的亲情接力以合力关爱留守儿童，弥补亲情缺失，促进留守儿童平安健康成长、不断增强生活幸福感、努力提高学习成就感。

第五章

结论与展望

在黔东南农村地区的村村寨寨，到处都可以看到留守儿童的身影，他们是父母双方或一方外出务工导致的。由于不能得到双亲的照顾，不能与父母共同生活，留守儿童在身心发展的关键时期，比其他儿童出现了更多的生活、学习、安全和健康等方面的问题和困难，在某种程度上已经影响到他们的平安健康成长。通过家庭和学校共同关注留守儿童教育，密切家校合作，学校帮助留守儿童家庭教育，积极改善留守儿童教育条件，提高留守儿童教育水平，使留守儿童得到比较好的生活照顾、学习指导和心灵抚慰；家庭主动参与留守儿童学校教育，家长增强留守儿童家庭教育意识，强化教育管护责任，改善家庭教养条件，与教师沟通联系，和其他家长交流互助，积极为留守儿童教育提供重要支持。于是，家庭与学校之间在留守儿童教育中良好的合作必然能够缓解父母外出对留守儿童发展的影响，在一定程度上降低留守儿童的成长风险。

一、黔东南农村留守儿童数量更多且教育问题更加复杂

长期以来，黔东南农村地区受历史、社会和自然条件等的制约，社会经济发展长期滞后，贫困面大，脱贫致富任务艰巨，不少地方的少数民族农民甚至将外出打工作为增加收入、改善家庭生活条件的最重要也是最现实的途径。而这些黔东南农村地区的农民们外出，从事的大都是"脏、乱、差"的苦力活，收入也比较低，绝大多数都没有能力将孩子带在身边共同生活，而是留在家里，成为留守儿童，因而黔东南农村留守儿童的数量相对于其他地方，数量更多。多数留守儿童在民族村寨里接受单亲、祖辈、亲友的监护，不少人是和他的同是留守儿童的兄弟姐妹生活，个别人甚至是独自留守家乡。黔东南农村地区大多数农民打工工资水平低下，难得回一次家，平时与留守儿童的交流也不多，家庭背景与家庭发展状况多样，留守儿童由于亲子分离造成的各种家庭教育问题也更为复杂。黔东南农村地区总体教育水平较低，教育观念落后，多数留守儿童父母的文化程度不超过初中水平，不少人的母亲还是文盲，对留守儿童教育中的诸多问题缺乏明确的感知，即使有所觉察也基本上有心无力。对黔东南农村地区的留守儿童的问卷调查结果与田野调查发现，父母外出后对留守儿童的生活和学习的影响比较大，生活照料问题多，学习督促和指导尤为缺乏，留守儿童特别渴望得到亲情关怀；留守儿童留守的生活现实对学习目的和态度产生了一定影响，成绩有些下降，心理压力增加，孤独感和对家庭变化的敏感度上升，性格有了明显变化，比其他儿童面临着更多的教育和成长问题。

二、家校合作能够缓解留守儿童教育中的突出问题

留守儿童教育问题是因家庭中父母双方或一方外出务工却不得不把子女留在家乡导致家庭教育缺失而产生的，根源就在于亲子分离。由于父母与子

女之间天然的血缘关系和亲情联络上的不可替代，留守儿童不能与父母共同生活，亲子教育无法在父母外出后得到很好的开展，使得留守儿童面临着比其他孩子更加突出的生活照料、亲情关怀、家庭教育和安全监护等方面的问题。留守儿童教育问题的解决，根本的措施是让父母回家，让儿童不再留守。但是，目前的现实情况是外出务工已经成为农民的首要选择，留守儿童教育问题的出现已经不可避免。在这一前提下，学校采取积极措施帮助留守儿童家庭教育，家庭主动努力参与留守儿童学校教育以促进家校良好地合作，以使留守儿童受到父母外出打工的影响降到最低程度变得更加紧迫，也更加现实。家长外出了，学校及时补缺父母在家庭中不能尽到的留守儿童教育职责，照料他们的在校生活，督促和指导他们学习，监管检查他们的健康和安全，给予他们一定的亲情抚慰，成为教师帮助父母进行家庭教育的应有之义。家长在外打工，通过各种手段积极和留守儿童加强联系和交流，主动向教师汇报留守儿童的教育管护情况，努力与其他留守儿童家长借鉴有效的管教经验，在家监护留守儿童的人同其他人之间开展留守儿童教育互助以及不断改进留守儿童的家庭教养，已经成为家长积极参与留守儿童学校教育的必然选择。通过学校和家庭之间建立起密切配合、亲情接力、合力联动的良好的家校合作关系，可以使留守儿童教育中生活照料缺管、学习指导乏力、心理抚慰难得、安全监护失助等突出问题切实得到解决。

三、黔东南农村留守儿童家校合作教育可减轻"留守"的影响

本研究根据黔东南农村地区实际和留守儿童的特点，从"学校帮助家庭教育"和"家庭参与学校教育"两个方面对留守儿童的家校合作教育进行了理论探讨和分析，形成了一个比较完善的黔东南农村留守儿童家校合作教育的方法框架。一方面，通过家访深入留守儿童教育与生活的现场，了解留守儿童教育的困难与要求；"留守儿童之家"为解决留守儿童教育中的生活、学习与心理健康困境提供食宿管护、学习督促指导和心理咨询等；对留守儿童家长或临时监护人进行家庭教育指导，提高家庭教育意识和能力；召开家

长会帮助家长了解留守儿童教育实情，了解家庭教育需要并获得双方对加强留守儿童教育的共识；而代理家长则帮助家长代为履行留守儿童教育的部分职责，帮助留守儿童学习、生活和心理方面得到更好的成长，从而使学校在留守儿童教育中发挥主导作用，切实帮助留守儿童家庭做好留守儿童教育工作。另一方面，家长通过密切亲子交流以了解留守儿童教育情况，发现留守儿童教育问题并积极介入留守儿童的学校教育；向教师汇报留守儿童教育的现实需求和困境，反映留守儿童发展中的问题和困难以争取教师的支持和帮助；家长积极向其他在留守儿童教育管理方面取得实效的家长请教、交流，取长补短，相互借鉴，从而进一步增进家庭教育责任，提高家教水平，为参与留守儿童的学校教育分享各自的管护经验；家庭互助可以改变各留守家庭之间各自为政的状况，相互支援，彼此合作，合力提高留守儿童家庭教育管护质量和水平，增强参与学校教育的能力和主动性；而家庭不断改进对留守儿童的教养，给留守儿童教育提供更好的家庭生活条件、更有效的家庭管理、更优越更良好的家庭氛围，对改善留守儿童的成长环境，提高家庭参与学校教育的积极性很有好处。家庭和学校共担责任，合力关爱和教育留守儿童，使以上两个方面工作能够积极、主动、顺利开展，必然能够为留守儿童教育提供一个和谐温暖、互动合作的良好的家校合作环境，减轻"留守"这一不利处境对留守儿童的影响。

四、未来的后续研究

本研究虽然通过较长时间的田野调查来比较客观地呈现黔东南农村留守儿童的生活与教育图景，并提出一个比较全面而简单易行的黔东南农村地区农村留守儿童家校合作教育的方法体系，努力进行了理论探讨与实践探索，但仍存在许多不尽如人意或者不够完善的地方。首先是调查地点的选择还不能覆盖黔东南17个县（市、区），调查内容也不能更全面地涵盖留守儿童教育的各个方面；其次是在调查中没有对留守儿童的性别进行特别区分以获知留守儿童之间可能存在的性别差异；再次是没有专门对回流的留守儿童（即过去曾到父母打工地上学，但现在又转学回到原籍）进行更多的研究，不能给出对这些留守儿童的研究结果；最后是没有深入考虑学校硬件设施及师资力量对留守儿童教育工作的制约，对学校帮助留守儿童家庭教育中教师遇到困难的考察不够周全，同时在家庭参与学校教育中家长的参与意识和参与能力也没有很好地进行区分，使得家校合作教育在行动研究中仍然面临着诸多困难，仍旧有待进一步改进和完善。

针对研究中存在的问题，本研究将尽量克服困难，进一步深化和发展黔东南农村留守儿童家校合作教育的理论研究与应用实践。

（1）逐步扩展黔东南农村留守儿童研究的范围

不仅把对留守儿童问题的调查研究范围扩大到笔者工作的黔东南，还将把研究视野扩展到贵州省的其他农村地区及周边省份，从而使黔东南农村留守儿童家校合作教育的研究成果更有说服力，更有代表性。研究的视角不再局限于父母外出对这些孩子的影响，还要进一步分析留守这一生活处境对不同性别留守儿童的生活与教育的影响，尤其是不同性别留守儿童应对留守经历的方式。还要逐步开展对回流的留守儿童的研究和随迁留守儿童（即原先留守而现在已经随父母到打工地上学）的追踪，试图发现不同留守经历对这些儿童的影响。同时，在研究过程中，笔者还发现学龄前的留守儿童由于年幼而更加缺乏生活自理能力，不少年幼的留守儿童甚至于因生病或无法得到有效的管护而夭折，这也将是以后研究的一个重点和需要付出极大努力的方向。

（2）加强对开展家校合作教育行动研究的深入追踪

更加密切地与合作研究学校的教师联系，继续跟踪学校的家校合作实践，督促检查开展家校合作行动研究的成效，特别是实施过程中对留守儿童教育的积极和消极影响。考察这一模式对不同性别、不同监护类型的留守儿童教育的作用。加强对家校合作教育行动研究的反思改进，不断总结经验，逐步完善。

（3）促进黔东南农村留守儿童家校合作教育方式与方法的推广应用

强化宣传，主动寻找更多的合作学校以推广黔东南农村留守儿童家校合作教育的应用研究，不断拓展模式的应用空间，逐步提高这一方法体系在不同的黔东南农村的实践推广价值。

参考文献

文件

[1] 国家中长期教育改革和发展规划纲要（2010-2020年）

[2] 儿童权利公约（1989年11月20日联合国大会通过）

[3] 教育部等5部门关于加强义务教育阶段农村留守儿童关爱和教育工作的意见（教基一〔2013〕1号）

[4] 教育部等十五部门关于印发《农村义务教育学生营养改善计划实施细则》等五个配套文件的通知（教财〔2012〕2号）

[5] 省教育厅关于深入贯彻《中共贵州省委办公厅 贵州省人民政府办公厅关于进一步做好农村留守儿童工作的通知》的意见（黔教基发〔2011〕113号）

[6] 省人民政府办公厅关于印发《贵州省农村义务教育学生营养改善计划实施方案》的通知（黔府办发〔2011〕134号）

[7] 省人民政府办公厅转发省教育厅等部门关于进一步加强和改进农村义务教育学生营养餐工作指导意见的通知（黔府办发〔2012〕56号）

[8] 省教育厅关于进一步加强义务教育阶段农村留守流动儿童关爱服务和教育工作的通知（黔教基发〔2013〕490号）

报纸

[1] 徐雅玲.留守儿童丰都石柱实验［N］.21世纪经济报道，2010-4-19（14）.

[2] 陈圣强，吴昌权.家长代理制：让留守儿童不再孤独［N］.陕西日报，2007-11-12（3）.

[3] 陈竹.营养午餐有利于打工子弟回归［N］.中国青年报，2013-7-22（3）.

[4] 戴林等.石柱模式：留守儿童教育的"范本"［N］.重庆日报，2010-9-5（4）.

[5] 贵州省统计局.贵州省2010年第六次人口普查主要数据公报［N］.贵州

日报，2011-5-10（1）.

［6］"免费午餐"：民间公益"新范本"［N］.新华每日电讯，2012-11-1（7）.

［7］教育部.2010年全国教育事业发展统计公报［N］.中国教育报，2011-7-6（2）.

［8］教育部.2011年全国教育事业发展统计公报［N］.中国教育报，2012-8-31（2）.

［9］教育部.2012年全国教育事业发展统计公报［N］.中国教育报，2013-8-17（2）.

［10］刘万平.重庆石柱为3万留守儿童撑起一片天［N］.中国商报，2010-12-28（30）.

［11］刘维涛.我国农村留守儿童超6000万［N］.人民日报，2013-5-11（4）.

［12］苏婷."亲情模式"为留守儿童营造新家［N］.中国教育报，2007-12-26（2）.

［13］王橙橙，周之江.贵州麻江县一乡村教师被网友誉为"最牛家访老师"［N］.新华每日电讯，2009-6-22（1）.

［14］王洪宝等.石泉为留守儿童创建温馨家园［N］.陕西日报，2008-7-28（4）.

［15］徐永光.让农民工子女有更多机会进城读书［N］.人民日报，2009-2-25（4）.

［16］许真学.重庆探索留守儿童"4+1"培养模式［N］.中国妇女报，2010-9-9（3）.

［17］叶敬忠等.青神模式：关注留守儿童［N］.21世纪经济报道，2006-12-25（22）.

［18］张铁."免费午餐"期待政府接棒［N］.人民日报，2011-5-11（9）.

［19］本报记者.补助3元钱，营养如何加［N］.人民日报，2012-11-27（2）.

［20］本报记者.营养改善不是国家加午餐［N］.人民日报，2012-11-29（2）.

［21］朱梦聪.贵州405万农村学校孩子吃上"家乡特色"营养餐［N］.中国教育报，2013-5-14（1）.

［22］州统计局.黔东南2010年第六次人口普查主要数据公报［N］.黔东南日报，2011-5-28（1）.

［23］州人口普查办公室.黔东南人口普查数据解读［N］.黔东南日报，2011-6-25（3）.

［24］周仕敏，等.农村孩子吃上"免费午餐"：广西各地实施寄宿制营养餐工程［N］.中国教育报，2011-4-24（1）.

[25]朱磊.如何"做"免费午餐[N].人民日报,2012-10-28(6).

论文

[1]曹春华.农村留守子女学习状况分析研究[J].当代教育论坛(校长教育研究),2007(5).

[2]曾雅琴.民族地区留守儿童状况调查研究:以湖南省隆回县虎形山瑶族乡为例[J].民族论坛,2009(1).

[3]陈如平.台湾地区家长参与教育的发展趋向及其启示[J].河北师范大学学报(教育科学版),2006(4).

[4]陈在余.中国农村留守儿童营养状况与健康状况分析[J].中国人口科学,2009(5).

[5]崔丽娟,郝振.农村"留守儿童"教育困境的反思及对策研究[J].全球教育展望,2007(11).

[6]丁钢.教育与日常实践[J].教育研究,2004(2).

[7]丁钢.教育经验的理论方式[J].教育研究,2003(2).

[8]邓伟志,徐新.当代中国家庭的变动轨迹[J].社会科学,2010(10).

[9]邓行.打工生产方式对民族地区农村留守儿童教育的影响——以湖南隆回县山界回族乡民族村、浙江泰顺县司前镇左溪村为例[J].中南民族大学学报(人文社会科学版),2007(3).

[10]杜晓,等.无奈留守多歧路[J].半月谈,2012(12).

[11]段成荣,杨舸.我国农村留守儿童状况研究[J].人口研究,2008(3).

[12]段成荣,周福林.我国留守儿童状况研究[J].人口研究,2005(1).

[13]范方.亲子教育缺失与"留守儿童"人格、学绩及行为问题[J].心理科学,2005(4).

[14]范先佐.农村"留守儿童"教育面临的问题及对策[J].国家教育行政学院学报,2005(7).

[15]风笑天.论参与观察者的角色[J].华中师范大学学报(人文社会科学版),2009(5).

[16]冯建军.教育公正需要什么样的教育平等[J].教育研究,2008(9).

[17]冯永刚.儿童道德教育中家校合作偏失及其匡正[J].中国教育学刊,

2011（9）．

［18］傅敏，田慧生．教育叙事研究：本质、特征与方法［J］．教育研究，2008（5）．

［19］高宝立，等．学有所教［J］．教育研究，2009（3）．

［20］郭三玲．农村留守儿童教育存在的问题、成因及对策分析［J］．湖北教育学院学报，2005（6）．

［21］辜胜阻，等．城镇化进程中农村留守儿童问题及对策［J］．教育研究，2011（9）．

［22］胡亮．由传统到现代中国家庭结构变迁特点及原因分析［J］．西北人口，2004（1）．

［23］郝文武．教师专业发展与教师教育的开放性和专业化［J］．陕西师范大学学报（哲学社会科学版），2006（4）．

［24］郝文武．价值理性、工具理性视角观照下的农村教育问题［J］．陕西师范大学学报（哲学社会科学版），2005（4）．

［25］郝文武．教育与幸福的合理性关系解读［J］．陕西师范大学学报（哲学社会科学版），2008（1）．

［26］郝振，崔丽娟．留守儿童界定标准探讨［J］．中国青年研究，2007（10）．

［27］何彪，牛星丽．关于贵州民族地区留守儿童问题的几点思考［J］．贵州民族学院学报（哲学社会科学版），2008（3）．

［28］洪淑媛．农村留守儿童：补偿抑或终结［J］．教育导刊，2011（4上半月）．

［29］胡枫，李善同．父母外出务工对农村留守儿童教育的影响［J］．管理世界，2009（2）．

［30］华东师大教育学系《外国家长教育》课题组．英国家校合作探微［J］．外国中小学教育，2008（10）．

［31］黄河清．家校合作价值新探［J］．华东师范大学学报（教育科学版），2011（12）4．

［32］黄勇．武陵山民族地区"留守儿童"的对策研究：基于人力资本的视角［J］．湖北民族学院学报（哲学社会科学版），2012（4）．

［33］江立华．留守儿童问题的建构与研究反思［J］．人文杂志，2011（3）：178．

［34］江立华．乡村文化的衰落与留守儿童的困境［J］．江海学刊，2011（4）．

［35］课题组．农村留守儿童问题调研报告［J］．教育研究，2004（10）．

［36］课题组．进城务工农民随迁子女教育状况调研报告［J］．教育研究，2008（4）．

［37］雷万鹏，杨帆．对留守儿童的基本判断与政策选择［J］．教育研究与实验，2009（2）．

［38］雷万鹏．以体制改革推动农民工子女教育的发展［J］．人民教育，2010（20）．

［39］栗洪武．学校教育高于生活的品质及其教育学意义［J］．教育研究，2012（12）．

［40］李坚．农村留守儿童看护问题探讨［J］．湖南社会科学，2011（6）．

［41］李萍．农村留守儿童常见的心理问题及其教育对策［J］．湖南社会科学，2011（6）．

［42］李强．影响中国城乡流动人口的推力与拉力因素分析［J］．中国社会科学，2003（1）．

［43］李庆丰．农村劳动力外出务工对"留守子女"发展的影响：来自湖南、河南、江西三地的调查报告［J］．上海教育科研，2002（9）．

［44］李松．农村"留守儿童"家庭环境、心理健康及学业成绩的分析［J］．湖北社会科学，2009（9）．

［45］李晓芸，等．贵州省少数民族地区留守儿童心理问题及学校对策［J］．学术探索，2012（8）．

［46］李亚军，等．农民工子女家校合作状况的调查研究［J］．青年研究，2011（4）．

［47］梁红梅，李刚．当前家长参与学校管理的困境、归因与路径选择［J］．当代教育科学，2010（22）．

［48］刘杰，孟会敏．关于布郎芬布伦纳发展心理学生态系统理论［J］．中国健康心理学杂志，2009，17（2）．

［49］刘力．家长参与学校教育的功能及方式［J］．教育研究与实验，1992（1）．

［50］刘霞，等．初中留守儿童社会支持与问题行为的关系［J］．心理发展与教育，2007（3）．

［51］卢国良．民族地区留守儿童关爱与服务体系的构建［J］．中国民族教育，2011（1）．

［52］吕炜．农村留守儿童代理家长之法律思考：兼评留守儿童关爱机制陕西"石

泉模式"[J].西北大学学报,2011(6).

[53]马明生."留守儿童"教育问题及对策分析[J].中国教育学刊,2009(12).

[54]莫丽娟,袁桂林.农村留守儿童教育问题的几个基本判断[J].上海教育科研,2010(1).

[55]南丁.探索家校合作的有效途径:日本的PTA给我们的启示[J].内蒙古师范大学学报(教育科学版),2002(2).

[56]聂鹏.农村留守儿童多元化教育体系建设刍议:兼谈重庆市石柱自治县的实践探索[J].教育理论与实践,2012(3).

[57]彭德乔.黔东南第六次人口普查数据反映的主要问题及其分析[J].凯里学院学报,2012(1).

[58]彭国胜,周茜.父母外出务工对民族地区留守儿童学习成绩的影响[J].贵州师范大学学报(社会科学版),2011(4).

[59]潘泽全.现代家庭功能的变迁趋势研究[J].学术交流,2005(1).

[60]钱扑,梁霞.论家校合作的真意:当代中国家校合作的教育学反思[J].少年儿童研究,2010(2).

[61]阮梅.中国的"留守孩子"[J].报告文学,2007(10).

[62]佘凌,罗国芬.日本"单身赴任"研究对我国留守子女研究的启示[J].青年研究,2005(10).

[63]司晓宏,杨令平.当前我国西部地区农村义务教育形势分析[J].教育研究,2010(8).

[64]谭深.人口流动对农村贫困和不平等的影响[J].开放时代,2009(10).

[65]谭深.中国留守儿童研究述评[J].中国社会科学,2011(1).

[66]唐有财,符平.亲子分离对留守儿童的影响:基于亲子分离具体化的实证研究[J].人口学刊,2011(5).

[67]陶斯文.民族地区农民工外出务工对留守儿童生活的影响及对策探讨[J].农村经济,2009(12).

[68]汪明."流动儿童"与"留守儿童"教育问题的新思考[J].人民教育,2007(9).

[69]王东宇,王丽芬.影响中学留守孩心理健康的家庭因素研究[J].心理科学,2005(2).

［70］王良锋，张顺.农村留守儿童孤独感现状研究［J］.中国行为医学科学，2006（15）.

［71］王秋香.论父母监护缺位与农村留守儿童权益保障问题［J］.学术论坛，2006（10）.

［72］王维平等.山西省中小学家校合作现状研究［J］.教育理论与实践，2007（3）.

［73］王艳玲.英国家校合作的新形式：家长担任"教学助手"现象述评［J］.比较教育研究，2004（7）.

［74］吴壁如.家长参与学校教育之原理探究［J］.中学教育学报（台北），1999（6）.

［75］吴帆，杨伟.留守儿童问与流动儿童成长环境的缺失与重构［J］.人口研究，2011（6）.

［76］吴迅荣.香港家庭教育与学校的伙伴关系［J］.中小学管理，2001（7-8）.

［77］徐晨.留守儿童犯罪预防问题刍议［J］.行政与法，2012（1）.

［78］徐德华.从家校合作的视角关注学校改进［J］.教育科学研究，2010（2）.

［79］徐松竹."山田模式"：为留守儿童撑起亲情蓝天［J］.中小学管理，2007（9）.

［80］薛化元，周梦如.父母参与教育的权利与限制［J］.国民教育（台北），1997（6）.

［81］杨桂梅.日本PTA的经验及启示［J］.日本问题研究，2004（2）.

［82］杨建忠.民族地区农村留守儿童的困境与对策：贵州省黔东南州的调查［J］.民族教育研究，2013（4）.

［83］杨建忠.家庭的衰落与农村学生的困境［J］.教育导刊，2011（11）.

［84］杨启光，刘秀芳.美国教师帮助家长参与学校作业项目（TIPS）述评［J］.上海教育科研，2011（10）.

［85］杨天平.法国学校与家长之间的交流与协调［J］.外国教育研究，2004（1）.

［86］杨天平.美国：规范和引导家长参与学校教育［J］.当代教育科学，2004（9）.

［87］杨天平.美国家长参与学校管理角色的嬗变［J］.教育研究，2007（6）.

［88］叶敬忠，杨照."代理家长"能为留守儿童带来春天吗［J］.中国社会导刊，2006（12）.

［89］叶敬忠，王伊欢.留守儿童的监护现状及特点［J］.人口学刊，2006（3）.

［90］叶敬忠，等.父母外出务工对农村留守儿童学习的影响［J］.农村经济，2006（7）.

［91］叶仁荪，曾国华.国外亲属抚养与我国农村留守儿童问题［J］.农业经济问题，2006（11）.

［92］殷世东，朱明山.农村留守儿童社会支持体系的构建：基于皖北农村留守儿童教育问题的调查与思考［J］.中国教育学刊，2006（2）.

［93］余清臣，周娟.家校合作价值新探［J］.华东师范大学学报（教育科学版），2011（12）.

［94］岳瑛.我国家校合作的现状及影响因素［J］.天津教科院学报，2002（3）.

［95］张春玲.农村留守儿童的学校关怀［J］.教育评论，2005（2）.

［96］张勇.从沟通走向合作——形成家校合作教育合力的必然途径［J］.教育科学研究，2011（3）.

［97］张瑜.日本企业的单身赴任现象［J］.科技信息，2009（34）.

［98］张玉林.中国教育：不平等的扩张及其动力［J］.二十一世纪，2005（5）.

［99］赵峰.农村留守儿童心理健康状况及教育对策［J］.首都师范大学学报（社会科学版），2010（3）.

［100］赵富才.农村留守儿童问题产生原因探析［J］.郑州大学学报（哲学社会科学版），2009（9）.

［101］赵景欣，张文新.农村留守儿童生活适应过程的质性研究［J］.河南大学学报（社会科学版），2008（1）.

［102］赵兴民.农村留守儿童教育问题的实质与解决路径［J］.广西师范大学学报（哲学社会科学版），2011（6）.

［103］周雪莲，阳德华.中小学家校合作的问题及对策［J］.基础教育参考，2007（8）.

［104］周月朗.近年来美国家校合作的研究与实践［J］.河北师范大学学报（教育科学版），2006（4）.

［105］周宗奎，等.农村留守儿童心理发展问题与对策［J］.华南师范大学学报（社会科学版），2007（12）.

［106］周宗奎，等.农村留守儿童心理发展与教育问题［J］.北京师范大学学

报（社会科学版），2005（1）．

［107］周全德，齐建英．对农村"留守儿童"问题的理性思考［J］．中州学刊，2006（1）．

［108］张春玲．农村留守儿童的学校关怀［J］．教育评论，2005（2）．

［109］张卫，等．低社会经济阶层与儿童发展［J］．华南师范大学学报（社会科学版），2007（6）．

［110］张晓华．"单身赴任"与日本现代社会［J］．外国问题研究，1996（4）．

［111］朱俊芳．关注农村"留守儿"的思想道德教育［J］．贵州教育，2005（10）．

［112］朱科蓉，等．农村留守子女学习状况分析与建议［J］．教育科学，2002（8）．

［113］赵石屏．试论家庭的教育机制——基于"生物—文化协进化的视角［J］．教育研究，2007（11）．

［114］朱蕴红，潘克栋．把"爱"洒向每一个孩子［J］．江西教育科研，2005（7）．

［115］周志娟，康祥生．当代中国家庭变革走向［J］．求实，2000（10）．

［116］Ng, S.W. Home-school relations in Hong Kong: Separation or partnership［J］. School Effectiveness and School Improvement, 1999（10．

［117］Epstein, Joyce. L. Parent involvement: What the research says to administrators［J］. Education and Urban Society, 1987（2）．

［118］Flowers.J.V. A Behavioral Method of Increasing Self-confidence. Elementary Research［J］.1991（90）．

［119］Barbara Martin Korpi. The Politics of Preschool-Intentions and Decisions Underlying the Emergence and Growth of the Swedish Pre-school. Swedish Mimisry of Education and Research［J］.1997（1）．

［120］Davies, D.Making Citizen ParticipationWork［J］.National Elementary Principal, 1976（55）: 20-29.

［121］Deutsch, M.Trust and suspicion［J］.The Journal of Conflict Resolution, 1958（2）．

［122］Epstein, J.L.Parent Involvement: What Research Says to Administrators［J］.Educaion Urban Society, 1987（2）．

［123］Greenwood, G.C. & Hickman, C.W.Research and Practice on Parent Involvement: Implications for Teacher education［J］. The Elementary School Journal, 1991, 91（3）．

［124］Hodgkinson.H.Reform Versus reality［J］.Phi Del.Kap.1991，73（1）.

［125］Kevin. K. Kumashiro. Education Policy and Family Values：A Critical Analysis of Initiatives From the Right［J］. Multicultural Perspectives，2009，11（2）.

［126］Mc Manus.S.M &Gettinger.M. Teacher and Student Evaluation of Cooperation Learning and Observed Interactive Behaviors［J］.Journal of Educational Research,1996(90).

［127］Solomon, J. C. & Marx, J. To grandmother's House We Go：Health and School Adjustment of Children Raised Solely by Grandparent［J］.The Ge-Rontologist，1995（35）.

著作

［1］［德］F．E•韦纳特．人的发展［M］．易进，等，译．重庆：西南师范大学出版社，2011.

［2］［澳］萨哈．教育社会学［M］．刘慧珍，等，译．重庆：西南师范大学出版社，2011.

［3］［澳］布赖恩•克里斯滕登．父母、国家与教育权［M］．秦惠民，等，译．北京：教育科学出版社，2009.

［4］［奥］迈克尔•米特罗尔，雷因哈德•西德尔．欧洲家庭史［M］．赵世瑜，等，译．北京：华夏出版社，1987.

［5］［奥］史蒂夫•比达尔夫．养育男孩［M］．石新辉，等，译．北京：中信出版社，2008.

［6］［德］卡尔•威特•卡尔•威特的教育［M］．刘恒新，等，译．北京：京华出版社，2001.

［7］［加］大卫•切尔．家庭生活中的社会学［M］．彭铟旎，译．北京：中华书局，2005.

［8］［美］简.B•布鲁克斯．为人父母（第六版）［M］．包蕾萍，等，译．上海：上海人民出版社，2009.

［9］［美］杜普伊斯，高尔顿．历史视野中的西方教育哲学［M］．彭正梅，等，译．北京：北京师范大学出版社，2008.

［10］［美］威廉．A•哈维兰．当代人类学［M］．王铭铭，等，译．上海：上海人民出版社，1987.

［11］［美］威廉.J•古德.家庭［M］.魏章玲译.北京：社会科学文献出版社，1986.

［12］［美］威廉•维尔斯曼.教育研究方法导论［M］.袁振国，等，译.北京：教育科学出版社，1997.

［13］［美］Mary Lou Fuller, Glenn Olsen 编著.家庭与学校的联系：如何成功地与家长合作［M］•谭军华，等，译.北京：中国轻工业出版社，2003.

［14］［美］理查德•谢弗.社会学与生活（插图第九版）［M］.刘鹤群，等，译.北京：世界图书出版公司，2006.

［15］［美］劳拉.E•贝克.儿童发展［M］.吴颖，译.南京：江苏教育出版社，2002.

［16］［美］戴维•波普诺.社会学［M］.李强，等，译.北京：中国人民大学出版社，1999.

［17］［美］斯波克.斯波克育儿经［M］.武晶平，等，译.海口：南海出版公司，2007.

［18］［美］约翰•格雷.孩子来自天堂［M］.张雪兰，等，译.北京：京华出版社，2006.

［19］［英］彼得•伯克.历史学与社会理论［M］.姚朋，等，译.上海：上海世纪出版集团，2010.

［20］［英］安东尼•吉登斯.批判的社会学导论［M］.郭忠华译.上海：上海世纪出版集团，2007.

［21］［英］安东尼•吉登斯.社会学［M］.赵旭东，等，译.北京：北京大学出版社，2003.

［22］［英］恩格斯.家庭、私有制和国家的起源［M］.北京：人民出版社，1999.

［23］［美］谢弗，等.发展心理学［M］.邹泓，等，译.北京：中国轻工业出版社.2009.

［24］［法］皮埃尔•布迪厄.实践感［M］.蒋梓骅，译.南京：译林出版社，2003.

［25］［法］皮埃尔•布迪厄.文化资本与社会炼金术［M］.包亚明，译.上海：上海人民出版社，1997.

[26] [苏] B. A•苏霍姆林斯基.给教师的建议 [M].杜殿坤,编译.北京:教育科学出版社,1984.

[27] 安君杨.男孩穷着养,女孩富着养 [M].北京:中国言实出版社,2006.

[28] 曹诗权.未成年人监护制度研究 [M].北京:中国政法大学出版社,2004.

[29] 陈鹏.教育法学的理论与实践 [M].北京:中国社会科学出版社,2005.

[30] 陈世联,等.文化与儿童社会化 [M].北京:中国社会科学出版社,2008.

[31] 陈向明.质的研究方法与社会科学研究 [M].北京:教育科学出版社,2000.

[32] 高宣扬.布迪厄的社会理论 [M].南京:同济大学出版社,2004.

[33] 国务院研究室课题组.中国农民工调研报告 [M].北京:中国言实出版社,2006.

[34] 邓伟志,徐新.家庭社会学导论 [M].上海:上海大学出版社,2006.

[35] 丁钢.声音与经验 [M].北京:教育科学出版社,2008.

[36] 丁钢.中国教育:研究与评论(第9辑)[M].北京:教育科学出版社,2005.

[37] 丁文.家庭学 [M].济南:山东人民出版社,1997.

[38] 定宜庄,汪润.口述史读本 [M].北京:北京大学出版社,2011.

[39] 费孝通.乡土中国 [M].上海:上海世纪出版集团,2007.

[40] 范方.留守儿童家庭教育策略 [M].长沙:中南大学出版社,2008.

[41] 冯增俊.教育人类学教程 [M].北京:人民教育出版社,2005.

[42] 范先佐.人口流动背景下的义务教育体制改革 [M].北京:中国社会科学出版社,2011.

[43] 贺雪峰.新乡土中国 [M].桂林:广西师范大学出版社,2003.

[44] 贺雪峰.乡村社会关键词:进入21世纪的中国乡村素描 [M].济南:山东人民出版社,2010.

[45] 郝文武.教育哲学 [M].北京:人民教育出版社,2006.

[46] 郝文武.教育哲学研究 [M].北京:教育科学出版社,2009.

[47] 郝文武.西部教育报告(2011卷)[M].北京:教育科学出版社,2011.

[48] 胡中锋.教育科学研究方法 [M].北京:清华大学出版社,2011.

[49] 黄河清.家校合作导论 [M].上海:华东师范大学出版社,2008.

［50］黄平.寻求生存：当代农村外出人口的社会学研究［M］.昆明：云南人民出版社，1997.

［51］江立华，符平.转型期留守儿童问题研究［M］.上海：上海三联书店，2013.

［52］靳玉乐.合作学习［M］.成都：四川教育出版社，2005.

［53］贾勇宏.人口流动中的教育难题：中国农村留守儿童教育问题研究［M］.北京：中国社会科学出版社，2013.

［54］林崇德.发展心理学［M］.杭州：浙江教育出版社，2002.

［55］刘旦，等.留守中国：中国农村留守儿童妇女老人调查［M］.广州：广东人民出版社，2013.

［56］刘良华.新父母学校［M］.北京：北京师范大学出版社，2009.

［57］刘铁芳，钱理群.乡土中国与乡村教育［M］.福州：福建教育出版社，2008.

［58］刘铁芳.乡土的逃离与回归：乡村教育的人文重建［M］.福州：福建教育出版社，2008.

［59］刘云杉.学校生活社会学［M］.南京：南京师范大学出版社，2000.

［60］刘少杰.国外社会学理论［M］.北京：高等教育出版社，2006.

［61］雷万鹏.中国农村教育焦点问题实证研究［M］.武汉：华中科技大学出版社，2007.

［62］李芹.社会学概论［M］.济南：山东人民出版社，2012.

［63］李向平，魏扬波.口述史研究方法［M］.上海：上海人民出版社，2010.

［64］李政涛.教育人类学引论［M］.上海：上海教育出版社，2009.

［65］李镇西.做最好的班主任［M］.桂林：漓江出版社，2008.

［66］李幼穗.儿童社会性发展及其培养［M］.上海：华东师范大学出版社，2004.

［67］吕绍清.留守还是流动？"民工潮"中的儿童研究［M］.北京：中国农业出版社，2007.

［68］鲁洁.教育社会学［M］.北京：人民教育出版社，1990.

［69］卢德平.中国弱势儿童群体：问题与对策［M］.北京：社会科学文献出版社，2007.

［70］卢利亚.关注与关爱：农村留守儿童问题研究［M］.长沙：湖南人民出版社，2012.

［71］陆士桢，等.儿童社会工作［M］.北京：社会科学文献出版社，2003.

［72］马忠虎.家校合作［M］.北京：教育科学出版社，1999.

［73］裴娣娜.教育研究方法导论［M］.合肥：安徽教育出版社，1995.

［74］潘小娟，卢春龙，等.中国农村留守群体生存状况研究［M］.北京：北京大学出版社，2013.

［75］潘允康.家庭社会学［M］.重庆：重庆出版社，1986.

［76］潘允康.社会变迁中的家庭：家庭社会学［M］.天津：天津社会科学院出版社，2002.

［77］刘延平.社会弱势群体的权利保护［M］.济南：山东人民出版社，2006.

［78］彭智勇，钟型泰.现代中小学班主任工作指南［M］.成都：四川教育出版社，2000.

［79］全国妇联儿童工作部.农村留守流动儿童状况调查报告［M］.北京：社会科学文献出版社，2011.

［80］齐延平.社会弱势群体的权利保护［M］.济南：山东人民出版社，2006.

［81］钱民辉.多元文化与现代性教育之关系研究——教育人类学的视野与田野工作［M］.北京：民族出版社，2002.

［82］任小艾，傅国亮.新世纪班主任必读［M］.北京：高等教育出版社，2005.

［83］阮梅.世纪之痛：中国农村留守儿童调查［M］.北京：人民文学出版社，2006.

［84］任运昌.空巢乡村的守望：西部留守儿童教育问题的社会学研究［M］.北京：中国社会科学出版社，2009.

［85］芮彭年.班主任要做的15件事［M］.上海：上海教育出版社，2009.

［86］盛天和.班主任的专业化发展［M］.上海：上海教育出版社，2005.

［87］司洪昌.嵌入村庄的学校：仁村教育的历史人类学探究［M］.北京：教育科学出版社，2009.

［88］时伟，等.中小学班主任工作的理论与实践［M］.合肥：合肥工业大学出版社，2004.

［89］汤普逊.过去的声音：口述史［M］.覃方明，等，译.沈阳：辽宁教育出版

社，2000.

[90] 滕星.族群、文化与教育[M].北京：民族出版社，2002.

[91] 滕星，张俊豪.多民族文化背景下的教育研究[M].北京：民族出版社，2009.

[92] 滕星，王铁志.民族教育理论与政策研究[M].北京：民族出版社，2009.

[93] 滕星，王军.20世纪中国少数民族与教育：理论、政策与实践[M].北京：民族出版社，2002.

[94] 许惠英.人格教育论：青少年的人格培养[M].北京：学苑出版社，2000.

[95] 王东华.发现母亲[M].北京：中国妇女出版社，2003.

[96] 王凌，符明弘，等.冲突与变革：社会转型期云南边疆民族地区农村家庭教育研究[M].北京：人民出版社，2010.

[97] 王利器.颜氏家训集解[M].北京：中华书局，1993.

[98] 王雪梅.儿童权利论：一个初步的比较研究[M].北京：社会科学文献出版社，2005.

[99] 望月嵩.家庭关系学[M].牛黎涛，译.北京：中国大百科全书出版，2002.

[100] 吴康宁.教育社会学[M].北京：人民教育出版社，2002.

[101] 吴奇程.家庭教育学[M].广州：广东高等教育出版社，2002.

[102] 吴式颖，任钟印.外国教育思想史（第九、十卷）[M].长沙：湖南教育出版社，2002.

[103] 吴小海，李桂芝.班主任的九项技能训练[M].北京：首都师范大学出版社，2008.

[104] 向熹译.诗经译注[M].北京：商务印书馆，2013.

[105] 杨东平.深入推进教育公平（2008）[M].北京：社会科学文献出版社，2008.

[106] 杨名声.简明家庭学辞典[M].哈尔滨：黑龙江教育出版社，1999.

[107] 杨善华.家庭社会学[M].北京：高等教育出版社，2006.

[108] 杨小微.教育研究的原理与方法[M].上海：华东师范大学出版社，2010.

[109] 叶敬忠，莫瑞.关注留守儿童：中国中西部农村地区劳动力外出务工对留

守儿童的影响［M］.北京：社会科学文献出版社，2005.

［110］叶敬忠，潘璐.别样童年：中国农村留守儿童［M］.北京：社会科学文献出版社，2008.

［111］叶敬忠，杨照.关爱留守儿童：行动与对策［M］.北京：社会科学文献出版社，2008.

［112］阎云翔.私人生活的变革：一个中国村庄里的爱情、家庭与亲密关系［M］.上海：上海书店出版社，2009.

［113］叶澜.教育概论［M］.北京：人民教育出版社，2006.

［114］郑杭生.民族社会学概论［M］.北京：中国人民大学出版社，2002.

［115］赵俊超.中国留守儿童调查［M］.北京：人民出版社，2012.

［116］周林，青永红，等.农村留守儿童教育问题研究［M］.成都：四川教育出版社，2007.

［117］朱家雄.教育卫生学［M］.北京：人民教育出版社，1998.

［118］朱强.家庭社会学［M］.武汉：华中科技大学出版社，2012.

［119］赵忠心.家庭教育学：教育子女的科学与艺术［M］.北京：人民教育出版社，2001.

［120］Clandinin, D. Jean & Connelly, F. Michae. Narrative Inquiry: Experience and Story in Qualitative Research［M］.San Francisco: Jossey-Bass Publishers, 2000.

［121］Epstein, J.L. School, Family, and Community Partnerships: Your Handbook for Action, Seeond Edition［M］.Thousand Oaks, CA: Corwin Press, 2002.

［122］Epstein, Joyce.L.School and family partnerships［M］.Baltimore: the Johns Hopkins University: Center on Families, Communities, Schools, and Children's Learning, Report No.PS-020-459.

［123］Lareau, A. Home Advantage: Social Class and Parental Intervention in Elementary Education［M］.London: Falmer Press, 1989.

［124］Paul Thompson.The Voice of the Past: Oral History (second edition)［M］.Oxford, New York, and Toronto: Oxford University Press, 1988.

［125］Bronfenbrenner Urie.The Ecology of Human Development［M］.Cambridge, MA: Harvard University Press, 1979.

［126］Elder, G.H. The Life Course and Human Development, in Handbook of

Child Psychology [M].John

[127] Epstein, J.L. School, Family, and Community Partnerships: Preparing Educators and Improving Schools [M].US: Westview Press, 2001.

[128] Epstein, J.L. School, Family, and Community Partnerships: Your Handbook for Action, Seeond Edition [M].Thousand Oaks, CA: Corwin Press, 2002.

[129] Friend, M.&L.Cook.1992.Interactions: Collaboration Skills for School Professionals [M].White Plains, NY: Longman.

[130] Henderson, A, T. & Berla, N.A New Generation of Evidence: The Family is Critical to Student Achievement [M].Columbia, MD: National Committee for Citizen in Education, 1994.

[131] Hurrelmann, K. Social Structure and Personality Development: The Individual as a Productive Productive Processor of Reality [M].New York: Cambridge University Press, 1988.

[132] Husen, T & Postlethwaite, T.N.The International Encyclopedia of Education, Vol.VI [M]. Pergamon Press: 1985.

[133] Kellaghan, T. The Home Environment and School Learning [M].Jossey Bass, San Francisco, California, 1993.

[134] Olson, D.H. & Defrain, J. Marriage and the Family: Diversity and Strengths (3rd Ed) [M].Mountain view, CA: Mayfield Publishing Company.1994.

[135] O'Neill. Experiments in Living: the Fatherless Family [M]. The Institute for the Study of Civil Society . 2002.

学位论文

[1] 郭明科.国民小学家长参与学校教育之研究[D].台南：台南师范学院国民教育研究所硕士学位论文，1997.

[2] 韦明顶.布依族地区农村留守儿童学业问题研究：以贵州省关岭县平寨小学为个案[D].南宁：广西民族大学硕士学位论文，2008.

[3] 吴友平.农民进城务工其子女施以"代理家长制"的问题研究：浙江省上饶市章镇留守儿童管理问题调查[D].上海：华东师范大学硕士学位论文，2008.

[4] 许传静.农村留守儿童亲子关系研究及社会工作介入：以恩施州咸丰县官坝村为例[D].武汉：华中农业大学硕士学位论文，2012.

[5]张明侃.桃园县国民小学家长参与校务运作之分析研究[D].台北：台北师范学院教育研究所硕士学位学位论文，1998.

[6]徐阳.农村留守儿童教育问题研究[D].上海：华东师范大学博士学位论文，2006.

[7]王练.农村留守儿童亲子关系研究及社会工作介入：以贵州省关岭县平寨小学为个案[D].南宁：广西民族大学硕士学位论文，2008.

[8]王谊.农村留守儿童教育研究：基于陕西省的实地调研[D].咸阳：西北农林科技大学博士学位论文，2011.

[9]赵富才.农村留守儿童问题研究[D].青岛：中国海洋大学博士学位论文，2011.

[10]蔡梓榆.澳门家校合作发展路向研究[D].重庆：西南大学博士学位论文，2005.

附　录

附录1

《黔东南农村学生家校合作》调查问卷

导语：亲爱的同学，为了了解你对学校与家庭合作的有关问题的看法，请你根据实际情况如实尽量回答如下问题，并在符合你的情况的选项上直接打"√"。本次调查采取无记名方式，对你的学习和生活不产生任何影响，你的回答仅供研究使用，我们会对你的答卷保守秘密。谢谢你的合作！

你的性别：男（　）女（　）

你的年龄：＿＿岁

你的民族：苗族（　）侗族（　）其他少数民族（　）＿＿＿＿＿＿＿族（请注明）汉族（　）

你今年上几年级？三（　）四（　）五（　）六（　）七（　）八（　）九（　）

你有几个兄弟姐妹？没有（　）1个（　）2个（　）3个（　）4个或4个以上（　）

你在学校住宿吗？是（　）不是（　）

你家有人在外面打工吗？父亲和母亲（　）父亲（　）母亲（　）没有（　）（若没有，请直接跳到第21题）

1. 父母一般多长时间回家一次？

3个月以下（　）3—6个月（　）6个月—1年（　）1年以上（　）

2. 父亲或母亲一般什么时候回家？

　　过年（　　）不固定（　　）从没有回来过（　　）

3. 他们在什么地方打工？

　　在本县（市）内（　　）附近县（市）（　　）外省（　　）不知道在哪里（　　）

4. 你现在和谁住在一起？

　　爸爸（　　）妈妈（　　）爷爷奶奶（　　）外公外婆（　　）亲戚（　　）兄弟姐妹（　　）自己一个人生活（　　）邻居（　　）其他人（　　）_____（请注明）

5. 你和住在一起的人聊天吗？

　　经常（　　）有时候（　　）很少（　　）从来没有（　　）

6. 你愿意父母出去打工吗？

　　非常愿意（　　）愿意（　　）不愿意（　　）很不愿意（　　）无所谓（　　）

7. 你主要通过什么方式与爸爸、妈妈联系？

　　打电话（　　）写信（　　）他人转告（　　）没有联系（　　）上网（　　）

8. 你感到开心快乐吗？

　　非常快乐（　　）快乐（　　）不快乐（　　）很不快乐（　　）说不清（　　）

9. 你一个人做作业时，感到孤独吗？

　　非常孤独（　　）孤独（　　）有时孤独（　　）没有感觉到孤独（　　）

10. 你做作业或温习功课时，得到谁的辅导？

　　爸爸（　　）妈妈（　　）父母外的家庭成员（　　）老师（　　）没有人（　　）

11. 你愿意到爸爸或妈妈打工的地方和他们一起生活吗？

　　愿意（　　）不愿意（　　）没有条件，去不了（　　）无所谓（　　）

12. 如果父母中的一人必须去打工，你希望谁留在家里和你在一起？

　　爸爸（　　）妈妈（　　）无所谓（　　）

13. 爸爸、妈妈一般多长时间给你打电话？

　　一个星期（　　）半个月（　　）一个月（　　）一个月以上（　　）没有打过电话（　　）

14. 爸爸或妈妈不在身边，你会主动把你的心事给他们讲吗？

　　会（　　）不会（　　）觉得不好意思讲（　　）有时讲，有时不讲（　　）

15. 爸爸、妈妈外出打工特别影响到你的哪方面?

学习(　　)生活(　　)心情(　　)没有感觉到(　　)

16. 爸爸、妈妈去外面打工对你的学习成绩?

影响很大(　　)有一些影响(　　)影响不大(　　)没有影响(　　)

17. 爸爸、妈妈和你打电话时,说得最多的是哪方面?

学习问题(　　)身体问题(　　)安全问题(　　)饮食问题(　　)其他问题(　　)

18. 你觉得现在和你一起生活的人关心你吗?

很关心(　　)还可以(　　)不怎么关心(　　)很不关心(　　)

19. 你想念在外面打工的父母亲吗?

非常想念(　　)有点想(　　)不太想念(　　)没有感觉(　　)

20. 你最希望爸爸妈妈做什么?

打工多挣钱(　　)打工,但要多联系(　　)一家人生活在一起(　　)说不清(　　)

21. 你喜欢读书吗?

非常喜欢(　　)喜欢(　　)不喜欢(　　)很不喜欢(　　)说不清(　　)

22. 上课迟到了,你的感觉是?

很难过(　　)感到不好意思(　　)无所谓(　　)

23. 你的成绩如何?

上等(　　)中上等(　　)中等(　　)中下等(　　)下等(　　)不知道(　　)

24. 你认为读书有用吗?

非常有用(　　)有用(　　)没有用(　　)完全没有用(　　)

25. 你到学校读书的主要目的是什么?

考大学(　　)打工(　　)父母(　　)不知道(　　)其他(　　)　　(请注明)

26. 你对自己学习的要求是什么?

力争优秀(　　)尽力学好(　　)得过且过(　　)不想学,又不得不学(　　)

27. 放学后,你经常干什么?

做作业(　　)看课外书(　　)玩(　　)上网(　　)干活(　　)看电视(　　)

28. 你会主动和爸爸妈妈说你个人的学习和生活问题吗?

会（　）不会（　）爸爸妈妈问到才说（　）

29. 老师经常和你的爸爸妈妈联系吗？

经常联系（　）很少联系（　）从来没有联系（　）

30. 老师一般在什么情况下和你的爸爸妈妈联系？

经常联系（　）出事的时候才联系（　）

31. 老师经常通过什么方式与你的爸爸妈妈联系？

打电话（　）家访（　）叫家长到学校（　）家长会（　）其他（　）

32. 老师到你家里家访吗？

经常来（　）有时（　）很少（　）从来没有（　）

33. 老师家访时和爸爸妈妈交流哪方面的问题？

学习问题（　）生活问题（　）纪律问题（　）工作问题（　）

34. 老师的家访对你有帮助吗？

非常有帮助（　）有帮助（　）没有帮助（　）说不清（　）

35. 老师的家访常常是针对什么问题？

学习成绩（　）在校纪律（　）督促家长（　）个人各方面表现（　）

36. 老师的家访对象常是哪些人？

全班同学（　）大部分同学（　）有问题的同学（　）极个别同学（　）

37. 你对老师来家里家访的态度？

非常喜欢（　）喜欢（　）无所谓（　）不喜欢（　）很不喜欢（　）

38. 你最希望老师帮助你解决什么问题？

学习（　）生活（　）资助（　）帮助父母改进教育方法（　）说不清（　）

39. 你觉得老师了解你的家庭情况吗？

非常了解（　）了解（　）不怎么了解（　）很不了解（　）完全不了解（　）

40. 如果父母不在身边，当你有了困难，你找谁帮忙？

老师（　）同学（　）爷爷奶奶或外公外婆（　）其他人（　）邻居（　）

41. 你每周大概花多少零花钱？

10元以下（　）15—25元（　）30—50元（　）50元以上（　）没有算过（　）

42. 你花的钱主要用在什么方面?

买东西吃（   ）学习用品（   ）上网（   ）玩具（   ）说不清（   ）

43. 你的上网情况是?

经常上网（   ）偶尔上网（   ）从来不上网（   ）不会上网（   ）

44. 你的朋友多吗?

很多（   ）比较多（   ）一般（   ）不多（   ）很少（   ）

45. 父母对你的学习的关心程度是?

经常过问（   ）有时问一下（   ）看到成绩差的时候才问（   ）从来没问过（   ）

46. 你在街上遇到老师时会跟他打招呼吗?

主动打招呼（   ）大都打招呼（   ）喜欢的就打招呼（   ）偶尔（   ）从来没有（   ）

47. 你觉得父母和老师的关系好吗?

很好（   ）好（   ）比较差（   ）很差（   ）说不清（   ）

48. 你感觉老师对你们的态度是?

完全一样（   ）基本一样（   ）差别对待（   ）看不起部分学生（   ）

49. 你感觉父母亲对你要求严格吗?

很严格（   ）比较严格（   ）一般（   ）不够严格（   ）一点也不严格（   ）

50. 你每天的作业情况是?

按时完成（   ）有时不完成（   ）不想做（   ）不会做（   ）从来不交（   ）

51. 你的家长或监护人参加家长会吗?

一定参加（   ）一般都参加（   ）有时参加（   ）从来不参加（   ）

52. 如果你经常迟到、早退、旷课或不交作业时，老师会怎样?

直接找我（   ）在班上批评（   ）告知家长（   ）基本不管（   ）从来不管（   ）

53. 假如你违反纪律，老师和家长联系后会对你产生影响吗?

影响很大（   ）有点影响（   ）没有影响（   ）无所谓（   ）

54. 你觉得老师对家长影响大吗?

影响很大（   ）有影响（   ）影响不大（   ）没有影响（   ）说不清（   ）

55. 你喜欢老师向家长或监护人反映你的学习和行为问题吗？

喜欢（ ）不喜欢（ ）反对（ ）很反感（ ）无所谓（ ）

56. 你的家长或监护人经常到学校来找老师吗？

经常来（ ）偶尔来（ ）从没来过（ ）不知道（ ）

57. 你的家长有没有向老师提出教学或管理方面的意见或建议？

有（ ）没有（ ）他们不了解学校，从来不提（ ）不知道（ ）

58. 家长或监护人来学校参加过运动会、艺术节、开学典礼、培训会等活动吗？

经常来（ ）偶尔来一次（ ）从没来过（ ）不清楚（ ）

59. 你觉得自己以后的生活会怎样？

生活会更加美好（ ）加倍努力，生活会好起来（ ）对自己的生活感到悲观（ ）对以后的生活感到着急（ ）不知道以后的生活会怎样（ ）没有想过（ ）

60. 请在以下的选项中选择适合你看法的一项并说明原因

问题	是	否	不知道	为什么
我的父母很爱我				
我的家庭生活比较好				
我觉得学习是一件快乐的事				
我对学校生活感到满意				
老师很关心我的学习和生活				
我和同学们的关系很好				
老师对每一个同学都很好，对学生很负责任				
我的父母经常给老师打电话				
我的心情经常不好				
我希望自己以后能够离开农村，到城里生活				
我是一个讨人喜欢的人				
我要好好学习以报答父母的养育之恩				
我相信自己会成功				
我希望老师和家长不要互相告状				
学校里的老师和我的家长合作很好				

续表

问题	是	否	不知道	为什么
家长非常喜欢参加学校的活动				
老师要和学生谈心，不要戴着有色眼镜看人				
家长要辅导孩子的作业				
父母和老师之间要相互了解				
良好的教育是家庭和学校共同合作的结果				
学校曾经给我们作心理咨询服务				

附录 2

访谈提纲

留守儿童访谈提纲

1. 你现在和谁住在一起？

2. 有没有人监督你的学习？是怎样指导的？

3. 你一个人上学吗？如果有人作伴，是谁？他（她）是什么样的人？

4. 你有什么烦恼？曾对同学说过你的事情吗？

5. 你觉得目前对你影响最大的问题是什么？有什么样的影响？

6. 父母常打电话给你吗？常聊什么？

7. 放学了，你经常做什么？

8. 你最喜欢什么？最期待什么？

9. 如果有机会，你愿意假期到你父母打工的地方去吗，为什么？

10. 放学后，你还会不会待在学校，为什么？

11. 放学回来，你干什么活，自己做饭吃吗？当没有食物时，怎么办？

12. 你衣服脏了，怎么办？

13. 父母回家时，你高兴么？他们常给你带什么礼物，你喜欢吗？

14. 老师会主动与你的父母联系吗？经常在什么时候？

15. 和你住在一起的人对你有什么影响？你喜欢他吗？

16. 父母经常在什么时候和老师联系，他们常聊些什么？

17. 你父母常给你讲外面的哪些事情？你是怎么看待这些事的？

18. 父母主要关心你的哪些事情？当你有事时，会联系他们吗？事情是怎样解决的？

19. 与父母都在家的同学相比，你觉得自己与他们在哪些方面有差异？是怎样影响你的？

20. 你每天花的钱主要用在哪些方面？学校有没有对你们的花钱有要求？

21. 你最希望老师给你做什么？最希望学校解决什么问题？

22. 父母出去打工给你带来哪些好处？有哪些坏处？是怎样体现的？

23. 父母出去打工了，你觉得对你的生活和学习有影响吗，主要是哪些方面？

24. 老师在班上是否对像你这样的学生特别关注，你喜欢老师这样吗？

25. 你在学校住吗？如果在学校住，有哪些优点和缺点？

26. 老师有没有提醒家长要注意关心你的学习和生活？他是怎样做的？

27. 老师跟家长讲了以后，你的父母有没有什么变化？

28. 父母寄给你生活和学习费用主要通过什么途径，给你的钱够用吧，你的钱除了买吃的外，主要用来做什么？

29. 你的学习成绩怎么样？在学习上有问题，你会主动问老师吗？

30. 家长给你钱时，有没有提醒要节约？你觉得父母的钱来得是不是比较艰难？你的其他同学是怎么对待父母寄回来的钱的？

31. 你是否曾因自己的家境而感到害羞，有没有羡慕其他父母都在家的同学？你觉得自己比他们强在哪些方面，不利在哪些方面？

32. 假如你在学校被人欺负，你会怎么做？

33. 你认为父母为什么没有带你一起外出？

34. 现在和你住在一起的人对你好吗？你有心事会和他说吗？

35. 你觉得老师和家长怎么做才能使你更加快乐？

36. 你认为许多同学辍学去打工主要是什么原因？

37. 你觉得自己过得怎么样？

38. 你的理想是什么？

留守儿童父母访谈提纲

1. 家里人口数，教育程度，婚姻状况，健康，主要工作，打工年限，收入及收入来源。

2. 你的孩子现在和谁在一起，你放心吗？

3. 你去打工后，带给家庭主要是哪些方面的好处，不好的呢？

4. 你出去打工后，你觉得对自己的孩子有哪些影响，哪些方面是好的，哪些是不利的？

5. 你到外面后，最不放心的是孩子的哪方面的问题？你是怎样处理的？

6. 你希望孩子受到什么层次的教育？

7. 孩子主要通过什么方式与你联系？频率如何？

8. 孩子经常和你聊什么话题？如果是打电话的话，一般会持续多长时间？

9. 你出去打工后，孩子的学习成绩是变好了，还是变差了？

10. 孩子有什么积极的变化？

11. 他会向你说学校里的事吗？主要是什么事？

12. 孩子的作业是怎样完成的？

13. 你每年多数在什么时候回家，待多长时间，孩子反应怎样？

14. 学校有没有和你联系过？如果有，在什么时候？

15. 你参加过学校的家长会、见面会或者是校长接待日之类的活动吗？

16. 孩子会通知你参加家长会吗？

17. 老师有没有和你长谈，说孩子的积极变化或不好的变化，是否提出过解决问题的建议？

18. 有没有对孩子的用钱提出过限制或者建议，是否刻意表明自己在外打工的辛苦？

19. 你觉得孩子能体谅你在外打工的辛苦吗？是怎样对待你外出打工这件事的？

20. 你觉得老师是否专门对你们的这些孩子提出更加严格的要求？

21. 你是怎样要求临时监护人的？有没有给他一些报酬？
22. 对孩子的课余生活有没有提出过要求，对孩子住校有没有特别期望？
23. 孩子出现过什么让你特别印象深刻的事情？
24. 你对学校的留守儿童教育有什么要求和期待？
25. 你会主动向老师询问孩子的情况吗？一般在什么时候？
26. 你有没有与孩子的老师争执过？主要是什么情况？
27. 你希望学校怎么做，才能更好地帮助你的孩子？
28. 你认为自己对孩子学习的支持程度怎样？其他人呢？
29. 你是否对自己不能天天与孩子在一起感到悔恨？
30. 村里有没有给你的孩子提供过什么支持？政府呢？
31. 你对孩子有没有过某些承诺？你做到了吗？孩子有什么反应？
32. 是否有改变目前孩子留守状况的措施？
33. 你希望临时监护人还需在哪些方面作出调整？
34. 你觉得孩子跟你的感情有没有变化？
35. 你想回家和孩子一起生活吗？为什么？
36. 你出去打工后，对孩子的生活了解吗？在生活方面，你担心什么？
37. 你觉得自己可以为孩子的成长做什么，你已经为他做了什么？
38. 你愿意你的孩子被称为"留守儿童"吗？你感觉他与其他孩子有不同吗，在哪些方面？
39. 你为什么选择了外出而不是留下来照顾孩子？
40. 你对孩子的临时监护人有什么要求和期望？

临时监护人访谈提纲

1. 孩子平时主要与什么人交往？
2. 老师来过家里吗？
3. 老师来家访后，孩子产生了什么样的变化？主要是哪些方面？
4. 老师是否提出过改进管护的要求和建议？
5. 孩子在父母外出前后有明显的变化吗？主要是哪些方面的变化？

6. 孩子听你的话吗？

7. 你在孩子的生活方面是怎样做的，有要求吗？

8. 你是怎样督促孩子完成作业的？

9. 孩子是否给你讲过学习或生活中的困难，你是怎样给予解决的？

10. 孩子的父母给你钱吗？是否够用？一般是在什么时候给？

11. 孩子的父母有没有对你提出要求？

12. 你发现留守的孩子与其他孩子有区别吗，主要是哪些方面？

13. 孩子和你住在一起，你最担心的事是什么？

14. 孩子和你住，给你带来哪些烦恼和乐趣？

15. 你会要求孩子和你一起干活么，他有什么反应？

16. 村里的留守儿童多不多，表现好的多还是不好的多？

17. 孩子们表现不好，主要是哪些方面？

18. 孩子和你住，你觉得最大的困难是什么？

19. 你最希望孩子的父母做什么？

20. 你每天给孩子多少钱？他们是怎样花的？

21. 你给孩子的钱是分次给还是一次给让他自己分配？

22. 孩子的父母在哪里打工，多长时间和你联系一次，一般是谁先主动，时间多长？

23. 你和孩子的父母主要谈哪些问题，有没有把你的担心给他们提出来？

24. 孩子的父母一般什么时候回家，孩子反应怎样？

25. 你发现孩子的父母外出后，孩子有没有变化？如有，有哪些变化？

26. 参加过学校的家长会吗？

27. 每次参加家长会的人多不多，主要是些什么人？

28. 老师有没有给你们作过培训？

29. 你对孩子的哪些方面感到满意？

30. 你对孩子的老师感到满意吗？你希望他们怎么做？

31. 你觉得孩子的父母外出打工，对家庭的影响有什么有利的或是不利的方面？

32. 你觉得打工对孩子最大影响是什么？

33. 孩子的学习积极性如何？成绩如何？

34. 是否对自己的监护结果感到满意？

35. 你希望孩子怎么做？希望孩子的老师和学校怎么做？

36. 孩子的成绩对你的监护是否产生过影响？

37. 孩子放学回来经常做什么事情？

38. 你希望孩子将来怎样？

39. 你曾外出打工吗？是什么原因使你回来照看自己的孩子的？

留守儿童教师访谈提纲

1. 班上的留守儿童大约占多少比例，父母一起外出多吗？

2. 留守儿童成绩好的占多大比例？他们与其他儿童有哪些不同？

3. 最近的留守儿童发展状况如何，减少了还是继续增多？

4. 你是怎么知道他们是留守儿童的？是在什么时候？

5. 你发现他们的留守儿童身份后，特别做过什么事情吗？

6. 建立留守儿童档案有什么好处或坏处？

7. 留守儿童是一个变动的群体，你怎样看待这种变动？

8. 你和他们的父母联系过吗，主要通过什么途径？

9. 你会不会提醒他们的父母其子女的留守儿童身份？

10. 你家访过吗？对留守儿童的情况了解怎样？

11. 你是否与其现在的监护人取得联系？

12. 有没有专门为留守儿童提供过家访或学习指导？

13. 你宣布召开家长会时，留守儿童有什么反应？

14. 你觉得留守儿童在学习和生活中的主要困难是什么？

15. 你有没有对他们的问题专门调研并采取过哪些特别措施？

16. 孩子们介意你知道他的留守儿童身份吗？

17. 据你的观察，你发现留守儿童有哪些优点，有哪些缺点？

18. 留守儿童与其他同学相处得怎样？

19. 学校有无专门的留守儿童教育方法？

20. 通常你怎么和学生的临时监护人联系，是在什么情况下？

21. 你发现其监护人对他们的态度好吗？工作负责任吗？

22. 你的留守儿童学生中有没有发生过意外事情？是怎么解决的？

23. 很多老师反映留守儿童难教，你对此有同感吗？一般你怎样理解留守儿童的这种状况？

24. 孩子在学校里对老师的尊敬程度与其他儿童有无不同，如不同，体现在哪些方面？

25. 对于留守儿童问题，最让你头痛的是什么事情？你有处理方法吗？

26. 你与孩子父母或监护人的联系频率如何？

27. 孩子在学校与人打架或出了意外，对留守儿童和其他儿童，你的处理措施会有区别吗？

28. 留守儿童与其他儿童在寻求教师帮助方面有差别吗？

29. 你认为加强与留守儿童父母的联系有助于这一问题的解决吗？

30. 你觉得自己如何才能加强与留守儿童父母的联系？

31. 你们学校在留守儿童教育问题的解决方面，已经采取了什么措施，请举例。

32. 校长会特别提示你们注意加强留守儿童教育吗，他是怎样说的？

33. 如果可能，你愿意做他们的代理家长吗？你准备怎么做？

34. 你认为留守儿童教育的难点主要是什么？应该怎样办？

35. 其他老师是否曾经与你报怨过留守儿童教育问题，你怎么看？

36. 你曾与其他教师共同探讨过留守儿童教育问题吗，取得哪些共识？

37. 你觉得留守的孩子在学校寄宿有什么好处，有什么坏处？

38. 学校是否举办过对留守儿童家长的培训？你觉得效果如何？

39. 学生家长是否主动要求加强对其孩子的管护，他们对自己的孩子有什么期望？

40. 你觉得留守儿童教育问题的解决，学校可以怎样办才更好？

后　记

此书是在我的博士论文的基础上修改而成的。在研究过程中，获得了国家社会科学基金项目的资助，这是我一生中最为重要的研究经历。本书的出版，凝聚了众多师友以及同事对我的关怀。每个人，都会对自己在生命中每一天遇上并关注、关照、关爱自己的人深怀感激，并将这份感情铭记于心。我也要在这里表达我心中的感动、感谢、感恩。

在研究过程中，获得了我的两位人生引路人和学术提携者的巨大支持和帮助：郝文武教授和高宝立教授。你们给了我这一生中重要的学习机会，得到你们的指导和鼓舞是我终身的荣幸！你们的宽厚质朴的为人、严谨求实的学风、广博独到的学识、宽容大气的胸怀、殷切真诚的期望和提携无时不在深深地影响、感染、鞭策着我，你们是我做人、求知、做事的典范，促进我不断开阔学术眼界，增长人生财富，拓展研究视域，同时，我必将在你们的帮助和关爱中进一步前行。

在陕西师范大学教育学院求学过程中，司晓宏教授、陈鹏教授、赵微教授、粟洪武教授、李国庆教授、刘新科教授、陈晓端教授等的关心和支持，对我是一个重要的鼓舞。他们对论文的热心指导和积极建议无疑让我受益良多，各位老师的人格、学术、思想对我的成长产生了弥久的影响，虽不能至，心向往之。

在开展问卷调查和田野访谈过程中，众多留守儿童，以及与我交流的各位留守儿童家长，都对我的研究积极参与和大力支持，特别是他们的积极奉献和热忱帮助使我感动和感恩！我特别感谢以下为我的研究提供慷慨的帮助、热情的鼓励和主动的支持的各位老师：高华方、张长江、吴彪、赵华甫、杨华、杨昌勇、周华、王家优、邰昌林、何中华、罗配亭、杨叶海、杨昌茂、滚兴辉、龙勋、雷克、杨梦云、杨云峰、田慧珍、杨天焕、潘明慧、杨振宁、龙金义、龙剑忠、吴清、张德军、张应忠、余恩权、彭德华、蒙跃帮等。感谢黔东南教育局、麻江县景阳中学、谷硐中学、坝芒中学、隆昌小学、景阳小学、乐埠小学、黄平县谷陇小学、滚水小学、加巴小学、苗陇九年制学校、雷山县永乐小学、永乐中学、雷山二中、台江县老屯乡报效小学、丹寨县雅灰小学、兴仁中学、黎平县平寨学校、肇兴小学、尚重中学、地坪学校等调研单位积极为我提供方便条件和大力支持。感谢在调研资料整理中付出辛劳和智慧的两位学弟：贺璐璐、石重安，以及寒假里辛苦帮忙校对、润色文稿的聊城大学文学院学生杨春生。

最后，在求学过程中，我自觉自己的无知和不足，与教育学院2011级博士同学耿飞飞、侯佳、郭辉、马晓凤、蔺艳娥、王瑞君、张春海、张京京、翁孟迁等各位同窗学习，共同提高，收获颇多，高岩博士、胡金木博士、郭祥超博士也给我提供了许多激励和无私的帮助，在此表示由衷谢意。感谢我的工作单位凯里学院的领导、同事的关心和支持。

此外，我还要感谢国家实施的少数民族高层次骨干人才培养计划给我提供的学习提高机会。如果没有这项计划，我是不可能继续走上求学之路，实现自己的学术梦想的。

最后，感谢我的父母和家人。父母对我的默默支持和期待给了我不断追求进步的信心和勇气。妻子杨琼花在我长期离家求学期间，主动承担了繁重的家庭劳作和辛苦的育儿重任，还多次伴我深入乡间田野开展调查研究工作。女儿杨慧中特别理解我的苦心和努力，不仅学习上积极、主动、自觉，力争上游，还给我带来不尽的快乐和安慰，让我放心不少，欢乐很多。他们的付出和支持给了我一个温暖的家，让我感受生活的美好，给我上进的动力。

真诚感谢曾给我支持、关心和爱的每个人。